선교사의 탈진 현상과
재충전의 길

선교사의 탈진 현상과 재충전의 길

펴낸날 ‖ 2019년 3월 27일 초판 발행

지은이 ‖ 홍석희

펴낸이 ‖ 유영일

펴낸곳 ‖ 올리브나무 출판등록 제2002-000042호
경기도 고양시 일산동구 정발산로 82번길 10, 705-101
전화 070-8274-1226, 010-7755-2261
팩스 031-629-6983 E메일 yoyoyi91@naver.com

ⓒ 홍석희, 2019

ISBN 978-89-93620-75-7 93230

이 책은 저작권법에 따라 보호를 받는 저작물이므로 무단 전재와 무단 복제를 금지합니다.
학술적인 인용 이외에 이 책의 전부 또는 일부를 사용하려면 저작권자의 서면 동의를 받아야 합니다.

값 15,000원

선교사의 탈진 현상과
재충전의 길

홍석희

사랑과 삶을 나누는 데 전력을 다하는 "helping professions" 들이 사회적 책무의 대열에서 이탈하는 일을 막고 여전히 열정과 희망으로 삶을 이끌어가기를 응원하고 지지하고자 합니다. 사람을 사랑하고 삶을 열정적으로 살아가고자 하는 분들이 모두 경험하게 되는 '지쳐버림', 이 탈진에 대한 대응방안을 '사랑으로 살아야 할 세상'에 제출합니다.

■ 추천의 말

현대인들의 탈진현상에 "사랑의 해독제" 되기를

이영훈
여의도순복음교회 위임목사

　1885년 4월 5일 부활절 아침, 제물포항에 언더우드와 아펜젤러 선교사가 입국하면서 대한민국에 복음의 씨앗이 뿌려졌습니다. 그 복음으로 우리나라는 하나님의 제사장 국가로 성장했고, 주님의 은총으로 정치·경제·사회·교육·문화·복지 등 사회 전반에 걸쳐 많은 복을 누리며 세계 10대 경제 대국으로 성장했습니다. 1910년 스코틀랜드 에든버러 선교대회에서 보고된 '대한민국이 아시아의 선교 종주국이 될 것'이라는 예측대로 한국교회는 복음을 받아들인 지 134년 만에 세계 2위의 선교사 파송 국가가 됐습니다.

　그러나 땅끝까지 복음을 전하라는 예수 그리스도의 지상명령에 따라 해외에 파송된 수많은 선교사가 선교지에서 탈진과 고통 가운데에 있다는 소식이 들립니다. 또 해마다 수많은 선교사를 해외로 보내고 있지만 현지의 문화와 생활습관, 언어의 장벽 등으로 인해 중도 탈락자들이 늘면서 해외선교사가 줄어들고 있다는 안타까운 소식입니다.

　이 같은 선교장벽을 타개하기 위해 한국교회가 힘쓰고 있는 이때

선교사들의 정서적 탈진과 재충전에 도움을 주는 귀한 연구 논문이 책으로 출간되어 매우 기쁘게 생각합니다.

『선교사의 탈진 현상과 재충전의 길』을 출간한 홍석희 박사는 상담학을 전공한 이 분야의 전문가로서, 오랜 세월 학문과 임상의 현장에서 탈진을 세밀하게 분석하고 대응방안을 이 책을 통해 제시하고 있습니다.

탈진은 현대인들이 모두 경험하고 있는 삶의 위기입니다. 특히 선교현장에서 복음을 전하는 선교사들에게는 더욱 큰 위기로 다가오는 독소입니다. 예수님이 오시는 그날까지 예수님의 증인이 되어야 하는 사명을 안고 있는 한국교회에 이 책이 사랑의 해독제가 되어줄 것이라고 믿어집니다. 특히 선교사로 부름 받은 예비 선교사와 세계 각지에 나가 활동하고 있는 선교사, 그리고 삶의 현장에서 고통 받는 현대인들에게 큰 도움이 되길 기대합니다.

한국교회를 위해 모처럼 귀한 책을 펴내 주신 홍석희 박사님께 감사 드리며 하나님의 영광을 위해 더 크게 쓰임 받기를 축원합니다.

소개의 말

●

이 책을 먼저 읽으신 신학대학교 선교학과 교수님들과
현장 선교사님의 짧은 논평 및 소개의 말입니다.

『선교사의 탈진현상과 재충전의 길』은 오늘날 기독교목회자들과 선교사들이 반드시 읽어야 할 지침서이다. 아울러 목회현장과 선교현장에서 열정적으로 사역하는 헌신된 사역자들에게 유익하고 필요한 책으로서 본서는 보다 효율적인 사역을 가능하게 해줄 것이다. 특별히 선교사들의 사역 현장에서 생생한 경험을 함께 나누는 선교 상담학의 교과서로 적극 추천한다. 분명한 논지와 연구방법을 제시하고 있어서 선교학과 상담학연구에 크게 쓰임 받게 될 것이라고 믿어진다.

―김성욱 (총신대학교 선교대학원 주임교수)

한국교회는 그동안 선교사를 파송하는 일에는 열심을 보여 왔지만, 파송한 선교사를 돌보는 일에는 미약한 측면이 없지 않았다. 이러한 문제가 선교사의 탈진과 중도탈락 등으로 나타나고 있다. 이러한 상황에서 제시된 홍석희 박사의 책은 탈진에 대한 학문적 연구와 세심한 질적 연구를 기초로 탈진의 예방과 해결 방안 등을 종합적이고 실제적으로 제시해 주고 있다. 모든 선교사들과 이들을 위해 기도하는 분들께 꼭 권하고 싶은 책이다.

―안승오 (영남신학대학교 선교신학 교수)

선교현장은 조국에서 생각하는 것보다 훨씬 다양한 스펙트럼 속에서 전개되기 마련이어서, 선교사들이 외부적·내부적 크고 작은 갈등으로 심리적 균형을 잃어버리는 경우가 허다하다. 현지인과의 갈등, 동역자들과의 갈등, 가정의 갈등 등이 넘어야 할 산으로 다가온다. 저자는 이런 선교사들의 고민을 현장 선교사들의 눈높이로 다가가 학문적으로 체계화시키는 작업을 해냈다. 이 귀한 결과물이 선교현장에서 아직도 갈등으로 긴 밤을 고민하는 선교사들에게 힘과 용기를 주는 교과서가 될 것으로 확신한다.

—조용성 (현 순회선교사, 전 GMS 선교총무)

선교의 4대 축이라 하면 '동원→훈련→파송→멤버케어'이다. 지난 30년간 꾸준히 성장해 온 한국선교는 해외선교 '10-20 클럽'(사역 대상국 100개 국가, 선교사 2만 명 파송)에 가입하여 선교 강대국 반열에 우뚝 서 있다. 하지만 멤버케어에 있어서는 아직 걸음마 상태인데, 선교사의 탈진과 재충전을 위한 실제적인 방안을 제시하는 책이 출간되어 감사하기 그지없다. 이 책은 사역으로 인해 탈진하여 로뎀나무 아래에서 삶을 포기하였던 엘리야와 같은 현대인들에게 자신을 되돌아보며 회복할 수 있는 방안을 제시하고 있다.

—안희열 (침례신학대학교 선교학 교수, 전 한국복음주의선교신학회 회장, 전 WMTC 원장)

선교는 아무도 가보지 않은 곳에 첫 발을 내딛어서 새 길을 만들어 가는 일이다. 지도도 없이 (요즘 말로는 내비게이션도 없이) 언어도 문화도 음식도 다른 지역에서 하나님의 진리를 전하는 일은 여러 가지 문제를 야기하게 된다. 그 중에 가장 심각한 것이 '문화 충격'과 '탈진'이다. 탈진은 아무도 가보지 않은 지역, 언어 문화의 경계를 넘어서 사역을 함으로써 극한 스트레스에 노출되어 일어나는 직업병적인 현상이다. 이러한 상황에서 먼저 길을 가본 사람들의 경험을 담아 선교 현장에서 일어나는 탈진 현상을 분석하고 치유의 길로 안내하는 전문가의 책이

나온 것에 감사드리고 적극 추천하는 바이다.

―박창현 (감리교신학대학교 선교학 교수, 건강한목회연구소 소장)

한국교회가 파송한 선교사들이 중도탈락하게 되는 제1원인은 놀랍게도 동료와의 불화이다. 선교사를 파송하는 데서 그치지 않고 현장에서 그의 소명을 충분히 발휘할 수 있도록 지원체제를 갖추는 것이 시급하다. 본서는 선교사들이 겪는 탈진을 주제로 하여 다양한 각도에서 그 원인을 찾고 대안을 제시하고자 한다. 파송과 함께 선교사들이 어떻게 돌봄을 받아야 할 것인가를 학문적 연구를 통해서 훌륭하게 제시하고 있다.

―한국일 (장로회신학대학교 선교학 교수)

한국선교사들의 중도탈락에 관한 질적 연구로 대응방안을 제시한 것은 본서가 처음인 것 같다. 양적 연구는 많았으나 질적으로 구체적 대안을 제시하고 있어 한국선교의 나아갈 길에 빛을 비추어주고 있다. 많은 멤버케어들이 서구의 자료들을 통해 다가왔던 터에, 한국 선교사들과 선교단체들의 경험이 녹아 있어 현실적인 대안을 제시해 주고 있다. 선교사가 중도탈락하는 것이 대부분 관계의 갈등에서 시작되고 종결된다는 점을 특히 주목할 만하다. 선교사로 가기 전에 유심히 살펴보고 자기점검을 하는 데에 유용한 책이다.

―박영환 (서울신학대학교 선교학 교수, 전 한국선교신학회 회장, 전 한국 기독교학회 총무)

오늘을 사는 현대인들은 자기의 것이 분명한 자기 마음을 자기 마음대로 할 수 없는 사회조직과 환경 속에서 투쟁과 화해를 반복하면서 여행자로 살고 있습니다. 충만한 나를 살지 못하고 갈등과 상처로 힘든 나머지 정서적 탈진에 빠진 분들에게 자신의 영혼을 들여다보고 새로운 세상을 향하여 나아가도록 재충전의 길을 암시해 주는 귀중한 안내서입니다.

―장훈태 (백석대학교 선교학 교수)

■ 머리말

"사랑으로 살아야 할 세상"을 위해

> "새 계명을 너희에게 주노니 서로 사랑하라
> 내가 너희를 사랑한 것 같이 너희도 서로 사랑하라"
> 요한복음 13:34

　이 책은 독자들에게 미력하나마 '탈진'에 관한 새로운 인식을 가져오게 되는 계기를 제공하고자 세상에 내놓습니다. 그렇습니다. 사람과 사람 사이에 서로를 사랑하는 존재로 살아야 하는 책무가 주어졌기에 우리는 이 길을 걸어가고 있습니다. 삶 속에서 누군가를 진정으로 사랑하는 것은 쉽지 않은 고난의 길이지만, 존재의 기쁨과 보람을 확보하는 감격스러운 여정이기도 합니다.

　인간의 성장에는 실존적인 양극—고난과 감격—사이에서 많은 모순과 갈등 경험이 따릅니다. 시간의 흐름 속에서 갈등을 해결하고 심리적 균형을 이루어 성장해 가는 것이 마땅하지만, 급변하는 현대문화 속에서 존재와 가치에 대한 긍정적인 평가를 지니지 못함으로써 삶이 왜곡된 방향으로 전개되어 가는 경우가 적지 않습니다.

　이에, 방어적인 태도로 너를 공격하고 상처를 주거나 자기 노선만 주장하며 현실적이지 못한 편협한 편견적 태도로 타인을 과소평가 한다든지 때로는 자신의 우월성을 견지하며 분열된 통찰력으로 조절능력이 상실된 관계 속에 살아가게 되는 것입니다. 사람은 자기가 지닌 존재적 삶을 긍정할 수 없을 정도로 상실감을 경험하게 되면 이를 주변 세상에 투영시키게 되기 마련입니다. 그렇게 삶의 경험에서 기인된 사고방식과 고착된 태도는 이기적인 사회관계적 틀을 만들어냅니다.

우리보다 자기 자신을 중시하는 경향이 급속히 확산되면서 메말라진 감정, 상실된 자기 통제력, 유아독존적인 독립성, 상호협력성이 없는 의존성으로 말미암아 사회적 위기가 전개되고 있습니다. 개인의 왜곡된 신념으로 이웃에 대한 냉담하고 비정한 태도가 만성적으로 드러나고 있고, 상호 인격적 관계가 깨어진 붕괴된 공동체가 우리가 살고 있는 현실 프레임입니다.

이러한 현실과 현장에서 삶을 진정으로 사랑하는 사람은 저마다 자신의 존재가치를 증진시켜 잠재력을 펼쳐 나아가게 되기를 희망합니다. 약점을 수용해 주고 온전한 이해 가운데 변화되고 성장하게 되기를 원합니다. 사랑하고 사랑받는 관계는 '불안'의 시간도 동행하면서 불완전함을 허용하며 솔직한 피드백을 주고받는 관계, 함께 성숙한 존재로 나아가는 과정이 되어야 하고, 이것이 삶에서의 순기능적인 과정입니다.

그러나 역기능적인 과정도 있습니다. 사랑은 두 사람의 개성이 온전히 펼쳐지고 또 수용되어야 마땅하지만, 상대방에 대한 이해라는 기반이 제대로 이루어지지 못하면 힘있는 자의 개성에 힘없는 자가 가진 권리가 축소되고 동화되어 희생을 당하는 경우가 생겨납니다. 그렇게 되면 그들의 관계는 반드시 삐걱거리기 시작합니다. 인격 전체를 구속하는 인신예속(人身隷屬)의 지배 상황이 되면 저항에 직면하게 되고 관계의 청산으로 파국을 맞게 됩니다.

이 책은 관계의 발목을 잡는 역기능적인 사랑의 여정에서 '탈진'(burn-out)을 경험한 선교사님들의 회한과 그 대응과정을 탐색한 기록입니다. 그러기에 결코 잊혀지지 않는 가슴 아픈 회고들을 담아놓은 그릇입니다. 자신의 한계를 넘어선 실존적 모순의 문제에 봉착하여 소명을 내려놓고 돌아온 분들의 배경에는 자아붕괴라는 존재적 위협 가운데 스며든 탈진과정의 공통적 경험이 있었습니다.

누군가를 돕고자 하는 것을 삶의 가치로 결정하고 길을 떠난 사람들에게 나타나게 되는 이 탈진 현상은, 선교사뿐 아니라 사람을 사랑하고자 하는 사람들에게 흔하게 나타나는 증상이기도 합니다. 정신세계의 이상이 높고 자신의 일에 열정을 쏟아 붓는 이들에게서 흔히 나타나는 탈진은, 사랑을 삶의 목표로 가진 이들이 언젠가는 만나게 되는 함정이기도 합니다.

저의 연구는 사랑과 삶을 나누는 데 전력을 다하는 "helping professions"들이 사회적 책무의 대열에서 이탈하는 일을 막고 여전히 열정과 희망으로 삶을 이끌어가기를 응원하고 지지하고자 합니다. 사람을 사랑하고 삶을 열정적으로 살아가고자 하는 분들이 모두 경험하게 되는 '지쳐버림', 이 탈진에 대한 대응방안을 '사랑으로 살아야 할 세상'에 제출합니다. 이 책은 저자의 박사논문을 재정리한 내용입니다.

누구라도 조금씩이나마 맡겨진 역할과 책임을 다할 수 있도록 포용해 주고 싶은 마음, 삶과 사람을 사랑하는 존재로 세워가고 싶은 마음을 한가득 담아 이 책을 내놓습니다.

2019년 3월의 어느 따뜻한 오후, 연구소에서

홍석희

연구의 동기와 방향, 그리고 전체의 줄거리

　　세계선교사 파송 2위의 선교강국인 한국 선교현황은 21세기로 들어서며 감소추세로 돌아섰다. 지속적인 파송 증가율과 달리 주재 선교사의 실제적 숫자는 중도탈락으로 인하여 답보상태를 기록하고 있다. 본 연구는 선교사들의 중도탈락의 핵심요인인 탈진에 영향을 미치는 선교사의 주관적 경험이 무엇인지를 살펴보고, 그 대응과정에 관해서 탐구하는데 중점을 두었다. 또한 선교현장의 질적 성장에 실제적 도움을 줄 수 있는 목회상담적 선교전략 방편으로서의 기초자료 마련에 목적을 두었다.

　　본고는 중도탈락의 배경과 탈진경험에 관해 선교사 당사자와 가족의 심리적 변화 및 정서적 특성을 탐색하고, 탈진의 위기 앞에서 취한 대응방안, 그리고 그 이후의 변화과정에 관한 연구이다. 선교사들의 사역포기 핵심요인에 관한 올바른 이해와 공통적 속성에 관한 의미탐색은 건강한 선교사역으로의 전환을 가져오는 기회가 될 수 있다. 심리적 측면으로의 접근은 선교사역을 포기할 수밖에 없었던 선교사들의 어려움을 탐색하게 되고 사회심리적 배경에 대한 이해를 가져와 선교사의 질적 성장을 위한 돌봄(care)으로서 도움이 될 것이다.

연구목적을 위한 측정도구는 연구목적에 맞게 설계된 설문지 기법과, 10개로 구성된 반구조화 심층면접 인터뷰이다. 연구 대상자는 선교사역을 더 이상 진행하기 어렵다는 판단 아래, 사역을 포기하고 돌아온 11명의 탈진 유경험자들을 선별하였다. 그들이 경험하였던 탈진형태와 그 대응과정과 변화에 관한 전반적인 부분을, 비지시적 질문을 통해 있는 그대로 진술할 수 있도록 인터뷰를 실시하였다. 이러한 절차에 의하여 참여자 개인의 속성을 개념화 하는 것이 아니라, 전체 참여자들의 공통적인 속성을 도출해내고자 하였다.

연구방법은 현상학적 접근으로 참여자의 인식세계와 그것에 부여된 의미와 체험에 담긴 총체적인 현상을 탐구하는 것이다. 연구 참여자의 언어적 자료인 주관적 경험정보와 의미의 본질을 사실 그대로 묘사하여 공통적 주제를 찾아 꼴라지(Paul Colaizzi)의 접근방법을 통한 기술적용이다. 그로 인해 중도탈락으로 귀국한 선교사들의 회복과 대책마련을 위한 경험적 자료를 마련하게 되었다. 그들의 정서적 탈진과정에 나타나는 보편적인 심리적 경험은 대인관계 갈등으로 드러났고, 그로 인한 결과는 선교사 개인과 가정 더 나아가 선교사역에 커다란 영향을 미치어 중도탈락으로 이어지도록 하였다.

본 연구 의의는 신념에 의한 불일치로 어려움이 야기되어 실제적으로 선교현장을 떠나야만 했던 선교사들의 경험에 대한 회고적 고백을 담고 있다는 데 있다. 연구자는 연구 참여자들의 탈진상황을 심리적 공통요인과 정서적 대처과정을 탐색하여 참여자의 특성에 따라 개별화하여 제시할 수 있었다.

첫째, 선교에 참여하게 된 동기에 관한 질문은 선교사의 정체성을 고취시키고, 둘째, 환경적 요인에 의한 정서적 고갈경험에서 대응한 감정적 요인은 어떠했는지, 셋째, 탈진이 유발된 상황에서 대처과정은 무엇이었는지를 자신의 언어로 기술하여 자기성찰이 이루어지도록 하는 계기를 마련해주었다. 넷째, 직접 경험자들의 진술을 통하여 탈진과정에 필요한 해결책을 마련하기 위한 피드백을 제공받을 수 있었다.

그들이 탈진과정에서의 대응은 혼재상황이었지만, 그 이후 삶의 의미 발견과 성숙으로의 진일보를 이루는 성장 변화를 가져올 수 있었다. 또한 선교지에 남아 있는 선교사들을 위한 희구(希求)사항을 통해 미래선교를 위한 상담학적 자료를 제시하였다. 따라서 본 연구는 중도탈락의 핵심주제인 탈진에 또 다른 시각을 제공함으로써 효율적 선교사역으로의 전환을 가져와, 미래적 선교방향을 위한 교두보(bridgehead) 역할을 하게 될 것이다. 연구결과에 따라 제시된 대안모색은 개별화된 구조적 돌봄 지원, 사역지에 관한 정보 전달, 균형 잡힌 휴식과 영적으로만 치우치지 않는 건강한 소통방식, 그리고 긍정적 자아형성을 위한 심리교육에 의한 가치의 재구성 등, 질적 돌봄을 위한 정책의 개선점을 제공하게 될 것이다.

목 차

* 추천의 말 / 이영훈 (여의도순복음교회 위임목사)
* 소개의 말
* 머리말
* 연구의 동기와 방향, 그리고 전체의 줄거리

I. 들어가는 말

A. 탈진에 대한 탐구의 필요성과 목적 · 19
B. 탈진과 대응방안, 그 공통적 속성 찾기 · 25
C. 탈진에 대한 선행 연구들 · 27
    1. '정서적 탈진'에 대한 사회심리학적 이해 · 29
    2. 탈진의 촉발 요인과 대안적 연구물 · 31
D. 실제 사례들의 수집과 분석법에 대하여 · 34

II. 선교사의 정서적 탈진에 관한 이론들

A. 탈진(Burn-Out)에 대한 주요이론 · 38
    1. 프로이덴버거(H. J. Freudenberger)의 '과잉 성취동기' · 39
    2. 크리스티나 마슬락(Christina Maslach)의 '정서적 고갈' · 49
    3. 탈진에 관련된 일반적 주요 연구동향 · 56
B. 선교사의 내면적 세계 이해 · 60
    1. 심리사회적 위기와 정신건강 · 60
    2. 타 문화권의 삶과 자기인식 혼란 · 63
    3. 소외와 자아상실 · 68
    4. 사회적 관계망과 관계적 갈등 · 73
C. 선교사의 관계 갈등에 대한 이해 · 79
    1. 관계 갈등의 유형 · 80
    2. 관계 갈등의 영향 · 82

Ⅲ. 선교사들의 탈진에 대한 면담 및 분석

  A. 질적 연구 개념 및 설계 · 85
  B. 연구대상 및 연구 절차 · 87
  C. 연구의 진행과정 · 90
  D. 측정도구 · 91
    1. 설문지 연구 · 91
    2. 질적 연구: 인터뷰 · 92
  E. 자료수집 방법 및 배경 · 93
    1. 연구 참여자들의 인적사항 · 95
    2. 연구 참여자들의 개별적 특성 · 96
  F. 자료 분석 절차 · 115

Ⅳ. 선교사 탈진의 심리적 경험 양상

  A. 기술자료 분석 및 결과 · 117
  B. 연구 참여자들의 진술에 대한 질적 사례연구 · 122
    1. 연구 참여자들의 심리적 경험과 공통속성 · 122
      (1) 분노와 공허감 · 123
      (2) 자존감 손상 · 124
      (3) 감정적 고갈과 무력감 · 126
      (4) 고립된 삶의 태도 · 127
      (5) 회피적 방어기제 · 127
      (6) 중도포기의 가속화 · 129
      (7) 삶의 의미발견 및 자아상 성숙 · 129
      (8) 대안적 대응방식 희구 · 131
    2. 탈진경험 참여자들의 심리적 현상에 대한 해석 · 132

V. 연구결과 및 논의

A. 일반적 연구 논의 · 182
　1. 탈진의 주원인 · 182
　2. 탈진이 시작된 발단 · 183
　3. 탈진의 주요 증후군 · 184
　4. 탈진 상황에서의 심리적 상태 · 184
　5. 탈진이 가져온 결과물 · 185
　6. '돌봄과 소통'이 되지 않는 선교단체의 역할 · 185
B. 선교신학적 · 목회상담적 논의 · 186
　1. 중도포기를 통해 나타나는 선교신학적 논의 · 187
　2. 귀국한 선교사의 변화를 통한 목회상담적 논의 · 188
　3. 성장과정과 결과를 위한 목회상담적 논의 · 189

VI. 나가는 말

A. 요 약 · 191
　1. 인구사회학적으로 나타나는 일반적 특성과 동인 · 191
　2. 탈진에서 나타나는 여덟 가지 심리적 공통요인 · 195
B. 제 언 · 199
　1. 연구적용 방안을 위한 제언 · 199
　2. 후속연구를 위한 제언 · 203

■ 참고문헌 · 207
■ 부록
　　1. 연구 참여 동의서 · 219 ‖ 2. 설문지 · 221
■ 주석 · 228
■ 서평 / 김호성 (여의도순복음교회 목회신학담당 부목사) · 247

I. 들어가는 말

A. 탈진에 대한 탐구의 필요성과 목적

세계선교사 파송 2위의 선교강국인 한국세계선교 파송현황은 2016년을 변곡점으로 하강곡선을 그리며 위기상황에 놓여 있다. 2016년을 기점으로 선교지 선교인원은 2,801명으로 증가율 0% 제로화 상태를 기록하게 된다.[1] 이는 매년 지속적으로 파송선교사가 증원되고 있으나, 그만큼 사라지는 선교사의 비율도 늘어나고 있음을 단적으로 드러내주고 있다.

이같이 선교지 주재선교사들 숫자가 감소추세를 보이는 가운데서도 한국교회의 파송선교사 숫자는 변함없는 증가수치를 그리고 있다. 한국교단에서 선교사를 가장 많이 파송하는 대한예수교장로회 총회세계선교회(GMS)에서의 증원 선교사 수는 매년 100여명 가량을 지속적으로 유지한다.[2] 기독교대한성결교회도 평균 10가정 20여명 정도를 회기마다 꾸준히 파송하고 있다.[3] 이러한 맥락에서 선교지의 선교사 수가 여전히 감소되는 배경에는 '중도탈락'이라는 미해결 과제가 수면 아래로 가라앉아 있음을 볼 수 있다.

중도탈락의 존재를 입증해주는 전환 사례는 세계 선교현장에서도 동일하게 나타나고 있다.[4] 특히 1993년 한 해 동안 브라질 선교사의 75%가 첫 임기(5년) 기간에 중도 포기하는 사례가 빚어졌다.[5] 이러한 선교사의 중도탈락 현상은 한국에서도 같은 연도부터 발생되어 매년 23%씩 이어졌으며, 1994년에는 44%나 발생되기도 하였다.[6] 2012년부터 2014년 근간에 한국은 총 3,346명의 선교사를 파송하였지만, 선교지에 실제적으로 잔류하는 숫자는 1,935명으로 1,411명이 부족한 숫자를 기록하고 있었다.[7] 결론적으로 이는 3년이라는 기간에 42.1%에 해당하는 선교사들이 중도 탈락하였음을 보여주는 것이다.[8]

일반적으로 선교사 중도탈락의 표기를 교단별로 사직, 순직, 면직, 제명, 은퇴, 퇴직 사역만료 등으로 정리하여 처리한다.[9] 그러나 중도탈락에 관한 원인규명은 구체적으로 언급되지 않고 있으며, "심리적 고충"[10]이라고만 밝히고 있다. 또한 이러한 큰 위기가 대부분 첫 사역기간(4-5년)에 경험되고 있었다.[11]

탈락이란 선교사가 사역관리 부주의로 인해서나 비현실적인 기대에 따른 개인적인 사정 등 여러 이유들로 인해 빚어지는 것으로, 생각보다 빨리 선교지에서 철수하는 것을 의미한다.[12] '조기탈락', '중도포기'로도 표현되는 '중도탈락'은 납득 가능한 사유인 '불가피한 탈락'과, 포기하지 않아도 되는 '방지 가능한 탈락' 두 가지 형태로 분류된다.[13] 후자는 전자(은퇴, 계약완료, 병가 등)와 달리 개인의 내적 문제, 대인관계 문제, 하나님과의 관계적인 부분의 갈등문제로 말미암아 일어나는 탈락 사례들이다.[14]

중도탈락의 최초 연구는 1996년 브라질 선교사의 충격적인 탈락보고로부터 시작되었는데, "선교사 탈락방지연구"(ReMAP: Reducing

Missionary Attrition Project)를 통하여 시작되었다.15) 결과는 교단과 선교단체 그리고 중도포기를 결정한 선교사들 대부분이 중도탈락 사유에 관하여 구체적으로 기록하기를 부담스러워할 뿐만 아니라, 언급을 회피하는 실태로 드러났다. 다만 선교사의 '조기탈락' 비율 71% 이상이16) 심리적 부분에서의 방지 가능한 사례에 해당된다는 정보를 얻을 수가 있었다.17)

선교사 중도탈락에 관한 연구를 위해 1997년 '선교사 멤버 케어' 연합조직을 만들었다. 그러나 심리상담 측면을 위한 탐구기관은 1.93% 정도로 미미한 상태를 나타내주고 있었다.18) 한국에서 타 문화권 선교사들의 탈락에 관한 구체적인 후속연구가 진행된 것은 2015년에 들어서면서부터이다.19) 2015년에 이르러서야 88.33%의 한국 선교사들이 '사역실패'로서가 아니라, '관계 갈등'에 관한 문제가 가장 핵심적 요인이 되어 중도탈락 문제가 발생되고 있다는 사실을 밝혀내게 되었다.20)

중도탈락의 실제적 이유가 인간관계에서 오는 인격적인 부분과 연결된 심리적 원인에 의한 것들이다.21) 정서 및 대인관계의 긴장에 의한 부분이 59.4%였으며, 불안정 원인은 동역자의 관계적 어려움이 38.5%를 차지하고 있었다.22) 이 같은 심리적 특징은 업무나 중요한 삶의 활동에서 지치게 만들며 열정, 희망, 목표를 상실케 하여 정서적 고갈을 가져오는 요인이 되고 있었다.23)

정서적 메마름이 한국인 선교사들에게 가져오는 대인관계적인 문제는 영적으로 해결하면 된다는 이분법적 신념으로 방치된다는 점이다. 그로 인해 갈등상황에 이르기까지 정서적 고갈 상태를 등한시하다가 결국 사역포기로 이어지고 있다.24) 실제적으로 한국선교연구원 조사에 따르면, 한국 선교사들이 탈진 해결을 위해 취하는 자세는 "지속적

영성훈련으로 가능하다"가 55.2%였고, 30%는 "타인과 문제를 의논한 적이 없다"로 개인영성을 의존하는 특성을 나타내주고 있다.25)

대인관계에서 감정이란 정서적 산물로 부정적 감정이 증가하면 할수록 관계는 불만족을 느끼기 쉽다. 대부분의 한국 선교사들은 교회에서 사역자로 재직하다 선교지로 파송되는 입장이라 동등한 대인관계에 관한 필요성을 느끼지 못하는 관계적 어려움에 처하게 된다.26) 더군다나 유교문화가 가져온 수직적 관계설정에 의해 수동적 모습을 취하게 되며, 종종 극단적 대립상황까지 치닫는 모습을 보게 된다. 대인관계 갈등해결에 관한 교육훈련을 간과한 채 파송된 한국 선교사들은 유연하지 못한 회피적 태도로 인해 격화된 감정충돌을 가져와 서로에게 상처를 남기며 정서고갈인 탈진을 경험하게 된다.27) 존중감이 결여된 동료 선교사의 일방적 태도와 또한 그에 반응하는 모습의 엇갈림으로 인해 관계적 갈등이 심화되어 상호간에 분열과 상처를 경험하는 것이다.

마슬락(Christina Maslach)은 "사람을 상대로 하는 전문직 봉사자들에게 자주 발생되는 정서적 고갈로서 업무환경에 대한 '만족도 감소'로 발생되는 증상"을 탈진이라고 하였다.28) 그녀가 정의한 탈진은 다음과 같은 상황 가운데 나타난다. 첫째, 만나야 할 대상자가 많고 돕고자 했던 일이 노력한 만큼 통제되지 않을 때 감정적 자원이 고갈된다.29) 둘째, 개인이 지닌 가치개념과 실제적 성과의 불일치 경험이 성취감 감소, 무능감, 부정적 평가를 증가시키며30) 초래된다. 탈진은 개인의 풍부한 감성과 심리적 측면의 고갈이 드러나며, 누군가를 돕고자 하는 헌신적인 전문가 집단에서 발견되는 현상이다.

프로이덴버거(Herbert J. Freudenberger)는 탈진이 헌신적이며 열성적인 사람들이 많은 사람들의 요구에 부응하고자 스스로의 한계를 지나쳐 긴 시간 일에 집중하게 될 때 발생되는 현상이라고 보았다.31) 따라서 선한의도를 가진 헌신적인 사람들이 탈진에 취약하며, 자신의 목적과 의도에 적합하지 않게 될 때 발생된다.32) 결국 현실의 벽을 뛰어넘지 못하게 될 때 무력감으로부터 시작되는 것이다.

탈진은 헌신적인 의식을 가진 전문가들 집단에서 직업이나 중요한 삶의 활동에 지쳐버렸을 때 발생되는 증상이다. 아뇨미(Seth Anyomi)는 그들의 낮은 자존감이 탈진을 가져온다고 보았다.33) 자존감 저하와 좌절 그리고 의욕저하로 인해 개인의 풍부한 감성과 심리적 측면에서의 고갈이 드러난다. 그러한 현상은 점차 타인을 향해 무감각해지고 비인격적 모습이나 냉소적인 태도를 나타내게 만든다.

인간은 자기중심성을 갖고 존재를 지속시켜 나가고자 하는 개인적 열망이 있는 존재이다.34) 특히 선교사는 하나님의 특별한 부름에 귀한 도구가 되고자 다른 사람을 향한 가치와 목표를 주요 동기로 삼고 헌신을 결심한 존재이다. 그러기에 그들이 지닌 주관적 가치를 자신을 둘러싼 환경 속에서 성취시켜 나가고자 하는 열망을 갖게 된다. 그리고 그 기대가 이루어지지 않을 때 자연히 수동적 관계성에 빠지게 되고, 그 결과로 탈진을 초래한다. 한 사람의 독특한 개성 안에만 머물면서 살게 되면 그만큼 존재의 범위와 권리가 축소되고 관계에 민감해져서 갈등이 쉽게 생기기 때문이다.

탈진으로 야기된 중도탈락은 선교적 손실인 동시에 선교사 개인에게 커다란 상흔을 남기게 된다. 중도탈락의 핵심근원인 탈진으로 동역자인 사모가 겪게 되는 우울증과 신체적 질병은 주변인들에게까지 심리적 상실감을 남기고 있다.35) 뿐만 아니라 연속적이고 반복적으로 야기되는 중도탈락은 선교사역에 커다란 위협으로 작용되는 문제가 되고 있다. 이러한 부분은 탈진예방을 위한 심리적 부분에서의 관리가 필요함을 여실히 드러내주고 있다. 따라서 선교사는 자신이 한계를 가진 인간으로서 돌봄을 받아야 한다는 것을 인식해야만 한다. 더 이상 종교적 정서를 바탕으로 선교사에 대한 인격에 관한 문제들이나 관계갈등에 관한 질적 돌봄에 대한 부분이 간과되지 말아야 한다.

이 같은 이유에서 선교사들의 탈진요인에 관한 연구가 필요하다. 그들이 돌아온 실제적 이유를 경험자들로부터 직접 듣고 그 경험을 탐색하는 질적 연구로서의 접근은 한국교회에 시사해주는 바가 클 것이다. 또한 탈락으로 이어지는 문제점을 최소화할 수 있는 개입방법으로서 선교의 미래적 전략의 유용한 자료가 될 것이다. 탈진 과정에서 선교사들이 대처한 심리적 경험과 그들의 내면적 세계에 대한 탐구는 그동안 밝히지 못한 탈진현상에 대한 이해를 확장시킬 수 있기 때문이다.

심리적 위기에 대한 질적 연구로서 현상학적 탐구는 양적 연구의 한계를 보완해주는 의의를 갖게 된다. 그동안 한국교회는 선교사를 파송하는 데만 초점을 두었기에 선교지에서 선교사들이 심리적 어려움을 겪게 되어도 원인에 대한 조사나 예방적 접근의 관심이 부재한 상황이었다. 중도탈락에 의한 인력손실이나 선교목적을 위한 효율적 도움을 주기 위해서는 경험자들의 어려움을 듣고 분석하는 정책이 필요하다. 선교사들의 사회적 관계망에 대한 관심과 선교의 질적 성장을 이룰 수 있는 토대 마련이 시급하다.

본 연구는 해외파송 선교사들이 타 문화권에서 경험하게 되는 여러 요인 가운데 중도탈락의 핵심적 요인인 탈진경험의 대응과정을 현상학적 방법을 통해 탐구하게 된다. 탈진에 관한 문항과 사회적 관계갈등에 영향을 미치는 측면을 탐색하여 선교사들이 탈진과정에 어떠한 주관적 경험을 공통적으로 하게 되는지를 찾고자 함이다. 아울러 탈진과정에 어떠한 요소들이 사역을 포기하는 원인으로 작용되고 있는지, 심리경험의 공통된 속성을 주제별로 추출하고자 한다. 이로써 선교사의 질적 성장을 위한 상담심리학적 연구와 선교적 발판을 마련하고자 그들의 삶의 변화과정을 현상학적으로 분석하여 기술하는 데 목적을 둔다.

B. 탈진과 대응방안, 그 공통적 속성 찾기

본 연구는 중도탈락한 선교사의 탈진 경험에 관한 심리 분석적 접근을 통하여 개인의 심리적 변화, 가족의 심리적 변화, 그리고 선교사 당사자와 가족의 정서적 특성을 탐색하고자 한다. 이를 통해 선교사들이 위기 앞에서 어떠한 대응방안을 취하였는지, 그 변화과정을 탐색하는 데 초점을 두었다.

선교현장에서 선교사들은 거리낌 없는 자기표현으로의 의사소통을 이루어가는 데 어려운 제한점이 발생되고 있다. 선교지 여건상 어려운 문제들이 돌출되며 관계상의 부정적 경험과 어려움은 늘 발생된다. 그러나 이에 대한 보호와 지원에 대한 요청이나 기대사항은 선교회로부터 반영되지 않은 채 방치되는 실정이다. 선교기관의 빈약한 돌봄 체제는 탈진을 더욱 가속화시키기에 중도포기의 티핑 포인트[36)]가 된다. 선교사에 대한 돌봄은 종국적으로 그들이 처한 어려움을 조사 분석하여 선교의 목적을 효율적으로 이루도록 해주는 해결책이 되어야 한다.

지금까지의 탈진원인 조사는 대부분 양적 연구였고, 이러한 방식은 응답자들이 자신의 선교단체를 옹호하는 답변을 하는 허수결과로서의 어려움이 드러난다. 또한 질문에 관한 오해가 발생될 수 있는 단점을 지니고 있다. 그뿐만 아니라 무작위로 추출하는 방식인 임의표본이 아니라 편의표본37)에 치중하는 경향이 나타나기도 한다. 그 외에도 회수율이 적은 수준을 감안한다면, 이와 같은 연구를 모든 선교단체로 일반화하기는 어려운 상황이다.

이러한 점을 근거로 볼 때, 양적 연구의 단점은 개인에게 일어난 현상을 외부자의 관점으로만 치중하여 바라보게 되기 십상이다. 그렇기에 개인의 실제적 경험의 정보들이 사장되며 발달적 삶에서의 맥락적인 상황이 반영되지 못하는 한계점을 지니게 된다. 따라서 탈진으로 인해 중도탈락을 경험한 대상자들과 직접적인 면담을 통하여 그들의 경험세계 의미가 자신의 심리적 과정에 어떠한 의미를 전해주고 있는지 질적 연구방식의 접근을 시도하는 것이 필요하다.

실제적으로 선교현장을 떠나야만 했던 선교사들의 고백은 선임 선교사와의 가치관과 신념에 의한 불일치 때문에 어려움이 야기되었음을 회고하였다. 선교사역을 진행하지 못하고 돌아온 그들의 탈진과정에서의 주관적 경험을 탐구하고자 첫째, 그들의 보편적인 심리적 경험들은 어떤 요인들에 의해 설명될 수 있는지, 둘째, 그러한 경험이 개인과 가정과 사역에 어떠한 영향을 미치는지, 셋째, 그들이 탈진과정에서 대응한 방안은 무엇이었는지, 넷째, 현재 그들에게 어떠한 변화가 초래되었는지에 관하여 언어적 자료를 근거로 현상학적 기술을 통해 공통적인 속성을 추출하고자 한다.

C. 탈진에 대한 선행연구들

중도탈락이라는 용어는 다른 언어로 대응할 만한 단어가 없다. 그렇다고 일괄적으로 획일화하기도 어렵다. 왜냐하면 선교 상황과 관계에 맞도록 설명되는 용어가 필요하기 때문이다. 포르투갈어로 '포기'와 '지쳐버림'으로, 스페인어는 '버리고 감' 혹은 '현지사역 조기포기'인 중도탈락을, 스웨덴 선교사들은 '은퇴, 철수, 떠남'으로, 에티오피아 선교사들은 '흥미를 잃어버림으로 마침내 중도에서 그만두는 것'으로 다양하게 정의되고 있다.

일반적으로 탈락은 탈진의 결과에서 나타난 현상으로 후유증은 가정폭력, 이혼, 가족해체, 자녀갈등, 외로움, 분노 폭발, 탈모, 실어증, 정신분열의 모습 등 다채롭게 나타난다.[38] 본 연구에서는 한국 선교사가 어떠한 이유에서든 타 문화권에서 사역을 그만두고 그곳을 떠나는 것을 '중도탈락'이라고 정의한다.

탈락에는 '불가피한 탈락'과 '방지 가능한 탈락' 유형으로 나뉘고 있으나, 불가피한 탈락은 예외로 두고 방지 가능한 탈락의 내용만을 연구주제로 다루고자 한다. 1996년에 시도된 선교사 중도탈락의 근원에 관한 세계복음주의연맹선교위원회의 연구는 다음과 같이 결과를 정리했다.[39] ① 동료 사역자와의 갈등, ② 파송단체나 교회 지도자와의 갈등, ③ 관계단절로 인한 내면적인 고통으로 인간관계에서 오는 심리적인 부분과 연결된 정서적 고갈상태가 탈진을 초래하며 중도탈락으로 이어진다.[40]

정서적 고갈이란 개인의 풍부한 감성이 메마른 것으로, 심리적 측면에서 타인에게 아무것도 줄 것이 없는 느낌을 말한다. 개인의 풍부한 감성과 심리적 측면의 고갈로 이타적인 것으로부터 돌아서게 만드는 것이 탈진이다.41) 특히 만성화로 이어질 경우 무감각해지는 태도, 인격이 상실된 모습과 냉소적인 태도를 보인다.42) 이러한 증상과 더불어 탈진은 사회적 측면에서 다른 문제들과 연결되어 개인과 가정 그리고 사회에 장애를 가져오기 때문에 심각한 문제이다.

한국 선교사의 탈진에 관한 연구는 1996년 발표 이후, 한국선교연구원이 2015년 발간한 "한국 선교사 멤버 케어 개선 방안"을 통해 미래선교의 최우선 연구영역으로 삼고 있는 주제임을 엿볼 수 있다.43) 선교사 탈진은 교단도 선교단체도 공개하고 싶지 않은 연구 과제임에도 불구하고, 상담영역의 필요성에 대한 요청이 선교사들로부터 회자되고 있다.

최근까지 선행된 국내연구를 살펴보면 중도포기와 관련되어 탈진을 다룬 연구는 다양하였지만, 탈진에 영향을 미치는 사회적 관계에 관한 것을 함께 다룬 국내연구는 거의 극소수에 가깝다. 아울러 사역을 포기하게 된 중도탈락 경위와 그 과정에서의 심리적 대응과정을 다룬 연구도 극히 소량에 불과하며, 세계선교단체나 선교회로부터 연구한 자료가 2-3개 정도 있을 뿐이다.44)

따라서 본 연구는 선교사들이 탈진할 수밖에 없는 요인에 몇 가지 개념정의와 용어설명을 가지고 선행연구를 주제별로 나누어, 정서적 탈진, 개인의 사회심리학적 배경, 선교사의 타 문화적 배경이 중도포기와 관련되어 어떠한 영향을 주게 되는지 문헌고찰을 중심으로 진행하게 된다.

1. '정서적 탈진'에 대한 사회심리학적 이해

'정서적 고갈'(emotional exhaustion)이란 '정서적 소진' 혹은 '감정적 소진'으로도 번역되며 힘과 기운이 완전히 빠져 있는 정서적으로 고갈(draining) 상태를 의미하는 용어이다. 프로이덴버거는 이러한 현상을 'burn-out' 이라고 명명했고, 국내에서 '탈진' 혹은 '소진'으로 번역되고 있다. '탈진'은 삶이나 관계에서 누군가를 돕고자 헌신한 결과가 현실의 벽에 가로막혀 기대했던 성취를 이루지 못하게 되며 만성피로와 좌절에 빠져 있는 상태를 가리킨다.45) 업무에 활력을 잃어버리고 냉소적이며 부정적인 모습 가운데 기본적인 감정에조차 공감하지 못하는 정서적 태도를 말한다.46) 자신의 한계를 인정하지 못하는 헌신에 의한 에너지 과다소모로 탈진이 초래된다.47)

탈진은 주로 헌신적이며 희생을 하고자 하는 사람들에게서 나타나는 현상이다. 열성적인 사람들이 도움 받고자 하는 사람들의 요구에 부응하기 위해 긴 시간 스스로를 다그치며 집중적으로 일에 전념하게 될 때 발생한다.48) 대인관계의 문제가 업무 외에도 가정에 중요한 영향을 끼치게 되며 만성적 질병을 초래하여 의욕을 저하시켜 하던 일을 모두 포기하도록 만든다.49) 책임감에 짓눌려 타인을 지나치게 돌보아주는 능력을 과다하게 사용하는 경우에 나타나는 현상이다. 업무에서 선명한 경계를 긋지 않는 과도한 책임감으로 인해 휴식을 갖지 못하는 내적 태도가 탈진을 가속화시킨다고 한다.50)

선교사가 정서적 탈진을 맞게 되는 것은 개인과 사회·문화의 상호작용 관점에서 사람들과 밀접한 관계를 유지하는 과정에서 발생한다. 상대방으로부터 받는 정서적 압박이 반복되며 비인격화가 일어나게 되고 에너지 고갈현상으로 이어진다. 탈진은 개인의 업적을 부정적으로 평가하고 스스로 행복하지 않다는 자기비하를 느끼게 되며, 자신이나 업무에 대한 성취감도 만족을 느끼지 못하는 모습을 나타낸다.51)

　마슬락 & 잭슨(Susan E. Jackson)은 '탈진증후군'(burn-out syndrome)을 전문적 봉사자들이 경험하는 감정적 고갈로 인해 발생된다고 보았다. 이러한 결과는 자신의 고객을 일의 대상으로 생각하고 부정적 정서를 표출하여 업무에 위기가 초래되는 현상이다.52) 탈진은 희망과 열정을 잃어버려 지쳐버린 상태에서 재충전이 되지 않을 때 발생된다. 그러면서 돕고자 했던 열정이 사라지고 기본적인 감정에 공감도 못하고, 까칠하고, 비평적이고, 공격적이고, 고집스러운 모습에 다른 사람 의견을 수용하지 못하며 사람을 멀리하는 증상으로까지 표출된다.53) 결국 탈진은 관계에 갈등을 초래하고 한 개인의 심리적 문제로 끝나지 않게 된다. 따라서 선교사에게 있어서는 가정, 교회 그리고 선교운동을 뿌리까지 흔드는 파장을 가져오게 만든다.

　선교사들은 복음 확장을 위해 매순간 사람을 만나야만 한다. 많은 사람과 관계해야 하는 부담은 긴장과 난관에 부딪히며 불가피하게 그에 따른 복잡한 문제적 상황들을 접하게 한다.54) 탈진은 한계성을 가진 인간이 삶에서 균형을 맞추지 못하게 될 때 성격적 원인, 특수한 환경적 상황, 구조적 요인에 의해 하나의 증후군으로서 등장하게 된다.55) 그 결과 사역자 개인과 가정의 문제로 나타나게 되고 모든 에너지가 소진되는 경험을 하게 된다. 자신을 돌보는 것을 사치로 생각하는 선교사들의 인식은 '정서적 탈진'을 관리하는 데 매우 취약하다고 볼 수 있다.56) 대인접촉이 많은 직종에서 정서적 부담이 되는 환경에 장기간 노출될 때 에너지 고갈로 인해 발생되는 것이 탈진이다.57) 그리고 상호이해 체계로 인한 차이로 형성된 긴장감으로 인해 많은 에너지가 소진되며 접하게 되는 것이 탈진이다.58) 이러한 탈진의 반복적인 경험이 선교사들에게 심리적 충격과 상처를 남기고 선교지에 모든 것을 두고 떠나는 결과를 가져오고 있다.

2. 탈진의 촉발요인과 대안적 연구물

탈진은 사람들과 장시간 밀접한 관계를 갖는 전문가들이 직무상황에서 지속적으로 정서적 압박을 받게 될 경우 정서적 고갈로 나타나는 현상이다. 그 결과는 개인의 정서, 신체, 행동적인 모든 측면에 영향을 미친다. 정신적으로는 부정적 자세를 취하고 매사에 의욕을 잃게 되며, 정서적으로는 절망감과 무력감 외에도 자신에게 아무런 힘이 없다고 느끼는 박탈감을 경험하게 된다.

탈진은 갈등을 가져오는 요인으로 인해 모든 에너지가 소진되는 것이며, 초기-중간-후기-후유증의 단계를 거치면서 경험하게 된다.59) 즉 여러 단계를 거쳐 점진적으로 발생하는 것이다. 역할에 대한 과잉부담이 탈진을 유발시킨다고 해석하기도 한다.60) 이건우는 과도한 책임의식을 갖게 된 원인을 외부환경, 과거의 기억, 상처 등에서 찾아냈다. 그는 정신분석에 의해서도 근원적 해결을 할 수 없으며, 정신분석에서 파생된 내적 치유방법을 통하여 상처를 표출해 냄으로써 마음을 회복하고 행동수정을 통하여 종결될 수 있다고 보았다.61)

안덕수는 탈진의 근본적 원인의 시작점을 패러다임 모형 분석을 통해 '유년기 상처'로 이해하여 스트레스에 효과적인 대처를 하지 못할 때 나타날 수 있다고 보고, 가정이 역기능적일 때 완충역할을 감당하지 못하게 되어 야기되는 것이라 한다. 그는 탈진의 위험에서 벗어날 수 있는 최선의 해결책은 예방적인 관점으로 '자기 돌봄'과 '자아 인식'을 유지하는 것이라고 설명한다.62) 이처럼 탈진은 개인의 심리적인 원인들과 조직적인 변인이 인과적인 영향을 미치며 유발되는 것이다. 업무나 중요한 삶의 활동에서 지치게 되어 열정, 희망, 목표를 상실하게 된다.63) 또한 영적으로 해결해야 한다는 내재된 신념으로 말미암아 문제 상황을 방치하다 결국 사역포기로까지 이어지게 된다.64)

그러므로 탈진은 복합적인 원인으로 인해 발생되며 무력감과 절망감, 정서적 고갈, 부정적 자아개념, 그리고 일과 사람에 대한 부정적인 태도를 야기하는 다차원적인 문제이다.65) 또한 지나친 인정에 대한 욕구 및 심리적 불안정상태가 업무에 있어 선명한 경계를 긋지 않은 결과이다.66) 대인접촉이 많은 직종이나 정서적으로 부담이 되는 환경에 장기간 노출될 때 심리적 탈진이 발생되기 쉽다. 지속적이고 반복적인 압박감에 의한 주관적 불편감에 의해 탈진이 촉발되는 경우가 많은 것이다.67)

결과적으로 탈진은 개인의 성취감과 스스로의 업적을 부정적으로 평가하게 만들고 행복하지 않다는 자기비하를 느끼게 만든다. 또한 업무에 대한 만족감을 감소시킨다.68) 대인관계에 있어 타인에 대하여 부정적인 비인격적 태도나 타인과 자신에 대한 부정적 평가로 부정적 자아개념 및 업무성취감의 감소를 초래하여 삶 가운데 무기력과 절망 그리고 불안을 동반하도록 만든다.

탈진 요인에 관하여 다양한 개념정의가 이루어지고 있으나, 한계성을 가진 인간이 삶에서 균형을 맞추지 못하게 될 때 성격적 원인, 특수한 환경적 상황, 구조적 요인에 의해 발생된다고 분류하기도 한다.

캐롤 & 화이트(William Carroll & William L. White)는 탈진의 촉발요

인을 인간발달 부분의 측면에서 이해되어야 한다고 제기하였다.[69] 그들은 탈진배경을 인간발달의 개인적인 특성과 환경의 영향을 거론함으로써 인지적 해석과정이 탈진에 영향을 미친다는 점을 말해주고 있다. 결국 탈진은 심리적이고 성격적인 측면의 개인적인 부분과 구조적 원인이 지속적으로 상호작용하며 발생되는 것이라 할 수 있다.

고현주는 장기 선교사들의 탈진 실태와 현황에 영향을 미치고 있는 요인에 관하여 설명하였다. 타 문화권 선교사의 탈진에 중요한 영향을 미치는 것을 개인의 심리적 성숙도라고 제시하며 멤버케어에 대한 '관심과 이해'가 해결책이라고 제안하였다.[70] 이는 선교사 중도탈락의 문제와 탈진 예방을 위한 방안을 개인적, 조직적 차원에서의 '선교사 돌봄'이 대안이라고 본 것이다.

탈진방지의 해결책에 관한 많은 연구는 선교사에게 인성이 가장 중요한 자질임에도 불구하고 각 교단의 선교정책이 업적이나 직능으로만 일관되어 있음을 지적하고 있다. 선교사의 역할은 어느 직업보다도 다양한 사람들과 이타적 관계를 맺으며 복음을 전해야 한다는 점에서 정서적 탈진을 완벽하게 경험하게 되는 조건에 직접 접해 있다.[71] 이러한 면에서 조직과 공동체에서의 제도마련을 통한 개인적 차원의 '돌봄 정책'과 선교훈련에 대한 개선 필요성이 대두된다.

정리하면 타 문화권에서의 긴장감은 상호이해 체계에서 많은 에너지를 소진시키며 관계갈등을 가져와 개인을 탈진으로 이끌게 된다. 자신이 지닌 문화적 틀이 새로운 문화권에서 더 이상 적용되지 못하며 균형이 깨어질 때 탈진이 발생되는 것이다.

타 문화권에서 개인이 당면하는 실존적 문제는 가정과 그가 속한 공동체 그리고 사회에 부적응적인 관계를 조성하는 원인이 되고 있다.

따라서 선교사의 인성정책에 관하여 관심을 갖고 인격에 관한 훈련과정 마련이 시급하다. 탈진은 성격적 원인, 특수한 환경적 상황, 구조적 요인에 의해 경험되는 것이기에 요인이 되는 부분을 미리 인식할 수 있도록 교육과 훈련이 선교훈련 과정에서 제공되어야 하고, 그러한 질적 돌봄이 절실히 요구된다.

D. 실제 사례들의 수집과 분석법에 대하여

본 연구는 문헌연구와 설문조사 방식에 근거한 질적 연구다. 선교사의 탈진에 관하여 있는 그대로 심도 있게 이해하기 위한 보완작업의 필요성에 의해 진행되었다. 탈진과정의 어려움을 경험한 선교사들을 만나 첫째, 심리적 현상의 본질을 발견하고자 하는 데 초점을 두고 둘째, 타 문화권 선교현장의 선교사역에 실제적인 도움을 줄 수 있는 지침을 구성하기 위한 기초자료를 마련하고자 하였다.

방법은 타 문화권에서 선교사역을 중단하고 돌아온 11명의 연구 참여자들을 대상으로 설문지와 진술을 연구의 원재료로 삼아 현상학적 접근을 시도하였다. 탈진척도가 높은 참여자들의 주관적 경험들을 현재적으로 심도 있게 탐구하고자 경위와 대응과정에 관한 인터뷰를 진행하였다. 현상학적 접근은 그들이 경험한 주관적 현상을 편향적인 선입견에 의해 정의하거나 분류하지 않고 있는 그대로 보기 위한 노력이다.

인터뷰 내용은 설문지 'I. 인적사항, II. 선교사역에 관한 사항, III. 탈진 및 사회적 갈등에 관한 사항'으로 구성하여 탈진척도가 높은 참여자들의 생생한 주관적 경험들을 현재적으로 심도 있게 탐구하고자 그동안의 경위와 대응과정에 관한 것이다. 입수된 질적 데이터는 대상자의 일반적 상황과 선교지에 관한 정보 서술과 반구조화 질문을 통해 추출된 인터뷰 진술문을 통해 구성된다.

연구 참여자들의 진술을 근거로 최종적으로 139개의 구성적 의미를 추출하고 42개의 심리적 주제로 분류하여 8개의 공통적 범주로의 속성을 도출해냈다. 방법은 현상학적 연구에서 꼴라지(Paul Colaizzi)가 제안한 분석법을 적용하여 기술하였다. 인간의 경험 현상에 드러나는 사실 그대로 이해함으로써 그 속에 담긴 의미를 도출해내어 공통적인 속성을 밝히는 꼴라지 분석법을 통해 살아 있는 경험적 의미를 밝히는 데 초점을 두었다. 따라서 참여자의 진술에서 드러나는 각자의 의미있는 진술들을 추출해내어 경험 가운데 나타나는 주제를 규명하고 구체화시켜 그들이 느끼는 공통적 속성을 주제로 묶어 범주화하였다.

이를 통해 선교사들이 갈등상황 가운데 유발된 분노와 실망 그리고 상실감의 경험에 어떠한 감정대처 양식이 활용되었고 대응하였는지, 탈락 후 대응방안에 혼재되어 나타나는 심리적 양상은 무엇인지, 그에 관해 선교사들로부터 직접 듣고 이해를 확장시키고자 한다. 더 나아가 탈진경험이 사장되지 않도록 하는 토대를 마련하고 탈진에 의한 중도포기 현상이 되풀이되지 않도록 예방과 극복을 위한 기초자료가 되기 위함이다. 그러한 이유에서 탈진되어 돌아온 선교사들과의 대화는 문헌연구를 보완하는 대안으로 상담심리학적 접근을 제공할 수 있다고 기대한다. 이는 사역에서 임기 이전에 돌아옴으로 겪는 고통과 좌절을 경감시켜줄 방법은 당사자들의 경험적 교훈을 배우는 것이라고 생각하기 때문이다.

본 논문은 총 6장으로 구성된다.

제1장은 본 논문의 개요와 설계를 다룬다. 연구 필요성의 배경과

목적, 연구문제, 연구 방법 및 범위를 전개하고, 선행연구를 통하여 정서적 탈진에 대한 사회심리학적 이해와 타 문화권 선교지에서의 경험적 삶과 그와 연관된 개인의 정신건강을 탐색하고 탈진의 촉발요인과 대안에 관하여 심리적 부분에 국한하여 문헌 탐구를 하고자 한다.

제2장은 주제와 관련하여 이론적 배경을 다룬다. 먼저 탈진에 대한 대표 학자들의 이론을 문헌 연구를 통해 개념 정리하고자 한다. 또한 선교사의 내면적 세계에 대한 이해와 선교사들이 경험하게 되는 탈진이 관계갈등과는 어떠한 관련성이 있는지 선행연구의 문헌 고찰을 통해 살펴보고자 한다.

제3장은 본 연구방법에 관한 내용을 기술한다. 연구를 위해 세운 연구문제 및 가설을 검증하기 위하여 실시한 설문조사의 절차와 대상, 그리고 자료수집 방법과 배경에 관하여 기술한다. 아울러 연구주제와 관련된 연구 변인과 연구 과정을 제시하고 연구 이해를 위해 도식화된 모형을 제시할 것이다.

측정도구는 인구통계학적 척도, 목회자의 탈진현상 척도, 사회적 갈등 척도 등, 총 세 가지 유형의 질문지를 활용하고 조사된 자료를 토대로 선교사들의 탈진 및 갈등 정도를 다루고자 한다. 대응과정에 관한 질적 사례연구 방법을 위하여 탈진경험으로 돌아온 선교사들 11명을 선별하여 반 구조화식(semi-unstructured interview) 질문을 통해 심층면접을 진행하고, 경험 탐구 및 대응과정의 유형을 기술하게 될 것이다.[72] 결과적으로 탈진으로 인한 관계갈등에 관한 대응방안의 탐색이다.

제4장은 설문지를 통한 기술자료 분석 및 결과물을 제시하고자 한다. 연구 참여자들의 질적 사례연구 결과물을 가지고 꼴라지의 분석법

을 통하여 심리적 현상에 대한 기술부분으로 경험의 틀을 정리하여 공통적 개념의 속성을 범주화한다. 자료는 탈진경험으로 선교를 더 이상 진행하지 못하고 목회사역으로 전향한 선교사들을 중심으로 심층면접한 분석내용이 된다.

제5장은 본 연구결과에 대한 논의를 다루게 된다. 질적 사례연구를 통해 추론한 연구 결과와 탈진경험 선교사들의 대응방안에 관한 논의를 기술하고자 한다. 문헌연구와 통계분석을 통해 도출된 연구결과 요약 및 탈진과 관계갈등에 대한 상관관계에 대한 최종적인 결론 제시이다. 덧붙여 본 연구에서의 한계점에 관하여 서술하고 후속적 연구를 위한 제언 또한 첨부할 것이다.

특별히 본 연구는 '심리학적 도구들'(inventories)을 사용한 결과물로, 인터뷰를 통한 실험적 연구를 통해, 앞으로 이 연구영역의 기초가 되는 자료제공이 될 것이라고 기대한다.

II. 선교사의 정서적 탈진에 관한 이론들

A. 탈진(脫盡, Burn-Out)에 대한 주요 이론

영어의 '번 아웃'(Burn-Out)은 일반적으로 모든 연료가 다 소모된 후 로켓의 엔진 작동이 중지된 상태를 뜻하는 것으로, 이는 남을 도와주려는 시도 후에 발생되는 증상을 가리킨다.[1] 마슬락은 '번 아웃'의 특징을 사람을 돕는 직업을 가진 사람들에게서 감정적 고갈이나 비인간화, 성취욕구 감소 등으로 나타난다고 정의한다.[2] 어떤 원칙이나 생활방식 혹은 관계에 헌신을 다했으나, 기대했던 결과를 얻지 못하게 되었을 때 나타나는 피로나 좌절상태가 탈진인 것이다.[3]

프로이덴버거의 '번 아웃'은 직무와 관련되어 있다. 심리학 사전은 '과도한 업무나 학업에 지쳐 자기 혐오감, 무기력증, 불만, 비관, 무관심 등이 극도로 커진 상태를 지칭하고, 의욕이나 일을 해나가려는 동기를 잃어버린 극단적인 스트레스 상태'라고 정의하고 있다. 국내에서 '번 아웃'은 '소진'(消盡)과 '탈진'(脫盡)으로 번역되어 1980년대 한국 간호학계 임상논문에 '소진'이라는 용어로 사용되었다. 그리고 1985년 목회자의 심리적 상태를 설명하면서 '탈진'이란 번역어가 등장하게 되었다.

그러므로 본 연구는 선교사와 관련하여 직무상 '탈진'이란 용어를 사용하고자 한다.

1. 프로이덴버거(Herbert J. Freudenberger)의 '과잉성취 동기'(Excessive Achievement Motivation)

정신의학자요 임상심리가인 프로이덴버거(1926-1999)는 1970년대 뉴욕 클리닉 센터(New York Clinic Center)에서 동역하는 자원봉사자들의 증상을 관찰하면서 '탈진'이라는 용어를 심리연구에 처음 적용한 학자이다. 뉴욕 약물남용 치료 프로그램을 위한 지역협회(Therapeutic Communities) 자활시설 공동체에서 거주자들과 직원들을 데리고 22년간 약물남용에 관한 치료를 담당하며 탈진의 심리학적 특징에 관심을 갖게 되었다.

센터에서 일하면서 그는 자신뿐만 아니라 직원들이 특별한 이유 없이 의욕을 잃어버린 채, 어느 순간부터 환자들에게 냉담하게 대하는 태도를 발견하게 된다. 이에 대한 의문을 갖은 프로이덴버거는 다음과 같은 연구를 시작하게 되었다. '탈진의 정의와 증후는 무엇이며, 탈진에 취약한 성격은 무엇 때문인가? 그리고 열정적으로 일하던 전문봉사자와 자원봉사자 모두에게 왜 무기력함으로 나타나는가?'에 관해서였다.

센터에는 마약중독 증세에서 치료받게 된 많은 사람들이 스텝으로 활동하고 있었다. 스텝들은 자신들이 치료받는 과정에서 해결되지 않았던 '역전이'[4] 감정으로 인한 무의식적 경향들이 센터에서 봉사하는 과정에 알콜 의존성으로 전환되거나 다른 심리학적 특성으로 나타나고 있었다. 또한 친밀한 관계를 유지하지 못하는 정서장애(emotional disturbance)나 정신신체증(psychosomatic) 혹은 신체적 불편감(physical complaints)의 현상으로, 친구나 연인 또는 자녀들과의 관계에서 확연하게 드러나고 있었다.5)

프로이덴버거는 탈진의 정의를 "어떤 원칙이나 생활방식, 혹은 관계 등에 헌신을 하였지만 기대했던 결과를 가져오지 못하게 되었을 때 오는 피로와 좌절의 상태"라고 소개한다.6) 스텝들에게 해결되지 않았던 개인적 문제들은 고객을 대하는 치료방법에서 지나치게 융통성 결여나 완고하고 유연하지 못한 태도로 나타나 업무에서 겪는 부분을 악화시키게 된다.7) 헌신과정에서 기대했던 보상을 얻지 못하였거나 인정받기 위하여 인간관계에 지나치게 몰입함으로써 발생되는 피로감이나 좌절감으로 정서적 고갈상태가 야기되는 것이다. 어떤 이유에서든 탈진은 목적과 의도에 들어맞지 않은 일이 발생할 때 나타나는 현상이다.8)

탈진은 봉사자들이 돕던 사람들로부터 희망이 보이지 않고 장애물에 가로막히게 될 때 실패와 비참함으로 경험되기도 한다. 그 결과 자신의 고객에게 도움을 주고자 하였으나, 오히려 스스로 벽을 쌓는 경우로 발전된다.9) 자기 주도성과 자신감을 상실하며 피폐화된 상황에 이르게 된다. 그들은 세상을 향상시키는 데 기여하고 버려지는 것을 재활용이 가능하게 만들고 싶은 동기를 가지고 헌신하는 전문적인 사람들(helping professions)이다.

프로이덴버거는 'helping professions'를 전문적 직업을 가진 대상들이라고 정의한다. 예를 들면 의사, 간호사, 변호사, 사회복지사, 경찰, 교사, 상담가, 정치가들로 이타적 삶을 추구하고 많은 것을 나누고자 하는 헌신의 동기를 지닌 사람들이다.10) 이들이 어떤 사상이나 관계 혹은 여정에서 쏟아 부은 한계를 뛰어넘은 자기희생의 결과가 목적이나

의도에 적합하게 충족되지 못하면 탈진을 경험하게 된다.[11]

　탈진에 취약한 대상은 타인의 요구에 반응을 보이고 인정받고자 하는 사람들이다. 그들은 타인의 삶에 영향을 끼치기를 원하고 더 좋게 만들기를 원하는 유형들이다.[12] 따라서 자신의 이타적 동기가 성숙된 헌신과 열정에 의한 것이 아니라, 인정받고 싶은 개인의 욕구, 즉 높은 성취를 위한 동기로 비롯된 헌신이 아닌지, 스스로 자기점검이 필요하게 된다. 개인이 자기도 모르게 보상의 기대를 하고 자신에 대한 압박감이 헌신의 동기로 작용할 때 탈진에 밀접하게 노출되기 때문이다.

　그는 개인이 헌신하게 되는 동기는 개인이 비현실적인 과도한 요구에 부응하고자 하는 욕망을 가졌기 때문에 반응하게 되는 것이라고 하였다. 스스로 내면에서 '일하라', '사람을 도우라'는 소리 때문에, 외부에 대하여 '굽히고, 양보하라'는 압박감으로 헌신을 자원하게 된다고 한다. 또한 자기의 어떠한 모습을 보여주기 위해 최소한의 금전적 보상을 받으며 장시간을 투자하게 되고 무언가를 보여주고자 하는 이유 때문에 탈진의 함정에 들어가게 된다.[13]

　이같이 탈진은 목표달성을 위해 노력하는 사람들이 자신을 인정하는 사람들로부터의 기대를 저버리지 않기 위해 자신의 역량을 뛰어넘어 더 많은 일을 해내고자 하면서 덫에 걸려드는 것이다. 탈진의 급성 현상을 제외하면 거의 초기단계에서 이러한 현상을 알아차리지 못하게 된다고 한다. 그들 대부분이 스스로의 능력을 자신하며 주도적으로 처리하고자 하는 사람들이기 때문이다. 그러기에 자신의 한계를 인정하지 못하고 너무 오랜 시간 열심과 책임을 다하는 과잉 성취적인 동기를 가진 리더들의 일상적인 삶에서 탈진증상이 나타나게 된다.[14] 헌신하고자 했던 그들의 기대감이 현실과 반대되는 결과로 충족되지 않게 될 때, 개인적 동기의 괴리감으로 말미암아 정서적 고갈을 맞닥뜨리게 된다는 것이다. 그 결과 희망이 없다는 생각으로 이타성의 '이상'(理想)은 실패와 비참함을 맞게 되며 뛰어넘지 못하는 현실의 벽으로 무력감이 발생되어 스스로 외부와 차단의 벽을 쌓게 된다.

탈진은 '이상주의'가 상실되었을 때 자신이 가치 있게 여겨온 것에 대한 연민의 상실감으로 인해서이기에 애통함이 내포된다.15) 상실로 인한 슬픔과 그 후에 나타나는 분노가 감정적 소모를 더해 주기에, 상실감은 좋은 사람들과 만족감을 주는 활동을 찾아 다시 채우는 시간을 필요로 한다. 이처럼 탈진은 여러 요인들이 복합적으로 작용하면서 일을 시작한지 1년 정도 후에는 사람에 따라 증상과 정도가 다른 방식으로 나타난다.16)

탈진의 예방을 위한 대책은 자신의 감정고갈 현상을 인식하는 자세에 달려 있다고 할 수 있다.17) 전조증상 가운데 하나는 리더의 권위상실로 인한 실망감이며, 일에 대한 환멸, 에너지의 고갈 모습이다. 자신이 기대했던 결과를 창출하지 못하며 심령이 만성피로와 좌절감으로 점진적 전개가 이루어져 자원의 고갈로의 손상으로 발생된다.18) 지나치게 양심적이고 열심을 다해 헌신하는 욕망 때문에 지나친 에너지 소모가 발생되나, 그것을 인식하지 못한 채 개인의 자원이 고갈되어 탈진에 잠식당하게 되는 것이다.19)

많은 리더들은 그들의 직원들이 초인적인 사람일 것이라는 기대를 갖는다. 그러한 과정에서 직원들은 에너지가 고갈되며 스스로 무정해지는 감정 태도를 갖게 되며 연속적으로 이어지는 일상에 불친절하게 대하기 시작한다. 그리하여 직원들은 냉소적이고 부정적인 기질, 변화와 혁신에 있어 유연하지 못하고 엄격한 사고의 틀을 나타내며 자신을

폐쇄적 태도로 이끌어가게 된다.[20]

그들의 그러한 특징은 자신의 고객과의 논쟁에서도 지능적으로 대하면서 자신들만의 특정분야에서의 특수 언어를 사용하며 다른 감정적인 개입에도 자신을 멀리하는 자세를 취한다.[21] 즉, 기본적인 감정에 공감하지도 못할 뿐 아니라, 까칠하고 비평적이고 공격적이며 다른 사람의 의견을 수용하지도 않는 모습을 나타낸다.[22] 더 나아가 자신감이 지나치게 넘치는 행동을 하여 다른 사람들에게 바보처럼 보이거나 때로는 기관과 고객 모두가 자신을 괴롭힌다고 느끼는 상태를 드러내기도 한다.[23]

이러한 편집증적 모습은 "무엇이든 다 안다"라는 거만한 자세로 다른 사람들과 말을 하지 않는다거나 거들먹거리는 자신을 나타낸다.[24] 이런 모습으로 탈진을 경험하는 사람들은 주로 능력 있는 사람들로서 스스로 자신의 약점을 드러내려 하지 않으려 하는 대상들이다. 그들은 혼자 해결하고자 하는 자립성을 갖춘 사람들이기에 파악하기가 쉽지 않게 된다.[25]

프로이덴버거는, 탈진은 무시한다고 나아지는 증상이 아니고 불명예의 상징도 아니라는 것을 밝히고 있다. 오히려 선한 의도에서부터 생겨나는 것으로, 현실의 벽을 뛰어넘지 못하는 스스로의 무력함에서 비롯된다고 하였다. 이러한 모습은 예고도 없이 갑작스런 현상 가운데 돌출되지만, 만성적인 상태에서 몇 년 동안 점진적으로 진행되어 오는 것들이다. 며칠간의 급성적인 탈진현상을 제외하고는 대부분 초기단계에서는 알아차리지 못하는 행동적 증상이다.

탈진의 행동적 증후는 즉각적인 짜증으로 참을성이 낮은 성향(low frustration tolerance: LFT)을 보이며, 좌절반응이 흔하게 나타나거나 인내심이 사라지고 불신적 태도인 편집증으로 나타나기도 한다. 탈진에 빠진 개인은 감정을 견디는 것이 너무 어렵다는 것을 알아차리게 된다.[26] 예를 들면 한때는 자신에게 어떠한 영향도 주지 않았던 문제들로 인해서 나 혹은 다른 사람들에게 좌절감을 쉽게 느낀다. 직업이나 가정 그리고 배우자·연인·자녀들에 대한 통제력을 잃어버리기도 한다. 편집증적 부분은 지나치게 자만하며 과부하적인 느낌을 주기도 한다. 이러한 태도들은 일의 건설적인 변화를 막게 하며 너무 완고한 모습으로 거의 논리적 설득이 닿지 않는 상태에까지 이르게 한다.

탈진증상은 냉소적 모습을 나타내고 우울해 보이며, 자신이 일하는 곳에서 막중한 책임감을 느끼기는 하지만 실상 해내는 일은 점점 더 줄어든다.[27] 그냥 시간을 때우고 있는 사람처럼 보이지만, 부정적인 태도나 환멸적 태도로 모든 일에 비판자요 혹평가로 맹공격하는 모습을 드러내기도 한다.[28] 때때로 과다한 감정이 동반되기도 하고, 한때 자극이 되었던 동기도 잃어버리게 되며 고객을 대하는 태도에 있어서도 변화가 나타나게 된다.

탈진은 자신의 어려운 문제가 해결된 후 관계적인 일들에서 지루함으로 인한 타성에 의해 발생되기도 한다.[29] 자신이 이미 경험했던 과정과 비슷한 어려움에 관하여 단조로움을 느끼게 되며 자신의 태도, 관점, 판단에 영향을 끼치게 된다. 때로는 맞닥뜨리는 문제에 압도당하는 무기력감을 받게 된다. 그로 인해 의욕적으로 일에 몰두하던 사람이 극도로 신체와 정신의 피로감을 호소하면서 동기를 잃어버리고 무기력해지는 증상을 나타낸다.

이러한 증상은 의욕이 지나치게 왕성하고 사람들의 요구와 기대를 저버리지 않으려 하는 반응에 의하여 자신이 모든 것을 감당해야 한다는 생각 때문에 일어난다. 한계를 넘어 전력을 다하는 성격을 지닌 사람들이 대부분 여기에 해당된다.30) '헌신'하는 것에 대한 당위성이 자신을 증명하려고 하는 마음과 수반될 때 탈진의 함정에 빠지기 쉽다.

프로이덴버거가 제시한 '번 아웃'이라는 개념은 재정적 보상도 없이 자신의 한계를 넘어 과다한 헌신을 하고자 하는 사람들에게서 주로 나타나는 증상이다. 그것은 과잉성취를 이루고자 하는 동기가 원인이다. 한계를 넘어 전력을 다하는 성격을 가진 사람들과 헌신에 전념하는 사람들이 자신들이 기대했던 결과를 가져오지 못하게 되었을 때 탈진이 초래된다.

이는 비현실적인 과도한 요구에 부응하고자 하는 선한 의도로 반응한 결과 과다한 에너지가 소모되며 야기된다. 동기를 잃어버리고 무력해지는 모습을 나타낸다. 즉, 과다한 헌신적 요구를 갖게 됨으로써 에너지가 소모되어 정서적 자원이 고갈된 것이다. 프로이덴버거는 탈진에 대한 대처방안과 두 가지 치료 방법으로 '진짜와 그릇된 치료방법'을 제안하고 있다.

가. 예방과 치료로 본 프로이덴버거의 탈진 대처방안

(1) 프로이덴버거의 탈진을 막기 위한 예방조치

프로이덴버거는 탈진을 막기 위한 몇 가지 예방조치를 소개한다.

① 빠른 이직률(移職率)을 줄이기 위해 연수과정을 통하여 봉사자들을 선별하거나 스스로 떠날 수 있도록 도와주는 것이다.31)

② 그들의 헌신과 열정에 대한 과다 의욕적인 동기를 알아내는 것이 중요하다. 무엇 때문에 일하고 싶은 것인지, 그것이 실현 가능한 헌신인

지 비현실적인 헌신인지, 그 차이점을 판단하고 숙지할 수 있도록 도와주어야 한다.

③ 같은 환경에서 반복적으로 같은 일을 하는 것을 피하여 전혀 다른 성격의 일을 맡기고 다른 사람이 그 일을 맡도록 시스템의 변화를 가져와야 한다.

④ 공동체 정신을 갖추어 서로 돕고 경험을 공유할 수 있도록 해주어야 한다. 대부분 탈진에서 느끼는 피로감은 감정적이거나 정신적인 것에 의해서 나타나기 때문이다.[32]

⑤ 인지적인 부분을 찾아내도록 하여야 하고, 육체적으로 피곤한 활동을 만들어 감정적인 것들로부터 벗어나도록 하는 대책마련이 필요하다.

⑥ 후원모금을 하는 업무는 많은 에너지가 소모되기에 일하는 시간을 제한하고 할당량보다 많은 시간을 일하고자 할 경우에는 그 이유에 관한 점검도 필요하다.

⑦ 아울러 그들이 떠나는 것에 대하여 긍정적인 생각을 갖도록 해주고 떠나는 사람이 자신의 실패로 여기지 않도록 인식에 도움을 주어야 한다.

(2) 프로이덴버거의 '그릇된 치료방법'

프로이덴버거는 '그릇된 치료방법'(false cures),[33] 즉 심리 방어기제로서의 대안에 관하여서도 언급하였다. 그러한 대안은 실제적으로 근원적인 치료효과가(real cures) 되지 않는다고 밝히고 있다.

① 먼저 스스로 둔감해지고 무감각해지는 태도를 선택한다.[34] 그런

후 감정 문제를 해결하기 위해 선택하는 방법은 공허함을 달래기 위해 알콜이나 약물, 금지된 성생활과 도박에 빠지는 행위를 일삼는 행위이다.35)

② 두 번째 사용하는 임시적 대안은 다른 사람의 승인 혹은 허용에 의지하려는 타자 지향성 태도나 성격유형이다. 이것은 현실과 스스로의 이상이 충돌되면서 타협점을 찾지 못하기 때문에 극단적인 것에 머무르고자 하는 행위이다. 스스로 탐욕적 사람으로 변질된다거나 반사회적 성향이나 타자 지향성을 갖추게 되고, 자신의 동기를 타인으로부터 끌어들여 본인의 선택보다 세상의 영향을 받는 듯 행동한다.36)

(3) 프로이덴버거의 '진짜 치료방법'

프로이덴버거는 탈진에 대응할 수 있는 '진짜 치료방법'(real cures)도 제시하였다. 그것은 '그릇된 치료방법'과 반대의 것을 택하면 된다고 한다. 물론 각박해져가는 현대사회에서 희박한 일이 될 수도 있겠지만, 친밀감 혹은 유대감이 존재한다면 탈진은 설자리를 잃어버리게 되기에 그러한 대처법이 필요하다고 제시하였다.

그는 무엇보다 그릇된 가짜 치료방법인 심리 방어기제에서, 거리를 두는 것을 갖고는 통하지 않게 되니 반대의 방법으로 스스로 삶 가운데 귀중하고 소중한 감정인 '친밀감'(closeness)을 양성하는 자세를 갖추어야만 하는 필요성을 주장한다.37) 유대감이 존재하는 곳에는 탈진이 설자리를 잃어버린다. 폐쇄적인 태도는 친밀감을 방해하는 요소로 일에만 매달려 관계를 맺지 못하게 만들고 스스로 고립을 선택하도록 하여 자기인식에 익숙하지 않도록 해준다.38) 그러한 그들의 대부분은 스스로의 결함을 드러내기 싫어하거나 책임지지 않으려 하며 불편한 진실에

대한 현실직시를 외면하는 모습을 갖추게 된다.39)

스스로를 방어하려는 태도는 당위성을 찾기 위해 자기에게만 몰입하게 되고 합리화시키며, 그러한 태도는 타인과의 관계가 어긋나 친밀관계를 맺지 못하고 분리되곤 한다. 친밀감의 회복은 이러한 장애물을 제거해야만 가능해진다. 결과적으로 타인의 감정에 신경을 쓰는 태도를 갖추는 것은 별다른 무리 없이 감정의 확장 형태인 친밀감으로 다가가게 해주는 것이고, 이 방법이 탈진을 벗어날 수 있도록 해주는 치료방법이라고 제시하였다.40)

그러므로 프로이덴버거가 제안하는 탈진 탈출구는 자신의 생각과 기대하는 마음을 드러내고 가깝게 접촉할 수 있는 '친밀감'만이 그 대안이다. 그러한 접촉은 서로 간에 신뢰관계 형성이 전제되어야 하며, 경청할 수 있어야 하고, 대화할 수 있는 공감성과 공유41)의 형태를 이루도록 해야 한다. 그럼으로써 친밀감의 확장이 가능해져 탈진의 위험으로부터 벗어날 수 있게 된다.

탈진은 신체적인 징후와 행동적인 지표를 통하여 관찰될 수 있다. 탈진의 과정을 살펴보면 인지적이며 감정적인 요인이 정서적 고갈에 영향을 미치며 발생되기 때문이다. 따라서 선교사의 경우 그가 헌신을 하는 데 있어 좋은 사람으로 보이고 싶은 개인적인 동기가 있는지 분별하는 것이 탈진 예방을 위한 중요한 절차라고 할 수 있다. 현실적이고 헌신적인 사람인지 혹은 비현실적이고 헌신적인 사람인지를 분별해야 한다. 그리고 탈진에 관한 바른 인식으로의 전환도 필요하다.

2. 크리스티나 마슬락(Christina Maslach)의 '정서적 고갈'(emotional exhaustion)

심리학자 마슬락은 업무환경에서 경험되는 '탈진'(Burn-Out)을 살펴보고자 체계적인 실험적 연구로 전환하여 탈진 측정표 'The Maslach Burnout Inventory'(MBI)를 개발하였다.[42]

마슬락의 측정 항목은 업무에서 지속적으로 발견되는 패턴들을 연구하여 만들었고, 그 빈도와 강도는 개인의 태도나 감정에 대한 진술형식으로 평가할 수 있는 척도를 고안해냈다. 그가 탈진척도 MBI를 연구하게 된 동기는 사람을 상대로 일하는 다양한 범위의 전문직 봉사자들에게 나타나는 '탈진'의 심각한 문제를 완화하고 회복시키는 실제적인 혜택을 제공하기 위해 비롯된 것이었다.[43]

마슬락 연구의 대부분은 '탈진'에 관한 탐구만을 목적으로 경험에 의거한 임상을 기반으로 하였다.[44] 그것을 평가하는 유일한 방법이 MBI 척도이다. 심리적 현상에 관한 척도는 정서적 소진 혹은 또 다른 표현인 정서적 고갈의 모습으로 나타나거나, 자아상실의 냉소주의 모습인 이인증(depersonalization: 離人症)과 개인의 전문적 효능감 혹은 성취감 감소로 드러나고 있다.[45]

이 세 가지 증상은 탈진에 있어 확실한 징후라 할 수 있으며, 부정적 감정으로 말미암게 된 정서적 고갈이 증가되면서, 여기에 냉소주의가 업무 과부하를 초래하게 만들고 사회적 갈등을 빚어내는 개인의 효율성 약화를 가져와, 업무에 있어 돌봄의 질을 떨어뜨리는 데 기여하는 것이 탈진이다.[46]

마슬락은 인간복지 정책(Human service)에 관련된 전문직 봉사자의 필연적 고충은 고객의 현재 문제에 국한된다는 관점을 갖고 있다. 상담받는 사람들의 대부분이 분노, 당혹감, 두려움, 절망의 감정으로 가득 차 있는 문제들로 찾아오게 된다. 그들의 문제는 해결책이 쉽게 나올 수 있는 것이 아니기에 자연히 애매해지고 실망스러운 상황이 전개된다.

인간복지 정책 직원들은 찾아온 사람들을 돕고자 일하지만 현실에서 발생되는 괴리로 말미암게 된 책임감과 압박감으로 인해 감정에 여유가 없게 된다. 이같이 심리적 측면에서 더 이상 아무것도 나누어줄 것이 없다는 느낌으로 이들은 지치고 만다. 그 결과, 주변사람들에게 냉소적으로 대하고 심리적으로 분리되는 자아상실의 모습을 드러내게 된다.[47] 결과적으로 비인간화 전문가들의 모습이 자신 스스로에 대한 만족과 성취감을 떨어뜨리게 만든다.

마슬락에게 탈진은 지속적인 대인관계 접촉에서 오게 되는 것으로, 헌신적인 마음을 가진 전문인에게 흔히 나타나는 증상이라고 한다.[48] 이러한 심리적 증후군은 일하는 곳에서 만성적인 감정적 문제로 경험되는 것으로 대인관계에서의 문제들이, 정서적 고갈과 무감각한 감정인 비인격화 모습, 개인 업무성과의 감소를 가져오고 있다.[49]

번 아웃은 직업을 그만두고 싶은 욕망에 관련된 것으로 제시되는데,[50] 그러한 결과는 고객, 기관, 모두에게 있어 잠재적인 영향을 미치게 된다. 이러한 현상에 관한 초기 연구들[51]은 고객을 돌보는 서비스의 질을 감소시키는 핵심요인을 탈진이라고 보았다. 즉, '탈진'은 누군가를 돕고자 했으나 개인의 노력 결과에 결실이 나타나지 않자, 스스로를 부정적으로 평가하게 되고 주관적 행복감이 낮아지게 되면서 업무에 대한 만족도를 떨어뜨린다. 또한 스스로 성취감의 감소로 이어지게 만드는 심리적 증상인 것이다.

마슬락은 개인 평가인 자아개념에 따라 개인의 목표와 실제적 업무성과가 연결되어 있지만,[52] 많은 연구 결과들이 정서적 고갈 부분에 보다 많이 집중되어 있다고 설명한다.[53] 또한 탈진 요인을 자아개념과 업무환경으로 인해 경험되는 정서적 고갈로만 국한시키지 않고 비인격화 상태로의 이인증과 개인성취감의 축소도 탈진에 영향을 미치는 요인이라고 해석한다.

정서적으로 고갈되는 원인은 업무환경에서 과도한 분량과 오랜 시간 동안 많은 일들을 처리하게 되면서 조절능력의 부족에서 초래된다. 아울러 작업환경과 자기긍지 혹은 자기평가와 관련되어 과다한 업무로 인해 오는 불만족과 연결된다. 만나야 할 대상들이 많다거나 시간이 부족하거나 기관의 정책이 현 실정에 맞지 않을 때, 혹은 자신이 노력하는 대로 상대방이 통제가 잘 되질 않는다고 느낄 때 탈진이 진행된다.

탈진의 결과는 업무 수행에 자신감을 잃게 만들고 좌절감으로 점차 다른 사람에 대해 무감각 또는 비인격화된 관점을 초래하게 되며 자신의 문제로 끝나질 않는다. 또한 그들의 고객들에 대해서도 "스스로가 그러한 불행을 초래하게 된 것"이라는 결론을 갖도록 만든다.[54] 결국 탈진은 업무 자체에서 아무런 흥미나 보람을 느낄 수 없을 뿐 아니라, 그가 속한 조직과 고객 모두에게 업무수행 능력에 명료한 효과가 발휘되지 않게 되며 오히려 부정적인 결과를 초래하게 된다.

개인에게 있어 직업은 자아실현의 수단인 동시에 경제적 안정성을 이루기 위한 도구이다. 일은 자존감을 얻는 수단이기도 하지만 반면에 자기 주도성을 상실당하는 모순을 느끼게 될 때 자신감을 잃어버릴 뿐 아니라 부정적 자아개념 또한 발생된다. 정서적 탈진은 작업환경, 업무만족도 그리고 자기가 스스로 한 일에 대하여 통제력이 없다고

생각하는 자기평가와 상당한 연관성을 지니게 된다.[55]

그로 인해 성취감 감소와 스스로를 부정적으로 평가하는 무능감 증가로 이어져 탈진에 영향을 주게 된다.[56] 더 나아가 업종전환인 이직률의 원인이 되기도 하고 무단결근과 사기저하로 나타나기도 한다. 결국 탈진은 개인의 자아수준과 성격특성의 요소가 영향을 끼치게 되며,[57] 업무와 관련하여 부정적으로 평가하는 경향에 의해 스스로에 대해 행복하지 않다고 느끼거나 업무에 만족하지 못하게 만드는 현상이다.[58]

인간의 삶의 질을 좌우하는 요소는 업무에서 만족적인 관계를 이루는 것이다. 그렇지 못할 경우 개인의 자아정체성은 성격 형성의 핵심이 되어 그 관련성이 인간관계에 영향을 미치게 된다. 누군가를 돕고자 하지만 노력하는 대로 상호작용에 통제가 안 되어 실패를 맞게 될 때 스스로를 부정적으로 평가하는 경향을 보이게 된다. 또한 자발적으로 자신을 헌신할 수 없게 되기에 개인의 업무성과의 감소가 초래되어 정서적 고갈로의 순환적 영향을 가져오게 된다.

그러한 현상들은 냉소적이며 타인에 대한 인성을 배재한 시각을 통하여 관계하는 특정인에 대해 주관적 판단에 의한 단정을 짓게 만든다. 또한 심리적으로 아무것도 나누어줄 것이 없으며 스스로 버틸 힘이 없다고 감정적 과부하에 빠지게 만들고 있다. 마슬락은 이 같은 현상을 일반적으로 직장과 연관된 사람들과의 관계적 결함에서 비롯된 것이라 하였다. 일하는 사람이 느끼는 업무에 대한 관계적 혼란으로서 특히 치료 대상자와의 치료 관계로부터 오는 것으로 묘사하고 있다.[59] 비인격화 모습으로서의 '이인증'이 고객에 대해 빈번한 불만을 담고 있기에, 감정소진과 연결되며 사람들로부터 떠나고 싶은 대인관계 측면의 문제

를 내포하게 된다고 한다.[60]

냉소적 사고방식은 개인관계의 존중이 부족한 형태를 나타내는 것이다.[61] 이러한 부정적인 관점은 고객들과 부정적인 시간을 보냄으로 발생되며 사람을 섬기는 전문인 종사자들 가운데 극히 자연스러운 일이기도 하다. 마슬락은 감정적 고갈이 심할수록 혼자의 시간을 보내기를 선호하며, '이인증' 경험 유무에 따라 가족 모임에 불참하기도 하는 모습을 나타낸다고 한다.[62] 탈진의 미래 연구에 있어서도 탈진요인에 관한 사안은 단적인 부분으로 보여주기에는 충분한 조명이 되지 않기에 상호관계적인 조사가 필요하며, 원인과 현상에 대한 장기간에 걸친 조사가 필요하다고 내다본다.[63]

사회적 문제 측면에서 탈진의 심각성에 관해 마슬락은 사회문제들이 연결되어 나타나 업무실적, 가정 문제들, 건강의 빈약함, 그리고 기타 사회와 개인장애의 다른 문제들을 가져오기 때문이라 하였다.[64] 탈진은 제공된 봉사나 돌봄의 질의 저하를 가져올 수 있다. 업종 변환의 한 요인이며 무단결근, 그리고 사기 저하의 모습을 나타낸다. 그리고 불면증, 술과 약물의 사용증가, 부부와 가족의 문제들과 깊은 연관을 맺는다.[65]

마슬락은 탈진에 함축된 대부분의 방식들은 발전되어가는 단계의 방식 혹은 상태를 추측하는 방식이며 아직까지 다 찾지는 못했지만 실증적인 증거들로 본다. 다만, 남겨진 것은 평가와 업무 환경, 그리고 탈진의 상관관계를 사실적으로 이해하는 데 효과적인 접근방법론이 제안되어야 하며, 탈진의 코스를 반복해서 살피는 고된 작업은 좀 더 오랜 기간 탐구해야 할 미래의 연구방향이라고 제언을 남긴다.[66]

가. 탈진 척도로 본 마슬락과 그의 연구진들의 치료방법

　마슬락과 동료 잭슨의 연구는 탈진척도(MBI)로 말미암아 탈진을 측정이 가능한 개념으로 보편화하였다. 탈진의 증후를 세 가지로 구체화 하였는데 그것은 정서적 고갈, 비인격화, 성취감 감소이다. 정서적 고갈은 일에 대한 과도한 의욕으로 말미암아 좌절과 피로감을 경험하게 되고, 비인격화는 자아상실 증상으로 냉소적이며 부정적이고 무감각한 상태를 가리킨다. 업무의 성취감 감소는 자신에 대한 부정적인 평가로 인해, 자신감이 감소하고 무능감이 증가하는 상태를 경험하게 되는 것을 말한다.

　사실 이러한 탈진의 증상을 없애기 위한 정확한 방법은 없다. 하지만 탈진에 빠진 사람들을 돕기 위한 전략은 그들이 감정을 표출하도록 하여 스트레스가 만성화되어 탈진으로 자리 잡지 못하도록 하는 것만이 최선의 대안이라 하였다.[67] 또한 그들은 업무의 과다함, 통제권의 상실, 보상의 제한성, 공동체에서의 소외와 고립, 개인의 가치 내지는 갈등의 부조화의 문제가 탈진과 연관되어 있다고 정의하였다.[68]

나. 과다한 업무로 본 마슬락과 라이터의 치료방법

　마슬락과 라이터(Michael P. Leiter)는 지금까지 정통적 대응전략들은 단순히 참아낸다거나, 회피하거나, 관계 청산의 방법이나, 상처를 돌보기 위한 치료적 개입이나, 새로운 영감을 찾아보는 것이 전부였다고 한다. 따라서 그것으로는 근본적인 해결책이 되지 못했기에 새로운 전략적 토대를 마련해야 한다고 주장하였다.[69]

업무에 대한 과다함으로 에너지와 감정이 고갈되며 발생되는 탈진에 대한 그들의 대응전략은 네 가지이다.

① 일에서 요구하는 업무량에 초점을 맞추고 개인능력의 적합도에 맞춰 스스로 조절하는 여유를 갖도록 해야 한다.

② 개인의 통제권의 부재에 대한 부분을 고려해야 한다. 그 이유는 자존감감소로 개인의 성취를 무가치하게 받아들일 수 있기 때문이다.

③ 보상의 불공평으로 볼 수 있는 제한에 대한 배려가 필요하다. 직무수행 평가에 있어서 스스로 성과가 낮고 무능하다고 볼 수 있기 때문이다.

④ 공동체성의 부재로 인한 거리감으로 인해 발생되는 소외와 고립에 대한 관심을 갖도록 한다. 아울러 개인이 추구하는 가치에서의 긴장감과 마찰 그리고 갈등과 불일치에 대한 문제도 간과하지 않도록 주의해야 한다.

정리하면 탈진은 업무수행에서 나타나는 현상 외에도 개인이 지닌 성격, 즉 자아와도 연관되어 발생되고 있다. 탈진 척도를 활용하여 측정하고, 탈진을 예방하기 위해서는 기관의 인식을 돕기 위한 접근법과 개인의 변화를 위한 접근법이 필요하다. 그러므로 기관과 개인이 함께 노력함으로써 솔직하고 진지한 접근을 하여 변화를 추구하는 것이 중요한 대응책이라 할 수 있다.

따라서 마슬락과 잭슨은 탈진척도를 통한 탈진 측정을, 마슬락은 라이터와 업무로 인한 탈진 치료방안을 마련했다. 탈진은 사람을 돕고자 하는 분야와 관련된 일을 하는 전문인들, 예를 들면 선교사들에게서 자주 발견되는 현상으로, 환경과 개인적 요소들의 상호작용에 의하여 발생되는 증상이다. 그리고 이것은 개인의 문제로 끝나는 것이 아니라 사람을 돕고자 하는 분야에서 속해 있는 기관의 발전을 저해하는 요소로 작용되며, 절망과 무력감에 의해 주변인들에 대한 관심을 상실하도록 만든다. 물론 다양한 요인에 의해서 발생될 수도 있지만, 접촉할 대상이 많을 경우 대부분 촉발되며, 즉발적인 사건에 의한 것이 아니라 밀접한 관계에서 점진적으로 진행되는 심리적 과정인 것이다.

3. 탈진에 관련된 일반적 주요 연구동향

일반적으로 탈진은 인간의 전 영역에 나타나는 심리적 문제들로 '번 아웃 증후군'(burnout syndrome) 혹은 '탈진증후군'(exhaustion syndrome: 脫盡症候群)이라고도 부른다. 하지만 미국 정신의학회(APA) 자료 DSM-5(정신장애의 진단 및 통계편람 제5판)는 이러한 탈진을 정신장애로 다루고 있지는 않는다.[70]

탈진 연구가들이 이해하는 '번 아웃 증후군'은 주로 사람을 돕는 일에 종사하는 이들에게서 나타난다. 작업환경에서 너무 많은 노력을 소모한 결과 초래되는 피로와 인격 상실의 증상으로, 극단적인 피로와 에너지 고갈상태로 드러난다.

'연소증후군'이라고도 불리는 탈진증후군은 어떤 일에 집중하다가 어느 시점에 갑자기 모두 불타버린 연료와 같이 무기력해지면서 업무에 적응하지 못하는 증상으로 인해 유래된 용어이다. 생각했던 것만큼 일이 실현되지 않을 때나 육체적·정신적 피로가 쌓였을 때 발생된다.[71] 대체로 이상이 높고 자신의 일에 열정을 쏟아 붓는 적극적인 성격의 사람이나 지나치게 적응력이 강한 사람에게서 주로 발견되며, 복잡한 사회변화가 계속되는 현대에 주로 나타나는 현대병이라고 진단한다. 과도한 업무나 학업에 지쳐 자기 혐오감, 무기력증, 불만, 비관, 무관심 등이 극도로 커진 상태로서 의욕이나 동기를 잃어버린 극단적인 스트레스 상태를 가리킨다.72)

탈진은 환경의 변화에 부적응을 보이는 독특한 심신증후군이다.73) 여러 개인적인 변인들이 심리적인 문제들과 관련되어 영향을 받는다.74) 탈진에 영향을 주는 개인적 요인은 기대에서 어긋나는 좌절로 인한 직무태도의 요인이나 정서적 고갈상태에서 개인의 속성과 관련되어 발생된다. 사람을 돕고자 했던 본연의 의지인 자신의 꿈과 배치되는 행동을 하는 자신의 모습에 대한 실망을 통해 감정적 소진─비인격화─개인적 성취감 감소로의 악순환 과정을 통해 경험되며 초래된다.75)

이를 토대로 볼 때, 탈진은 점차적으로 진행되는 연속적인 개념으로 보아야 한다. 이관직에 따르면 탈진에서 나타나는 증상인 '감정적 고갈'은 목회자의 전인격적인 삶 가운데 긍정적 에너지가 비축되지 않는 상태에서 희망을 잃어버리게 만드는 요인이며, '비인격화'는 '관계성과 존재성으로의' 삶과, '행함'의 균형이 삶의 모습 속에서 깨어지며 상실로 드러난 것이다. 또한 '개인적 성취감의 감소'란 소명의식과 비전과 열정이 사라지는 상태를 가리킨다.76) 어떤 종류의 탈진이든 그것은 사람을 대상으로 일하는 사람에게서 만성적인 긴장에 대한 반작용으로 인해 발생된다. 긍정적 결과를 얻지 못할 경우 혹은 활동에 제한을 지속적으로 받게 될 때 찾아오며 성향과 환경에 따라 다르게 나타나지만 일반적으로 '극도의 피로감'과 '정신적 거리감'을 두고 생활하려는 '고립 모습'으로 나타나며, 이어 '권태'와 '냉소주의'의 현상이 출현한다.

이러한 현상을 호킨스(Don Hawkins)는 프로이덴버거의 이론을 통하여 "탈진은 극도의 피로감으로, 힘이 없으며 피곤하고 일상의 직무를 계속하기 어려운 상태"인 고립현상이 나타나며 다른 사람들과 교제를 가질 여유가 없고 권태감과 냉소주의 모습이 나타난다고 보았다.77)

이러한 탈진현상은 심리 내적인 변인에 의해 사용된 에너지가 투입된 에너지보다 많을 경우 진행된다.78) 자신의 내면적인 갈등을 처리하는 방어기제 개념으로 볼 수 있다. 공감 능력을 거두어들이며 비인격화의 관계모습이 나타나는 것은 자신을 보호하고자 하는 심리적 기제활용이기도 하다.79) 즉, 기계화된 모습인 '비인격화' 상태로서 감정적인 과부하로 인하여 더 이상 자발적인 헌신이 어려워지며 사람들과 거리를 두고, 비공감적으로 대하는 특징을 나타낸다.80)

탈진은 인지적 해석과정이 매우 중요한 역할을 차지하기 때문에 인간발달 부분의 측면에서 탈진이 발생되는 과정을 이해하여야 한다.81) 상황인식 단계 - 인지적 해석의 단계 - 평가에 따른 감정유발 단계 - 신체적·정서적 소모단계 - 태도유발 단계를 거쳐 소진의 단계 - 소진 대처의 단계로 나누어 진행된다.82)

특히 현실에 맞지 않는 이상을 가진 사람들과 타인의 감정에 쉽게 동조하는 '감정이입'적이며 민감한 유형의 헌신적이고 내성적인 성향을 지닌 사람들이 취약대상이 되고 있다.83)

탈진은 주로 자신의 책임을 완벽하게 이루고자 하는 사람들에게서 나타난다. 또한 직무의 과부하가 높거나 역할갈등과 그에 대한 모호성이 높아짐으로 인해 발생되어 이직(移職)을 원한다든지 개인건강에까지 영향을 미치게 된다.84)

탈진 과정을 보면, 첫째 잘못된 모든 것에 죄책감을 갖으며, 둘째 주변 환경을 자신의 탓으로 돌린다. 셋째 자기비하적인 태도뿐 아니라,

넷째 무관심과 집중력 부족, 자기정체성 상실모습도 드러낸다. 다섯째 더 나아가 증상의 장기화는 기억능력 감소와 과대 망상적인 모습을 가져오기도 한다.[85] 이와 같이 탈진은 여러 개인적인 변인들이 심리적인 문제들과 관련되어 영향을 받게 된다.[86]

탈진 전문가들은 모든 사람이 탈진 현상에 걸릴 수 있는 잠재성을 가지고 있다고 보았고, 점차적으로 더 많은 사람에게서 나타날 수 있다고 내다본다. 또한 탈진을 이해하는 데 있어서도 개인뿐 아니라 상호작용 과정을 둘러싼 환경적인 요소의 균형을 맞춘 이해가 필요하다고 피력하였다.

때로는 탈진의 후유증은 사역 가운데 경험되는 불일치로 인한 무의식적인 다른 전제들로부터 발생될 수 있기에 인식론의 변화에 관한 제안도 있다.[87] 직업적인 병리로도 나타나 말씀과 삶의 괴리로 드러나 성공증후군, 자기도취, 병적 금식, 세미나 중독, 의분으로 위장된 분노, 영에 취한 모습을 보이기도 한다.[88] 역할의 불분명한 모호성이 이에 기인하며, 사역의 지속에 커다란 위협으로 작용되는 경우가 적지 않다.

오스왈드(Roy Oswald)의 언급을 빌리면, 탈진의 원인은 무엇보다도 경청이나 돌봄 능력의 과대사용으로 초래된다. 도움을 구하는 사람들이 주변에 너무 많을 때, 그리고 개인이 책임을 지닐 때 야기되고 있다. 그 결과 육체와 정신의 고갈이 찾아오고 냉소적이고 환멸적인 태도와 자기비하의 모습을 나타내기에 적응 능력을 필요로 하는 스트레스와는 달리, 자기 자신을 끊임없이 돌보는 능력이 필요하게 된다.[89]

이같이 탈진의 정서적 증세는 환멸감이나 패배감의 형태로 분노, 냉소적 사고방식, 부정적인 태도가 감정적 소진 혹은 고갈을 가져와 비인격화 과정을 야기함으로 성취감 감소가 순환적으로 반복되며 점차

심화된다. 결국 자아정체성의 상실로까지 이어지기에, 자신도 한계를 가진 인간으로서 돌봄을 받아야 할 존재라는 것을 인정하는 자세가 필요하며, 자기이해와 스스로 능동적인 휴식을 통한 충전의 시간을 갖는 인식변화가 탈진과정에 매우 중요한 대처법이다.

B. 선교사의 내면적 세계 이해

1. 심리사회적 위기와 정신건강

본 장은 선교사들이 정서적 탈진에 이르게 만드는 선교사들이 정서적 탈진에 이르게 하는 내면적 세계를 발달심리학적 입장에서 이해하고자 한다. 인간은 전 생애 동안 정신사회적 발달이 지속된다. 출생 후부터 초기 가정환경의 대상과 관계 맺기 경험을 통해 양육자의 사고방식이나 태도 및 기능측면들을 내재화시키며 지각발달을 이루어간다.[90] 그러기에 유아기의 성공적이지 못한 실태는 성인기 위기발달에 힘든 시간을 가져오는 이유가 되기도 한다.[91] 개인에게 있어 정신적 발달은 사회환경과의 상관성 가운데 다양한 모습으로의 변화를 경험해 나가기 때문이다.

프로이트(Sigmund Freud)는 인간 정신세계의 성격발달 이론을 제시하며 성인기 성격의 근원을 어린 시절의 경험과 관련되었음을 제시하였다.[92] 개인의 기본 인격과 행동 동기는 그 사람의 욕구와 사회적 기대 사이에서 오랜 시간 동안 노출되어 얻게 된 상호작용의 결과물이다.[93] 따라서 현재적 모습은 과거의 결정과 행동한 결과로 얻게 된 산물인 것이다.

'성숙' 즉 정신적 부분으로서의 성장이란 대상세계에 의미를 부여하고, 사회제도와 그리고 변화하는 가치체계의 양상과 밀접한 관계를 이루며 인격적 자질을 구축해 나가는 요소이다.[94] 이같이 개인이 성숙한 존재가 된다는 것은 순간의 선택으로 가능해지는 것이 아니라, 앞선 단계들의 누적 결과로 얻게 된다.

에릭슨(Erik H. Erikson)은 인간이 유아기부터 노년기에 이르기까지 긍정적 또는 부정적 결과를 가져다줄 수 있는 8단계의 '심리사회적 위기'(psychosocial crisis)를 경험하며, 전 생애 기간 동안을 거쳐 성격발달을 형성해 간다고 보았다. 성격발달은 일련의 변환기이며 각 단계마다 특유의 과제가 있어 성공적 해결이 이루어져야 성공적 발달을 이루게 된다.[95] 결국 인간발달 단계에서 '위기'란 어떤 하나의 현상 때문이 아니라, 여러 요인들이 사회와의 유기적 상호작용을 통해 자기에 대한 재평가와 재확립의 시간을 부여해주게 된다.[96]

청년기에서 노인기로 건너가는 중년기에 긍정적 성취경험으로 얻게 된 심리적 특성을 에릭슨은 '생산성 혹은 성숙성'이라고 지칭하였고, 개인의 부정적 경험 결과는 '침체감'을 가져온다고 하였다.[97] 실패경험에 의한 침체는 이타적 관계로의 배려능력의 상실뿐 아니라, 자기도취적이고 자기탐닉에 빠진 황폐한 인간관계를 드러낸다.[98] 결국 중년기의 긍·부정성의 경험에 의해 개인은 친밀감(intimacy)이나 고립감이 주어지게 된다.

인간은 사회적 존재로서 사회적 환경에 적응해 나가는 개인의 노력이 정신세계의 발달에 중요한 역할을 감당하게 된다. 융(Carl Gustav Jung)에 의하면, 인간에게 자기이해를 갖추는 과정은 여러 특정한 법칙들을 따르며 인생 후반부인 중년기에 이르러 변화가 시작된다.[99] 그 결과는 개인이 속한 가정 공동체뿐만 아니라, 사회공동체 더 나아가 사회공공 영역으로까지 성숙한 인간관계를 이루어내는 자원이 된다.

긍정적 발달은 사회적 관계에서 변화하는 가치체계와 그 맥을 같이하여 능동적인 관계참여를 이루는 적응발달을 돕는다. 그 결과 타인을 존중하며 좋은 대인관계를 맺어나가는 성숙한 인간으로 성장되는 것이다.100) 반면에 부정적인 발달은 중년기에 특유의 성격과 의식을 가져온다.101)

심리사회적 측면에서 사회적 상호작용을 통해 성숙, 즉 발달을 이룬다는 것은 타인이라는 대상에 의해 반영된 주체의 '자아상'이다. 자아상을 바탕으로 긍정적 경험을 통해 확립된 정체성은 일관적이고 연속적인 모습을 갖게 해준다.102)

정체성의 긍정적인 발달은 사회제도의 변화하는 가치체계와 능동적 관계를 이루며 개인의 인간성 즉 인격적 자질을 구축해 나가는 요소가 된다.103) 사회적 적응이란 정서적 안정으로 친밀한 상호작용을 통해 가능하게 된다.104) 이러한 맥락에서 타인존중의 대인관계를 가능케 해준다. 따라서 자신을 둘러싸고 있는 관계적 문제가 사회적 구조 속에서 연속적으로 부적응의 문제로 발생되고 있다면, 그 근원은 "원 가족"(family of origin)105)과 사회적 상호작용을 통해 형성된 자기상에서 찾아보아야 할 것이다. 즉, 충족되지 못한 부분을 발견하고 사회-심리적 성장을 위한 과제로 이해해야 한다.

사회-심리적 위기는 사회적 환경에 적응해 가는 과정에서 인간 정신세계의 발달에 중요한 영향을 미치게 된다. 인간에게 정신건강은 심리적 기능이 정상적인 것으로 행복한 삶을 누리는 정신적 성숙함의 상태를 가리킨다.106) 개인의 정신건강이란 타인존중과 친밀한 관계를 맺어나갈 수 있는 자원이다.107) 사회적 상호작용에서 낮은 자존감은 친밀한 관계로의 실패 경험의 요인이 되어 인간 행동 특성에 영향을 주고 독특한 관계를 형성하는 결과를 초래하고 만다.108)

개인의 부적응적인 행동이란 그가 속한 사회적인 관계에서 타인과 원만한 관계가 형성되지 않을 때 경험된다.109) 부적응 요인은 상호만족을 위한 추구과정에서 관계형성이 깨지거나 혹은 개인적 시각차에 의해 발생되는 것이다.

선교사는 인간을 돌보는 막중한 일을 감당하는 것이 사명이며 자질이다. 그들의 대인관계에서 발생되고 있는 문제는 개인의 발달심리학적 위기와 관련되어 정신건강에 악영향을 미치고 있다. 또한 정신건강에 따른 개인의 실존적 문제는 가정과 그가 속한 공동체 그리고 사회에 부적응적인 관계를 조성하는 동인이 되고 있다.

2. 타 문화권의 삶과 자기인식 혼란

한 개인이 타 문화 속으로 들어갈 때 불안과 갈등이 수반되는 문화충격(culture shock)을 받게 되는 것은 자신의 문화와 관계된 모든 신호체계가 제거되기 때문에 발생된다.110) 히버트(Paul G. Hiebert)는 선교사가 자기 문화권을 떠나 타국에서 선교활동을 시작한다는 것에 관해 이미 그 자체로 문화적 충격 앞에 놓인 것이라고 이해하였다.111)

인간은 자신의 역할을 감당한 것에 대한 성과 여부나 심리적·사회적 변화에 의한 실존적 공허감이나 때로는 자아정체감의 확립에 따르는 불일치로 인하여 여러 위기를 접하게 된다.112) 자신의 삶을 효율적이고 생산적으로 영위해 나가는 시기로서 책임감으로부터 벗어나지 못하거나 안정적 성과물을 발견하지 못했을 경우, 상대적 열등감에 빠져 정신적 에너지의 고갈위기를 접할 수 있다. 신념이 어긋나며 다가오는 좌절감은 삶을 통제할 수 없도록 느껴지는 체험이다. 이는 감정적 차원에서 평가의 방향감각 상실과 혼동의 경험을 가져온다.113)

대부분의 선교사들은 중년기에 선교지로 간다. 콘웨이(Jim Conway)에 의하면, 중년기란 자기 삶을 통합적으로 의미화해 내는 사고활동의 계기를 제공해주기도 하고, 남은 삶을 가치 있게 존재하고자 하는 인생의 전환점이기도 하며, 동시에 현실도피와 자기연민을 초래할 수 있는 위기가 동반되는 시기이기도 하다.114) 이 시기는 가장 긴장과 두려움을 많이 경험하게 만들며, 삶의 의미에 대한 의문을 갖게 될 경우 초조함과 불안이 엄습하며 정체성에 대한 재평가와 자기 비난에 의해 허탈과 우울의 감정들이 상존하게 된다.115)

이것은 개인의 의식적인 자각으로 드러나게 되며 성장과정에 경험되는 모든 관계에서 탐색되고 통합된다.116) 자신의 문화 속에서 확고하게 유지되어 왔던 신분과 역할의 정체성이 상실당하는 충격인 것이다. 사회구성원으로서 시간이 경과하여도 일관성을 갖도록 해주며, 내가 나를 보는 방식이 타인이 나를 보는 방식과 동일하다는 인식도 획득하도록 해준다. 이는 사회심리학적 관점에서 볼 때 상호간에 수동적이고 종속적인 실체로 존재하는 것이 아니라, 상호보완적 연결로서 공존관계 구성을 전제로 하여 '대화'를 통해 명확하게 할 수 있는 기회가 주어진다.117)

그러나 개인이 사회집단의 상호적 관계로부터 자신의 일관된 신념이나 가치를 존속시켜 나가는 것이 어렵게 될 경우, 정체성은 순조로이

성립되지 않고 자기평가와 자아개념까지 붕괴될 위험성이 따른다.[118] 불가피하게 발생되는 환경적 차이는 자신이 지닌 모든 문화적 틀이 새로운 문화권에서 더 이상 적용되지 못하게 되면서 발생된다. 변화를 따르지 못하는 것에 대한 두려움으로 인한 불안과 좌절감은 분노를 강화시키고 일상생활에 정신적인 부담을 발생시킨다.

타 문화권에서 개인이 주체적인 자기로 살아간다는 것은 자아정체성 확립으로 가능하나, 혼란된 정체성은 사회 환경과 다양한 상호작용의 경험을 통해 형성되는 자기인식 개념에 의해서 비롯된다.[119] 정체성이란 어린 시절부터 계속해서 이어지는 자기에 대한 가장 기초적이고 근본적인 신념이다. 또한 이러한 자아개념은 후천적으로 획득되며 인간의 특성과 가치에 대해 지각된 조직형태이며, 문화에 따라 구성요소에 대한 중요성과 특성 또한 달라진다.[120] 자기의 연속성, 동일성, 일관성 확립과 직결되며 보편적 가치관을 통하여 개인의 주관성을 검증하게 되는 객관성이 포함된다.

개인에게 신념이 어긋나며 다가오는 좌절감은 삶을 통제할 수 없도록 느껴지게 하는 체험이다. 이는 감정적 차원에서 평가의 방향감각 상실과 혼동의 경험을 가져온다.[121] 자신의 문화 속에서 확고하게 유지되어 왔던 신분과 역할의 정체성이 상실당하는 충격인 것이다. 정체성이란 어린 시절부터 계속해서 이어지는 자기에 대한 가장 기초적이고 근본적인 신념이다. 성장과정에 경험되는 모든 관계에서 탐색되고 통합되며[122] 개인의 의식적인 자각으로 드러나게 된다.[123]

타문화로의 접근에 있어 다양한 인간관계 속에서 자신이 지닌 일관성을 관철시킨다는 것은 연속적인 자기의 정체성을 확립시켜가는 과정이기에 자신도 모르게 내적 충돌이 발생된다.[124] 그 결과 개인 가치관으로

인한 혼란된 감정을 겪는다면, 안정적이지 못하고 신경증과 정신병의 결과를 가져올 수도 있다.125)

인간은 자신이 지닌 능력이 어떠한 개인에 의해 수용되지 못하고 배제되거나 거부당하게 되는 경험을 할 경우, 점차 타인에 대한 배려의 폭을 협소하게 만들어 병리적인 문제로까지 이어지기도 한다.126) 반대로 사회문화적 환경에서 돌봄의 배려와 관용과 지지를 받게 된다면, 그가 가진 능력은 극대화되어 성숙을 이루어 가게 된다.127)

자기인식으로서의 정체성은 타인에 대한 의존이 아니라 현실을 직시하며 당면한 문제를 해결하는 중요한 기능을 감당하도록 해준다. 뿐만 아니라 인간 행동특성에 영향을 주고 자신이 속한 사회·환경과의 상호작용을 통한 적응과 깊은 관련을 맺는다.128) 사회적으로 적응한다는 것은 정서적 안정으로서 친밀한 상호작용을 통하여 가능해진다. 관계성 속에서 반복적인 관계의 실패 경험인 부적응으로 말미암아 진정한 친밀감을 형성하지 못하게 될 경우, 개인은 자신감을 잃을 뿐 아니라 헌신을 요구할 때 충성으로 응답할 수 없게 된다.

자신이 어떤 존재인지 혹은 어떻게 살고 무엇을 해야 하는지에 관하여 방황하며 살아가고 있다면, 분명 개인의 삶에 진정한 주체가 되지 못한 혼돈의 삶이라 할 수 있다. 물리적·심리적 환경에 의해 성숙을 이루지 못하고 머무르게 될 경우, 그의 인격발달과 자율성은 저해 받고 억압되며 존재 자체가 위협받는 경험이 된다.129) 또한 불행한 어린 시절 발달과업에서의 실패경험, 그리고 현재적 사회·환경과 더불어 형성된 정체성은 일생을 통한 투쟁과정으로 남겨지게 된다.

선교활동이란 대인 관계성을 떠나 논할 수 없다. 또한 현지의 여러 견해차를 통합적으로 극복해내야 하는 유연성의 사고를 필요로 한다. 선교사의 특별한 정체성은 현지인들과의 밀접한 사회적 접촉을 통하여 복음을 전달해야만 하는 역할이 주어진다. 그 어느 전문직보다 많은 사람들과 밀접한 관계에서 일을 진행해야 한다. 만약 선교사가 타인과의 능동적이고 개방된 관계를 유지하는 능력인 친밀함을 갖추지 못하였다면, 그는 먼저 자신의 정체성의 구조를 명확하게 인식해야 할 필요성이 요구된다.

타 문화권 적응의 초기 과정에서 선교사에게는 중압감과 책임감으로 인한 정서적 예민함이 발생되며, 그로 인한 에너지 고갈은 인간관계에 대한 배려와 이해의 폭을 협소하게 만들어 관계 부적응을 불러일으켜 관계소통에 악영향을 미치게 된다.130) 이러한 악화 상황의 전개는 이해의 수준을 현저하게 떨어뜨리게 되며, 갈등의 골을 피할 수 없게 만든다.

인간은 누구나 자기가 관계되어 있는 집단과 사회에 대한 일치성의 통합을 이루는 발달시기가 주어진다. 쿨리(Cooley)는 자기 자신을 객관화시켜 인식할 수 있는 자기평가를 '자아'(ego)라고 보았고, 그것은 피드백 관계에서 형성된다고 보았다.131) 타인의 피드백에 의하여 반영된 자기평가와 자기개념 간의 간격차를 없애는 것이 일치된 자기평가를 확보하는 것이기에 자아를 안정적으로 유지하게 된다.

인간은 자신의 역할을 감당한 것에 대한 성과 여부나 심리적·사회적 변화에 의한 실존적 공허감이나 때로는 자아정체감의 확립에 따르는 불일치로 인하여 여러 위기를 접하게 된다.132) 일반적으로 선교현장에서 발생된 자기평가에서의 낮아진 자존감과 인격적인 부분으로 인해 선교사들은 타인과의 관계단절을 경험하게 된다. 타 문화권에서 경험하는 초기 과정의 중압감과 책임감은 정서적 예민함을 야기하여 대인관계 부적응을 가져와 관계소통에 악영향을 미치게 된다.133)

예민함과 긴장감이 따르게 되는 것은 역할과 자질에 관련된 기대의 불일치로 인해 대인관계에 부정적 갈등이 야기되기 때문이다.134) 그로 인해 헌신하고자 했던 가치와 신념을 내려놓고 그 자리로부터 떠나기를 원한다. 이것이 선교사들이 타 문화권에서 경험되는 일반적 현상이다.

때로는 열정을 다하여 헌신하고자 접근하였으나 실패 체험으로 자신의 삶에 대한 후회와 허무감을 경험하기도 한다. 이 같은 경험은 자신이 원하는 이상적 모습과 현재적 모습의 괴리감으로 정신적 혼란과 갈등을 가져와 가정적·사회적으로 영향을 미친다. 선교사들의 삶은 한 개인의 소명의식을 통하여 가족 전체가 부르심 앞에 나아간 상황이다.

결국 온 가족이 문화적 충격 앞에 노출되는 상황 가운데 정서적으로 예민해질 수밖에 없다. 상호의존적 관계로서 가족의 문화적응에 따르는 실패 경험은 더욱 더 심리적 위축을 가져온다. 따라서 선교사는 헌신에 있어 과대 이상(理想)을 통해 자신에 대한 과대평가를 하는 것에 대한 점검을 위해, 자신의 사명에 대한 동기가 진실하고 확실한지 이에 관한 자기인식으로서의 지각이 필요하게 된다.

3. 소외와 자아상실(depersonalization)

선교사들이 선교지 현장에서 겪는 삶은 본국을 떠나온 이방인으로서의 고립감을 빼놓고는 말하기 어렵다. 이는 누구도 부인할 수 없을 것이다. 타 문화의 다양한 인간관계 속에서 자신의 일관성을 관철시키며 연속적인 자기의 정체성을 확립시켜가는 과정은 결코 쉬운 일이 아니기 때문이다.

타 문화 속에서 살아가며 '동화'되는 과정에서는 자신도 모르게 수용되어진 문화, 그 외에 남겨진 문화, 자신의 고유문화를 유지하고자 하는 욕구 사이에서 내적 충돌이 발생하게 마련이다.[135] 이러한 과정에서 개인의 자각 속에 형성된 자기 본질의 인식에 의한 정체성은 빈번한 접촉이 이루어지는 타 문화 가운데서도 동화되지 않고도 공존해갈 수 있는 힘이 되어 준다.

인간발달의 필수적인 과제는 개인의 자아의식 함양과 인식의 고양에 있다. 인간은 자신의 개성을 실현해가는 존재로, 이질성과 개별성 그리고 고유성을 가지며, 이것은 각 개인에게 중요한 요소가 된다. 그러나 사회구조는 개인이 따라야만 하는 행동양식을 요구하기에 개인은 자기와 세계 사이에서 자신이 원하는 욕구들을 억압하며 왜곡시키게 된다.[136]

이같이 인간의 사고와 행동은 소속된 집단의 의식으로부터 영향을 받게 된다. 이는 개인의 존엄성 내지는 자아실현 욕구를 좌절시키기도 하여 그가 속한 사회나 집단 혹은 그 자신에 대하여 낯선 느낌을 갖게 되는 심리적 상태를 초래하게 되는데, 이를 소외현상이라고 부른다.[137]

집단에서 나타나는 소외현상으로는 고정관념에 의한 것도 있다. 고정관념은 개인이 학습한 지식구조로 정보를 범주화하는 효과적인 수단이 되어진다. 마치 특정인에 대한 이미지를 구성원의 자격을 구별하는 '낙인'(stigma)처럼 소속된 집단 구성원에게 신속히 내재화시키는 효력을 발생시키게 된다고 한다.[138] 개인이 지닌 속성은 그가 처해 있는 집단 환경의 불완전한 이성 활용에 의한 독특한 관계성에서 비롯되어지는 고정관념에 의해 발생되는 것일 수도 있다. 따라서 만약 선입견을 갖고 있는 개인이 고정관념마저 받아들이게 되는 경우, 개인은 평가적 태도와 '차별'적인 행위로서의 반응까지도 가져올 수도 있다고 한다.139) 이러한 경우 상호간에는 부득불 부적응의 관계성이 형성될 수 있다.

사람에게는 누구나 '자신이 유능하다'는 사실을 타인으로부터 인정받고, 또한 선망의 대상으로 만족을 누리고자 하는 인정 욕망(desire of recognition)의 본질이 내재되어 있다.140) 대상세계와의 관계로부터 자아실현이 거부당하며 욕구충족이 좌절되어 이러한 원초적 욕망이 충족되지 못하게 될 때 '소외'를 느끼게 된다. 인간의 이기적 욕망은 개별적 자기의식을 극복하고 이성을 통한 자기전개를 보고자 한다.

인간은 타인의 인정 속에서 비로소 자기정체성을 형성해 나가는 존재이다. 그러므로 혼돈은 자기인정과 자기신뢰를 하지 못한 채 인생 의미에 대한 냉소적인 태도를 가져오게 만든다. 정체감이 확립되지 않았다는 것은, 자신이 어떤 존재인지 관심조차 둘 필요가 없게 된다. 자기실현인 개별화를 포기하게 되고 인성의 통합에 이르지 못함으로 인생의 궁극적 목표를 잃어버리고 만다. 나아가 자신이 처한 사회체계 속에서 억압되거나 무시되며 소홀히 취급되는 삶의 국면을 접하기도 한다.141)

자기로부터 분리와 소외된 느낌을 경험하는 자기 지각의 이상은 자기의 연속성이 상실되어 있다는 것으로, 탈 인격화된 상태를 가리킨다. 정신의학에서는 이러한 자아상실의 모습을 '이인화'라고도 부른다.142) 개인이 다른 문화권 내에서 관계접촉을 이어가는 데 있어 경험하게 되는 문화적 차이는 고립감을 느끼게 만들며 더욱 소외의식을 가져온다는 의미이다.

시이맨(Melvin Seeman)은 소외유형을 본연의 모습을 상실한 '자아

이탈'(self-estangement)이라고 분류하였다.143) 자아상실은 개인의 가치와 존엄성을 상실하는 것이요, 소외 경험 가운데 집단 속에서의 자기를 잃어버린 채 개인이 가지고 있던 힘과 창조성마저 버리는 것이다.144) 이러한 자아상실의 특징은 소외감을 느끼는 것같이 나타나며 불안감에 매우 취약하다.145)

에릭슨은 이러한 자아상실의 현상을 기본적 신뢰감의 장애로 인해 발생된다고 보았다.146) 그 기원을 대상관계에서 발달 초기에 생긴 문제가 해결되지 않고 지연되어 현실과의 연속성을 상실한 소외 모습으로 보았다. 이와 같은 소외 경험은 타 문화권 선교지의 새로운 공동체 안에서 비인격성 내지는 자아정체성 상실로의 위기를 초래하게 된다.

소외된 삶은 사회구조 속에서 개인에게 불안과 두려움을 가져오고 가치관을 정립할 수 없도록 만들어 역경을 극복해내지 못하며 혼란에 빠지게 만든다. 혼란된 정체성은 자신에 대한 왜곡을 전개하고 자기사랑이 상실된 자기부정과 자기억압으로 인한 결과는 타인에 대한 지나친 편견을 제공하게 만든다.147)

자기의식 확립이 안 되어 안정적 자기상이 형성되지 못한 태도는 삶의 한계적 상황에서 위기해결에 창조성을 발휘하지 못하게 되고, 미성숙한 모습으로 고착(fixation)된다.148) 또한 자신의 존재가치에 대한 부정적인 인식과 비합리적인 감정의 혼란으로 현실회피와 본능적 욕구만 추구하게 된다.149) 그의 신앙생활은 인간의 존엄성과 주체성을 찾아보기 어렵다.150) 반면에 안정적 자기상이 형성된 태도는 삶의 가치와 의미를 깨닫게 되어 사회적 관계로의 헌신인 이타성이 나타나게 된다. 하나님과 이웃과의 상호관계성 속에서 건강한 삶을 영위하는 존재로 살아갈 수 있는 것이다.

유아기로부터 하나의 개인으로서의 사람이 되기까지 인간은 무수한 단계를 밟게 된다. 이러한 과정에서 성숙성은 자신의 가치관에 의해 돌봄에 관심을 갖는 사회구성원으로서의 삶을 가능케 한다. 성장기의 긍정적인 발달과정은 종교적 경험의 기초가 되고 전인적이며 포괄적인 인성발달이 전개된다. 성숙의 과정을 통한 자존감으로 인식되어진 진정한 '자기사랑'의 모습은 타인사랑의 기초가 된다. 반면에 자존감의 반영인 자기애가 지나치게 될 경우에는 타인과 갈등관계가 초래되고 부적응적인 상태를 지속시키는 완고함을 가져와 소외와 고립에 빠지게 만드는 근원이 될 수 있다.

건강한 종교생활을 한다는 것은 대상관계에서 현실을 해석하는 것에 왜곡시키지 않는 것이다. 이는 '자기'와 '대상표상'으로 이뤄진 내적 대상관계에 의해 정서에 영향을 끼친 심리구조를 보유하여야 가능하다.[151] 개인의 성숙도는 자신의 가치관에 의해 돌봄에 관심을 갖고 사회구성원으로서의 삶을 가능케 해준다. 그리고 그것은 그의 사회적 경험 가운데 소속된 집단의 의식으로부터 영향을 받게 된다.

앞에서 언급하였듯이, 선교사가 왜곡된 자기사랑으로 인하여 관계적인 어려움에 빠져 심리적 고통을 받고 성숙된 모습을 보여주지 못한다면, 이는 자기정체성의 부재에서 오는 어려움이라고 이해할 수 있다. 그 결과로 자기 동료뿐 아니라 자신 자신에 대한 신뢰와 사랑을 체험하지 못하게 될 수 있으며 공허와 빈곤의 경험을 가져올 수도 있다.[152] 이미 인간의 실존은 소외와 불가분의 관계이다. 따라서 이러한 상황들은 극복해야 할 과제이고, 그 과정을 통하여 자기 자신의 의식을 고양시킬 수 있게 된다.

선교사들은 자신이 신앙하는 하나님을 추구하고자 하는 가장 고귀한 자아상을 지니고 있다. 자신의 가장 가치 있는 최상의 것을 하나님께 드리고 자신은 늘 무력한 상태로 남게 된다. 그로 인한 결핍은 빈곤의 경험으로 자신을 지나치게 종속시킴으로써 더욱 무기력을 경험하게 된다. 그러한 모습은 자신으로부터 소외된 것으로서, 오로지 하나님에 대한 의존성을 높일 수밖에 없다. 결국 자신의 힘과 창조성을 되찾아 소외를 극복해 나가는 방법은 자신의 자아실현을 이루어 나가는 데에 있는 것이다.

4. 사회적 관계망과 관계적 갈등

개인이 선택에 대한 제한적인 권한이 불합리하게 느껴지는 구조 속에서 익숙하지 않은 문화에 처하게 되면, 이미 조성되어진 환경에 적응하는 데 정체성 확립까지의 이해와 수용의 기간을 필요로 하게 된다.153)

그만큼 익숙한 곳을 떠나 겪게 되는 사회적 경험은 적응기간 동안 불안과 우울함이 따르게 된다. 이때 불안극복의 유일한 길은 진정한 공동체 경험에서의 안도감으로 인해 가능해진다. 다시 말해, 삶의 전환기 혹은 위기의 시간에 한 개인이 누군가에게 적절한 지원과 도움을 제공받게 되면 정서적 불균형은 회복되고 기능장애는 예방될 수 있다.154) 정서적 불안 가운데 현실 정착까지의 기간 동안 마음속에서 우러나는 상대방의 진정한 '돌봄' 제공을 인식하게 되면, 자신의 고유적 특성을 잘 발휘할 수 있는 기능이 부여된다고 한다.155) 성인이라도 진정한 돌봄 제공을 받는 경우, 그는 긍정적으로 변할 수 있는 가능성의 기회를 맞게 된다는 주장이다.

키에르케고르(Søren Aabye Kierkegaard)에 의하면 인간실존은 자신이 서 있는 자리로부터 문제가 시작되는 것이며, 그 갈등을 겪게 되는 근거는 자신으로부터 존재하기 시작한다고 하였다.156) 또한 점차 상실되어 가는 자기 존재에 대한 의식으로 인하여 인간은 자아가 긴장하며 불안이 찾아오게 되고 삶 가운데 존재의 허무감을 초래하게 된다.157) 즉, 개인이 삶 속에서 상실감을 갖는다면 그것은 자기 존재에 대한 의식인 자아가 긴장하여 불안이 찾아온 것이고, 존재의 허무감을 초래하게 된 것이라 보았다.

정상적인 불안의 경험일 경우, 개인의 심리사회적 관계는 친밀성 유지와 자신의 관계성을 위해 헌신과 희생을 감당하게 된다. 이와 달리 불안의 비정상적 경험은 과거 박탈감으로 인해 형성된 깊은 불신으로 말미암아 건강한 관계를 유지하지 못하고 관계성을 피해 고립과 소외에 처하게 만든다.158) 때로는 인간다운 모습을 상실하고 생존을 위해 관계에 매달리는 거짓된 친밀감의 모습을 드러내기까지 한다.159)

불안정한 정체성은 내적으로 불안하고 경직된 상태에서 대응하게 되지만, 진정한 정체성이 확립되었다면 타 문화에 배타적이지 않고 관용적이며 유연한 모습을 나타낼 수 있다.160) 이러한 관점에서 선교사의 삶에 관계에서 어려움이 지속된다면, 개인은 영성보다 자신의 사회적 경험에서의 관계성을 먼저 고찰해 보아야 할 것이다. 가끔 종교인들에게서 자기 노선만 완강하게 주장하며 현실적이지 못한 편협한 태도를 취하는 것을 볼 수 있다. 개인의 통찰력이 분열되면서 조절능력이 상실되며 율법적이고 방어적인 태도로 상대방에게 공격적이고 상처를 주는 행동양식을 보이게 된다.

오츠(Wayne E. Oates)는 진정한 종교인은 병들 수 없으며 병든 사람은 동시에 종교도 상실한 것이라고 간주하고 있다.161) 최재락은 개인에게 있어 전인격적인 종교경험이 불가능하다면, 그가 지닌 신앙적 태도들은 파괴된 것이라 보았다. 개인의 건강하지 못한 비인격적 종교표현은 관계성에 경직성을 가져오게 만들며, 사회문화적 차원의 부적응을 야기하여 무책임적인 비정함을 드러내도록 만들기 때문이다.162)

선교사들 사이에서 회자되는 사역포기의 가장 큰 직접적 원인은 동료 선교사들과의 효과적인 관계를 맺지 못하는 관계적 갈등 때문이라고 한다.163) 선교지에 도착한 신임 선교사들은 대략 1-2년 이내에 급격한 스트레스를 경험하게 되는데, 그러한 이유로 문화적 충격, 심리적 적응, 여러 관계적인 문제가 귀국 결심에 도달하게 만든다.164) 그러한 선교활동은 불가피하게 영적 긴박성과 심리적 충격을 비켜갈 수 없게 된다. 사역 초기에 타국에서 예민해진 정서로 인간관계에 대한 배려와 이해의 폭을 협소하게 만들어 그 결과가 관계적 갈등과 탈진으로 드러난다.165) 그러한 이면에는 정서적 고갈 상태로 인한 관계에서의 부정적 태도가 작용되고 있기 때문이다.

박영환은 선교사가 타 문화 속에 들어갔을 때 나타날 수 있는 적응단계를 로망스 단계(romance stage), 반응의 단계(reaction stage), 인식의 단계(recognition stage)와 해결의 단계(resolution stage)로 보았으며, 이러한 단계를 거치면서 문화적 정착을 위한 관계성이 이루어진다고 하였다.166) 타 문화권의 적응과정에서 한계적 상황을 경험하며 나타나는 정서적 고갈은 상호 연계적 문제를 발생시켜 관계의 소통에 악영향을 미치게 된다는 것이다. 특히 동료 사역자에 대한 그릇된 가정과 기대, 현지 지도자, 선교단체인 본국 지도자에 관한 기대가 가장 큰 이유로 드러나고 있다.167)

관계적 갈등의 실제적 이유는 팀 내부의 어려움으로 선임과 신임 선교사 간에 벌어지는 갈등이 문제이다. 이러한 상황은 업무로 말미암는 것이 아니라, 견해 차이에 의한 의견충돌로 말미암게 된다.168) 의견충돌이 선교사의 관계갈등의 주된 원인이며, 선교 포기의 실제적 이유가 되고 있다.

개인의 자아개념은 타인과의 원만한 관계나 환경과의 상호작용을 가능케 하는 능력을 원활하게 만든다.169) 여기서 개인의 의사소통은 자존감 수준을 알 수 있는 척도이며, 사회적 성격 형성의 어려움은 자기정체성에서 야기된다. 그러므로 인간은 소통을 통하여 타인과 연결될 때 비로소 사회적인 존재가 되기에, 자신의 감정과 의견을 정확하게 전달하는 의사소통에 있어 만약 갈등과 어려움을 느낀다면, 그것은 자존감 수준에 의한 것으로 확인될 수 있다.

린드퀘스트(Brent Lindquist)는 선교사들은 다양한 민족적·가족적 배경 가운데 선교사가 된 것이기에 개인의 '역기능' 가정과 관계되어진 배경적인 문제는 선교사역이 이루어지는 방식에 영향을 미친다고 보았다.170) 그러한 문제의 잠재적인 영향력은 작은 문제조차도 새로운 상황에서 확대되는 경향으로 발전되어져 선교지에서의 적응기간에 선교사역을 포기하도록 만드는 결정적인 문제가 되고 있다. 그러한 맥락에서 개인은 불완전한 존재로 자신의 모습을 객관적으로 분석될 수 있는 통로를 늘 개방해야 한다. 자기이해에 관한 지각과 자기수용에 관한 인식은 건강한 상호작용으로서의 소통방식에 영향을 미치는 요소기 때문이다.

사티어(Virginia Satir)에 따르면 긍정적인 변화를 가져온다는 것은 자아 상태의 직면이 없이는 어렵다. 그것은 자기인식과 타인과의 상호작용에서 자기의 취약부분에 대한 통찰이 이루어질 때 자기변화가 가능해질 수 있다. 개인이 심리적으로 건강하고 높은 자아 존중감을 지니고 있다면 타인을 수용하고 신뢰하며 경직되지 않은 수용방식을 갖게 되며 의사소통에 긍정적 영향을 미치게 된다.171) 그러기에 선교사의 역할은 사람과의 접촉을 피할 수 없기에 무엇보다도 자신의 바른 자아정체성 인식과 의식 함양이 필요하다.

결론적으로 살펴볼 때, 선교사들이 사역 초기 혹은 사역 중간의 시점부터 탈진 현상으로 인해 관계갈등이나 의사소통의 어려움을 초래하게 되고, 그러한 전개상황은 선교에 부정적 영향을 끼치고 있다. 사회적 측면에서의 의사소통 기능은 사회유지 기능에 해당되고 개인적 측면에서의 의사소통 기능은 인간 생존의 기본적 과정으로서, 접촉하게 되는 타인에게 영향을 준다. 결국 대인관계의 태도를 결정짓는 요소는 성숙한 '자아의식'에 의해 개인의 정체성과 연결되어 가능하게 되며 사회적응 및 존재방식의 변화를 가져오게 된다.

개인이 성장과정에서 낮은 자아개념을 지니고 있을 경우, 환경의 제한을 받을 때 자신을 보호하기 위해 건강하지 못한 생존방식을 발동시키는 취약점을 드러낸다.172) 그것은 반사적으로 양육자의 충분치 못한 반응에 의해 형성된 자아개념으로 인해 자신의 감정을 정확하게 표현하지 못하고 감정을 왜곡시킨 의사소통 방식을 활용하거나 회피적인 방식을 통하여 정서적 단절을 가져온다. 이 같이 자기개념 인식과 대인관계의 기술은 성장 시기에 개별적인 정체성을 확립할 때 형성된다.

개인의 심리적 건강은 가족과의 관계와 밀접하게 관련되어 사회망의 구성인 인간관계에서 사회적응을 위해 필요한 절대적인 힘이 된다. 결국 자기자각과 자기통제는 원활한 소통을 위한 사회적 친밀감의 근원이며, 사회성과 대인관계에 폭넓은 영향을 미치는 요소이기에 타인에 대한 존중과 배려로 이어지도록 해주는 원동력이 된다. 특히 심리적으로 건강한 자존감을 갖추고 있다면 타인을 수용하고 신뢰하며 경직되지 않은 수용방식을 갖게 되어 의사소통에 긍정적 영향을 미치게 된다.[173]

사회망의 구성원적 환경에서 심리적 측면의 진정한 돌봄의 제공은 선교사의 정서에 중요한 자원이 된다. 선교사의 정체성은 목표지향적인 열정 가운데 자기희생을 마다하지 않고 돌봄 능력을 과대사용하며 과중한 책임감에 의한 헌신을 사명으로 여기는 존재이다. 따라서 그들이 생존을 위한 사역이 아니라 양육과 성장시키기 위한 사역으로서의 헌신이 될 수 있도록 하는 환경제공의 인식전환이 개인과 조직 모두에게 필요하다.

한국 선교단체의 타 문화권 상황에 대한 총체적 관리는 아직 세부적인 지침이 마련되지 못한 상태에 머물고 있다. 또한 돌봄에 대한 선교단체의 인식과 가치관으로 돌봄 정책은 여전히 소극적 태도를 나타내고 있는 상황이다. 따라서 세계에서 많은 선교사를 파송하고 있는 한국의 선교사역은 타 문화권 선교사역의 능률을 높이기 위하여 선교사뿐 아니라 가족들 모두에게 관심을 갖도록 해야 한다. 그 영역은 선발에서 은퇴에 이르기까지 적극적인 돌봄이 이루어지도록 선교사역에의 적응을 위한 총체적 관리정책 마련이 꼭 필요하다.

C. 선교사의 관계갈등(relational conflict)에 대한 이해

선교사가 선교지에서 겪는 문제는 본국의 목회현장과 달리 언어, 정서, 문화가 다른 독특한 환경이 제공된다. 언어습득과 생활양식 그리고 교육의 차이로 인한 문화적 장벽으로 인해 선교사는 선교지에 파송된 후 1-2년 이내에 급격한 스트레스를 경험하게 된다. 그것은 선교지에 도착 후 낯설게 느껴지는 정서적 어려움 속에서 문화적 충격, 사회적·종교적 환경에서의 심리적 적응문제로 현지 선교인들과의 언어적·문화적·정서적 이질감으로 인한 문제를 경험하게 된다.174)

또한 선임인 동료 사역자들에 대한 그릇된 가정과 기대감, 현지 지도자와 선교단체인 본국 지도자의 기대에 대한 시각차의 어려움으로 갈등상황이 전개되기도 한다. 그러한 상황에서 선교사들은 선교현장의 형편을 모르는 파송단체의 일방적 행정지시에 따르며, 현지인과의 상호작용에 초점을 맞춰 선교사역의 목표달성을 위한 결과를 만들어내야만 하는 이중적 입장에 처하게 된다.

부버(Martin Buber)에 따르면 인간은 나와 너와의 만남 가운데 상대방의 현 존재를 통하여 자기 자신의 현재적 모습을 인식할 수 있기에 관계 속에서의 자신의 존재에 대하여 더욱 중요하게 생각하는 것이라고 말한다.175) 개인의 독특한 특성은 대인관계에 영향을 주기 때문에 타인의 욕구와 자신의 태도에 대한 인식이 필요하다.

원활한 대인관계는 자기이해와 자기수용 그리고 자기개방의 성숙과정을 이루도록 해야 가능하게 된다.176) 만약 한 개인의 자기 패배적인 신념은 자신과 타인에게 있어 부정적인 영향을 끼치게 되며, 결국 부적응적인 자아상에 의하여 대인관계에 있어 경직된 결과를 가져온다.

선교현장에서의 관계적 경험은 상호존중의 관계를 이루어갈 수 있도록 하는 방법이 심리적 접근이다. 이 방법은 긍정적인 자기개념 인식과 대인관계 기술 습득이다. 더불어 삶의 배경인 발달과정의 기초특성에 관한 인격적 부분도 점검되어져야 한다. 이러한 검토가 특히 선발 절차과정에서 시행된다면 탈진 및 중도포기 비율을 감소시킬 수 있게 될 것이다.

1. 관계갈등의 유형

선교사들에게 나타나는 갈등유형은 일반적 대인관계에서 드러나는 것과는 다른 특징이 나타난다. 타 문화권이라는 제한된 영역에서 항상 긴장감 가운데 사역을 하고 있어 자주 에너지 소진을 경험한다. 심리적 상태가 매우 예민해진 상태에서 갈등이 불거지면 적극적인 해결보다는 회피적 반응 가운데 서로 상대에 대한 오해가 쉽게 발생된다. 해결방법에 있어서도 수평적 관계보다는 수직적 관계에서의 상호작용으로 해결하고자 하는 정서를 지니고 있어, 어느 한쪽은 욕구충족 및 기대가 일치되지 않음으로 심리적 갈등이 초래된다.

'대인관계'란 인간과 인간 상호간의 심리적인 관계의 모든 측면을 지칭한다. 하지만 개개인의 보편적인 심리적 지향성이라는 측면에서 두 사람의 일대일 관계에 보다 중점을 두고 있다는 점에서 인간관계와는 구별된다. 개인과 개인이 상호작용을 통하여 나타나는 모든 일련의 행위를 의미하며 대인관계의 능력은 개인마다 다르게 형성된다.

대인관계는 인간의 삶에 있어서 중요한 주제인 동시에 가장 복합적인 상호작용에 의해 지배를 받게 된다. 타인이 자신에 대해서 어떻게 느끼고 있으며, 자신은 타인에 대해 어떤 행위와 기대를 하는가에 대한 심리적 양식이기도 하다. 타인과 관계하며 자기 자신의 태도를 통하여 자신이 어떠한 사람인지 평가를 내린다.177)

관계갈등은 과업과 관련되지 않는 부분인 대인관계의 불일치에서 발생되는데, 그것은 의견과 선호의 차이나 혹은 성격의 차이로 인해서이다. 갈등이란 사람들이 상호작용할 때 언제든지 발생할 수 있으며 조직의 기능에 저해를 가져온다. 조직에서 갈등은 필연적으로 나타날 수밖에 없다. 한 언론매체의 설문조사에 따르면 직장생활을 하면서 화병을 앓는 이유에 대해 51.9%가 인간관계에서의 갈등문제 때문이라고 응답하고 있다.178)

인간관계의 갈등에 대한 개괄적인 연구를 살펴보면, 인간이 상호작용할 때 언제든지 갈등은 발생할 수 있으며, 그로 인해 조직의 기능에 저해를 가져온다. 또 현대인들은 다양한 가치관과 성격을 지니고 있어 더욱 잦은 충돌이 발생되며, 개인과 조직적 부분의 과정이나 결과에 영향을 미치게 된다.

선교사역에 의하여 관계를 맺고 있는 선교사들의 갈등원인은 관계적인 측면에서의 어려움이다. 각자가 지닌 성격, 소통, 선임·후임 간의 견해나 업무처리 방식의 차이, 서로에 대한 기대, 생활양식에서의 문화적 차이 및 미성숙한 인격에 의한 경쟁의식으로 발생된다. 이와 같은 현상은 선교에 커다란 위험요소로 작용되고 있다. 선교사가 탈진을 극복하거나 예방할 수 있다면 그것은 자기정체성의 확립을 통해서이다. 자신에 대한 내면인식이 먼저 필요하고 돌봄의 재충전의 시간을 갖도록 해야 한다.

한 개인의 삶의 질을 좌우하는 중요한 요소가 되기에 만족적인 관계가 이루어지지 않을 경우, 개인이 지닌 자아정체성은 성격 형성의 핵심으로서 대인관계 성향에 영향을 미치게 된다. 대인관계의 문제점이나 그 능력이 차별화 되는 것은 가정의 환경과 가족 내 구조로 인한 것으로, 부모와의 의사소통 문제가 대인관계의 문제원인으로 작용되고 있다.

래리 크랩(Larry Crabb)은 인간의 문제는 관계 맺는 능력과 그 가능성이 핵심이라고 보았다. 인간의 고통은 관계 맺는 능력의 상실로 인하여 야기된 것으로, 끊어진 관계를 다시 잇는 것이 회복이며 근원적 해결책이다.[179] 그러므로 선교사 자신이 자아정체성을 갖고 그를 통하여 성숙하고 효과적인 사역을 할 수 있도록 심리적 돌봄 정책이 필요하게 된다.

2. 관계갈등의 영향

인간은 사회 속에서 타인과 상호작용하며 서로 의지하고 도우며 살아가야 하는 필연적 존재이다. 상호작용을 통하여 서로 가치를 추구하며 만족을 누리게 되기 때문이다. 사회적 존재란 관계의존 속에서 살아가는 것이며, 관계의존이 성립되는 곳에는 반드시 갈등이 일어난다. 그리고 갈등의 많은 부분은 비 일치적인 의사소통으로 인해 발생된다. 의사소통에서의 갈등은 두 사람 혹은 그 이상의 사람들 상호간에 일어나는 관계로 인격적이기도 하고 역동적이며 상호작용의 복합적인 패턴을 의미한다. 이러한 의사소통에서 감정을 정직하게 표현하지 못하고 상대

방의 생각이나 감정을 왜곡하거나 무시하며 회피하는 태도로 인해 갈등이 발생된다.180)

갈등은 두 개 이상의 긴장된 힘이 대립된 상태로, 내적 긴장감이 존재하게 되며 해결의 곤란을 느끼는 상태를 말한다. 서로 용납될 수 없는 욕구의 대립 차이로 인하여 욕구를 무너뜨린 대상에게 적극적 공격성을 표현하곤 한다. 관계갈등은 초점을 맞춘 대상과는 의견 차이, 이해타산적인 방해 행동, 부정적 정서, 즉 상대방이 자신을 싫어하기 때문이라고 인지하는 문제로 인해 나타나기도 한다.

갈등은 표면적으로는 상대방과의 관계에서 서로를 인정하지 못하는 문제로부터 발생하지만, 근본적으로는 자기 자신의 정체성 안에서 이질성이든 타인의 이질성이든 그러한 내용을 수용하지 못하는 것에서 시작된다. 즉, 인간관계에서 갈등은 각자 가지고 있는 기준의 차이와 기대하는 내용 그리고 그것이 달성되지 않을 때 발생하는 인식에 대한 격차로 인한 충돌인 것이다. 그러기에 일방적인 의사소통에 의한 갈등에 휘말리게 되면, 두 사람은 문제 해결을 위한 끈덕진 노력보다는 서로를 포기함으로써, 자기의 감정이 더 다치기 전에 쉽게 문제를 회피하고자 하는 태도를 보이기 시작한다.

번(Eric Berne)에 따르면 인간의 적응에 관한 문제는 대인간 의사소통에서 발생된다고 하였다. 대인관계 갈등은 조직체계에 있어 개인특성과 맥락적인 요소를 고려하여 적극적인 대처를 하여야 효과를 가져 올 수 있다는 것이다. 렌윅(Renwick)은 1980년대부터 다양한 학문분야에서 갈등관계에 의사소통 혹은 의사전달의 중심성이 인식되어졌다고 보았다. 이 시기부터 갈등의 중요한 변인을 커뮤니케이션 능력으로 설정하여 갈등을 체계적으로 설명하기 시작했다.

관계갈등은 업무 외적인 측면에서는 대인간 선호, 정치적 선호, 가치관 및 성격 차이에 대한 갈등으로 인해 구성원들이 불일치와 대립을 인지하는 것으로 부정적인 정서까지도 포함한다. 또한 구성원들 간에 부조화가 있을 때 발생되는 감정상의 충돌로써 긴장감과 적대감, 불안 등이 소속된 곳에 부정적인 영향을 미치게 된다. 그러기에 갈등은 다양한 가치관과 성격의 잦은 충돌로 발생되어 개인과 조직적 과정과 결과에 영향을 미치는 원인으로 작용된다.

또한 직무만족과 조직 몰입에 부정적인 효과를 갖고 의사결정의 질에도 부정적인 영향을 끼친다. 집단 구성원들이 집단의 문제보다 구성원 간의 문제에 초점을 맞추고 그들의 에너지와 시간을 소비하게 되기에, 집단의 정보처리 능력 및 인지기능을 제한시키고 구성원의 불안수준을 높이게 된다.

조직심리학자들은 조직 구성원들 간의 의견 차이가 발생하는 상황에서는 관계갈등이 증폭되며 조직 효과성에 미치는 과업갈등으로부터 긍정적 효과가 상쇄될 수 있음에 주목하였다. 이런 관계갈등의 증폭에 연구의 무게 중심이 쏠리면서 부정적 영향력을 증명하는 연구들도 늘어나는 추세이다. 이러한 점에서 선교사가 현지에서 겪는 인간관계 갈등 경험의 의미를 이해하고 분석하여 본질을 탐색하도록 하는 접근법은 매우 필요한 연구이기도 하다.

III. 선교사들의 탈진에 대한 면담 및 분석

A. 질적 연구개념 및 설계

본 연구는 선교사역을 포기하고 돌아온 선교사들의 탈진배경에 영향을 준 요인이 무엇인지, 또 그러한 경험에 어떠한 대응방안이 어떠했는가를 탐색하는 데 목적을 두었다. 개인의 경험을 이해하기 위해 면담을 통해 수집한 심층면접 자료는, 꼴라지가 제안한 현상학적 질적 연구의 분석 방법을 적용하여 경험사실에 대한 진술을 분석하고 범주화하여 기술하는 작업을 실시하게 된다. 꼴라지의 접근법은 참여자 개인의 주관적 경험을 탐구하는 데 있어 실증주의적 관점을 보완하는 질적 연구방법이다.[1] 꼴라지의 분석방법은 연구자의 경험과 지각에 의해 참여자가 인식하는 세계와 의미 그리고 체험에 담겨진 총체적인 현상을 통해 경험에 관한 본질을 추구하는 것이다.[2] 이는 단순히 현상을 관찰하는 데 그치는 것이 아니라, 의미가 주는 어떠한 공통적 속성을 발견하는 것에 초점을 맞추고 현실을 관찰하여 분석하게 된다.

현상학(phenomenology)의 목적은 인간에 대한 이해를 증진시키고 깊은 사유를 통한 직관에 의해 행동의 본질을 해석하는 데 있다. 자료수집 방법을 기술하는 데 있어 거의 전체적인 것에 강조점을 두고 참여자들의 공통적인 속성을 도출해 내는 데 초점을 맞추고 있다.[3] 연구자는 독단적인 사고방식이나 편견과 부정확한 근거의 원칙과 개념을 버리고 참여자의 의미 있는 경험에 대한 유의성(significance)을 확인하게 된다.[4] 현상학적 이해는 인간의 삶과 경험세계의 의미와 인식들을 계량적 통계분석의 연구결과로 단정한다는 것을 피상적 한계로 보기 때문에 보완의 필요성을 갖는다. 따라서 현상의 본질을 밝히고자 개인의 주관적 경험현상의 특성만이 상담학적 의의가 있는 것으로 보고, 그 개별성을 중요시하며 가치체계로 이해하게 된다.

질적 연구(qualitative research)[5]는 초점을 '현상'에 둔다. 그리고 그 현상이 의식 속에 나타나는 양상, 즉 의식의 구조인 '현상학적' 행동 형태를 확인한다. 행동의 본질을 명확하게 이해하고 해석하기 위해 깊은 사유를 통한 직관을 바탕으로 그들의 삶과 의식경험을 탐색하여 인간경험에 대한 이해를 확장시키고자 한다. 참여자들의 경험에서 공통적으로 갖게 되는 문제의 본질과 내용이 무엇인지 그 의미에 대한 구체적 정보에 관해 섬세한 기술을 통해 공통적 주제의 속성을 도출해내게 된다.

따라서 연구자는 현상학적인 방법(phenomenological method)[6] 가운데 꼴라지가 제안한 분석접근을 통해 경험내용이 무엇이며 어떻게 경험되었는지 주관적 현상의 사실을 드러내고자 한다. 이는 실제적으로 살아 있는 경험의 의미를 상황적인 맥락 속에서 수용하기 위함이다. 연구 참여자들의 개별적인 경험에서 밝혀지지 못했던 공통적 속성을 주제별로 범주화하여 기술함으로써 맥락적 이해가 가능해지고 그로 인해 연구의 타당성이 입증되면 그들이 탈진으로 인해 사역을 그만두게 된 배경에 관하여 대변할 수 있는 유용한 자료가 될 것이다.

B. 연구대상 및 연구 절차

선교사들이 선교지에서 파송교회에 알리지도 못하고 돌아와야만 했던 중도탈락의 어려운 선택 배경에는 삶의 고충에 의한 탈진이라는 요소가 자리 잡고 있다. 본 연구는 현실적 문제인 탈진의 핵심적 요인에 관한 탐색을 위해 적절성을 고려하여 중도탈락으로 선교사역을 진행하지 않는 특정집단을 대상으로 하였다. 먼저 설문지 표집대상은 '기독교대한 감리교 선교회', '기독교대한성결교회', '기독교한국침례회', '대한예수교장로회 총회 세계선교회', '대한예수교장로회(예장통합)', '대한예수교장로회(통합)', '한국감리교회' 등 7개 교단 선교사들이다. 이들을 중심으로 설문지를 배포 수집하였고 A교단을 중심으로 선정된 선교사들과 개방형의 심층면담이 이루어졌다.

대상선정은 2017년 6월부터 2017년 7월까지 추출된 설문지 자료를 통해서이다. 선별된 연구 참여자 가운데 12명과 접촉하게 되었고, 중도에 인터뷰를 포기한 1명을 제외한 11명으로부터 수집된 자료가 분석되어 자료로 사용되었다.

자료수집 결과표는 <표>와 같다.

<표 3-1> 자료수집 결과표

설문조사 기간	2017년 6월 19일 – 2017년 7월 10일
조사 대상	12명
회수한 설문지 수	12부(회수율: 100%)
유효한 설문지 수	11부(유효표본율: 92%)

현상학적 연구에서 대상자의 선정기준은 연구절차상 심도 있게 다루어져야 한다. 본 연구에서 고려해야 할 것은 참여자들이 연구하게 될 현상을 경험했어야만 하고, 그 경험이 충분하며 잘 표현할 수 있는 대상으로 선별되어야만 했다. 따라서 본 연구에 참여할 대상은 다음과 같다. 첫째, 선교사로서의 의사소통이 가능하고 자신의 경험을 의식적으로 표현할 수 있는 건강한 자, 둘째, 자신 스스로가 객관적·주관적 탈진을 인식하는 자로서 선교사역을 더 이상 진행하지 않고 포기한 자, 셋째, 경험 사례연구와 교육의 목적에 동의와 사용을 허락한 자이다.

연구 절차는 먼저 문헌연구를 통하여 이해의 폭을 넓히고 연구의 목적을 달성하기 위하여 문헌 연구와 연구목적에 맞게 설계된 설문지를 해외파송 선교사들을 중심으로 배포하였고, 군집표집(群集標集, cluster sampling)[7]하여, A교단을 중심으로 사역을 포기하거나 사임한 사역자 72명 가운데 선정하게 되었다. 그들 가운데 탈진경험을 통해 선교사역을 더 이상 진행하지 않고 귀국하여 국내사역으로 전향한 대상자 12명을 선별할 수 있었다.

연구대상자들에게 연구 주제와 관련된 질문에 답변할 수 있도록 사전에 실증적 자료 수집을 위한 조사(survey) 및 심층인터뷰 방법을 선택하였다. 설문조사는 목적과 내용을 충분히 설명하거나 고지한 후 응답할 수 있도록 현장에서 직접 배포형식 및 수거방식을 취하였다. 또한 심층적 연구는 인터뷰 과정에서 탈진경험의 요인과 대응방안에 관해 회술하는 의식내용을 약식 전사(broad transcription)하며 녹음을 병행하였다. 차후 보완이 필요한 부분에 관해서는 다시 협력하기로 약속받고 반 구조화식 개방형 질문을 마쳤다.

선교사들이 현장에서 경험한 탈진현상이 어떠한 이유에서 발생되었는지 본질에 관한 접근으로서 정확한 서술을 위해 그들이 갖고 있는 개념·원인·증상에 관해 다루었고 탈진 과정에서 대응하였던 방안에 관해서는 도입질문과 후속질문 그리고 현재적 회상에 의한 심리적 통찰에 관하여 직·간접적이며 해석적 질문을 진행하였다. 이는 탈진의 측면들을 살펴보고 사회적 상호관계에서 대응과정과 방안에 관해 탐색하여 정확한 분석을 제공하고자 함이다.

이를 위해 참여자의 녹음내용을 몇 차례 확인하여 들었고, 면담한 원 자료는 후속적 분석을 위해여 전사(transcription)[8]해 두고 전체적인 윤곽을 잡아나갔다. 참여자가 표현하고자 한 경험의 의미를 심층적으로 이해하고 기술하기 위해 연구 참여자의 언어적 자료를 의지하여 의식을 구성하는 것에 초점을 맞추었고, 개인의 주관적인 정보에서 서로 연관되는 공통적인 구성적 의미를 발견하여 맥락을 동질성을 따라 주제를 찾아내어 묘사하였으며, 그것들을 영역별로 범주화하는 연구를 진행하였다.

C. 연구의 진행과정

연구는 다음의 다섯 단계로 세분화하여 진행되었다.

<표 3-2> 전체적인 연구의 진행과정방식

1단계: 연구의 목적 및 연구 문제 선정
중도포기를 경험한 선교사의 심리적 현상은 무엇이며, 그 대응방안은 무엇인가?

↓

2단계: 연구 참여자 선정
A교단 및 선교단체에 속한 선교사들과 중도포기를 경험하고 돌아온 선교사 중 높은 탈진 경험을 충분히 의식하고 있는 자 12명을 표집함.

↓

3단계: 자료수집
인구통계학적 척도를 통한 설문지를 구성하여 직접조사 후 자료 수집을 진행하였고, 심층면담을 위한 반 구조화된 질문지를 구성하여 질적 연구를 진행함.

↓

4단계: 자료분석
질적 연구는 원 자료의 철저한 숙독→탈진경험의 의미 있는 진술 발췌→의미 있는 진술 분석 및 재구조화→주제들과 주제군 분류→분석결과 검증→현상학적 탐구를 통한 꼴라지(Colazzi)의 분석절차에 의한 기술 실시.

↓

5단계 연구결과
중도포기 선교사들의 공통적인 심리학적 특징들 조사→과정이해→구성요소 기술→대응방안 및 해결 제안.

D. 측정도구

1. 설문지 연구

본 연구를 위해 사용된 측정도구는 설문지이다. 설문지 구성표는 아래와 같다.

<표 3-3> 설문지 구성표

조사도구	하위영역	문항 수	척도	출처
인구 통계학적 척도	성별 / 결혼유무 연령 / 부양가족수 자녀수 / 자녀의 학급 사역기간 / 사례비 선교지 출석 교인수 갈등유형 등	29문항	명목 및 등간 척도	연구자

<표 3-3>와 같이 설문지의 구성은 인구통계학적 질문 문항으로 되어 있다. 본 연구는 개인별 검사를 원칙으로 하여 조사를 진행하였다. 설문지는 연구 대상자의 일반적·선교적 특성을 묻는 인구통계학적 기초항목 질문 29문항으로 구성되었다.

본 연구에서 배경 변인으로 사용될 인구통계학적 연구 척도는 응답자의 인적사항, 선교사항에 관한 사항, 선교사역을 위협하는 문제 등에 관한 질문으로 이루어져 있다. 인적사항을 묻는 6가지 항목은 성별, 결혼유무, 연령, 부양가족 수, 자녀수, 자녀의 교육과정에 관한 질문이다. 선교사역에 관한 사항은 선교지, 선교기간, 사역기간, 사례비, 선교지 출석교인 수 등 10가지 항목에 관한 것들이다. 또한 선교사역을 위협하는

항목 7가지 문제는 부부문제, 자녀문제, 한국교인과의 갈등, 현지인과의 갈등, 선교단체와의 갈등, 동료 선교사와의 갈등 등에 관한 조사이다. 마지막으로 해결모색 방안 질문 6가지 문항을 덧붙여 놓았다.

2. 질적 연구: 인터뷰

통계분석의 단점은 인간의 복잡한 상호작용의 세계를 지나치게 단순화시켜 인과적 정보를 제공한다는 점이다. 따라서 이러한 보완을 위해 본 연구는 의도성을 갖춘 반 구조화된 면담 가이드(semi-structured interview)를 통한 과정연구다. 연구문제를 해결하기 위한 세부적인 질문사항은 심층면접 조사(in-depth Interview)를 위한 질문으로 내용은 다음과 같다.

<표 3-4> 반구조화 질문(semi-structured interview) 내용

① 선교지 생활에서 겪었던 어려움 가운데 가장 고통스러운 부분은 무엇이었는가?
② 사역시작 후 어느 시점부터 에너지가 소진되었거나, 한계라는 생각이 들거나, 사역이 힘들거나 하는 부담을 언제부터 느끼기 시작했는가?
③ 탈진 현상들은 무엇이 발단이 되어 시작되었다고 보는가?
④ 에너지가 소진되며 나타나는 여러 증상이나 관계성들은 삶 전반에 어떠한 영향을 가져왔는가?
⑤ 본인은 그렇게 드러나는 상황 가운데 어떻게 대응하고 대처하였는가?
⑥ 본인은 파급적으로 영향을 미치는 상황 속에서 어떤 방식으로 극복하였는가, 혹은 지금 어떻게 극복하고 있는가?
⑦ 본인은 그때 발생된 상황들이 극복 여부와 관계없이 어떤 의미로 다가왔다고 생각하는가?

⑧ 그러한 과정에서 가족의 반응은 어떠하였는가?
⑨ 그 이후 현재적 삶에 본인과 가족들에게 어떠한 상황적 변화가 왔는가?
⑩ 상황을 극복하는 데 있어 외부적 개입이 있다면, 어떠한 방식을 원하고, 또 무엇이 필요하다고 생각하는가?

E. 자료수집 방법 및 배경

설문지 수집은 A교단에서 파송된 해외선교사들을 중심으로 실시한 군집표집으로 현장에서 직접 배포 및 현장 수거방식의 회수이다. 질적 연구를 위한 연구 참여자의 선정방법은 선교사역에 있어 더 이상 선교를 진행하지 않고 한국으로 돌아온 선교사 72명 가운데 선별하였다. 그 가운데 국내에 있는 25명과 접촉을 실시하였고, 연락 가능하고 연구의 적절성과 심층면접의 가능성이 있는 선교사 12명을 선별하게 되었다.

연구자는 면담 질문을 구성하기 위해 먼저 현상학적 연구 방법에서 요구하는 인터뷰에 관한 문헌을 고찰하였다. 그리고 탈진 및 관계갈등에 관한 선행연구를 통하여 탈진에 대한 심리학적인 이해들을 기반으로 반 구조화된 질문지를 구성하게 되었다. 이 질문지를 기초로 하여 진행을 위한 적절성에 관해 2015년 11월부터 2016년 12월까지 여러 차례 사전조사를 통해 이론검토를 하였고, 예비조사를 통하여 2017년 6월 최종적으로 구성된 반 구조화 질문지를 기반으로 하여 참여의사를 수락한 11명의 대상자들과 접촉하여 심층면접을 진행할 수 있었다. 전국으로 흩어져 있는 선교사들을 만나 질문지 내용에 따라 경험한 내용을 그대로 진술할 수 있도록 심리적 부담감을 줄이기 위해 연구 참여자들의 편리를 위한 장소로 찾아가 개방적 분위기 가운데 인터뷰를 진행하였다.

사역을 그만둔 선교사들 대부분은 교단탈퇴 형식이나 사역지를 개별적으로 이동하여 해외에 남아 있는 사유로서 접촉시도가 불가능했다. 국내로 돌아온 선교사들 가운데 연락이 닿아도 인터뷰에 응하는 것에 부담을 갖고 단호히 거절하는 사례가 속출되었다. 그 이유는 "굳이 되짚어 기억하고 싶지 않다"고 하거나, 혹 '정치적인 여파가 일어나지 않게 될까' 하는 피해에 대한 우려로 민감한 태도를 내비쳤고, 혹은 "혼자 묻고 가면 그만인데…" 하는 자괴감 섞인 응답태도를 보였다.

이러한 반응에 따라 선교지에서의 사역을 더 이상 진행하지 않고 국내로 돌아와 목회사역으로 전향한 선교사 12명을 분석대상으로 삼고 접촉을 시도하였다. 현재 시점에서도 위기노출에 대한 두려움과 상처가 회복되지 않음으로 인해 격정적 감정과 언급을 내비치며 회의적인 반응을 나타냈지만, 다행히도 미래선교의 방향에 더 이상 같은 어려움이 발생되지 않도록 돕고자 하는 협조 아래 마지막 절차에 이르는 데 11명과 면담을 마칠 수가 있었다. 선교현장에서 경험하였던 탈진형태와 그 대응과정에 관한 전반적인 부분에 관한 탐구를 위해 자신들의 경험을 있는 그대로 진술할 수 있도록 심리적 안정감을 제공하기 위해 각 도시로의 개별적 방문을 제안하였다. 또한 비지시적인 반구조화 질문법을 통하여 의식을 고취시킬 수 있는 인터뷰를 진행하였고, 참여자들의 윤리적 보호를 위해 면담내용은 연구목적으로만 사용한다는 내용을 동의서에 명시하였고 확인 후 진행되었다.

설문지 연구와 질적 연구를 위한 합의는 참여자들의 윤리적 보호를 위한 비밀보장이었고, 연구의 성격과 목적, 필요성에 대한 절차를 설명

후 연구에 대한 동의를 구하였다. 면담시간은 두 시간 정도 소요되었으며 녹음과 전사 작업은 참여자들의 동의하에 진행될 수 있었다. 인터뷰 도중 대부분의 참여자들이 자신의 진술이 드러나게 됨으로 인해 동료 선교사와 선교사역에 악영향을 끼치게 될 것을 매우 우려하였다. 비밀보장과 보완에 대한 염려가 연구자에게 상당히 예민하게 다가왔다. 따라서 참여자들의 익명성을 보장하기 위해 그들의 경험정보가 가급적 드러나지 않도록 제한적인 기술방법을 사용하여 신중한 접근으로 주의를 기울였다. 연구 참여자의 기본 인적사항과 개별적 특성은 다음과 같다.

1. 연구 참여자들의 기본 인적사항

<표 3-5> 연구 참여자의 기본 인적사항

번호	참여자	나이	학력	목회경력	자녀	선교지
참1	A	60대	대학원	20년	2명	동남아시아
참2	B	40대	대학원	5년	2명	동남아시아
참3	C	50대	대학원	18년	3명	아프리카, 유럽
참4	D	50대	대학원	15년	2명	아메리카
참5	E	40대	대학원	5년	4명	아메리카
참6	F	40대	대학원	14년	2명	인도차이나
참7	G	60대	대학원	16년	4명	오세아니아
참8	H	40대	대학원	6년	2명	동남아시아
참9	I	50대	대학원	6년	3명	동남아시아
참10	J	40대	대학원	5년	2명	동남아시아
참11	K	40대	대학원	6년	2명	동남아시아

2. 연구 참여자들의 개별적 특성

연구자는 연구 참여자의 탈진상황을 심리적 공통요인과 정서적 대처과정에 관한 탐색을 통하여 각 참여자의 특성을 개별화하여 제시하고자 한다.

첫째, 선교에 참여하게 된 동기에 관한 질문은 정체성 고취시키기 위한 부분에 대한 질문과, 둘째, 환경적 요인으로 말미암게 된 정서적 고갈 경험에서 대응한 감정적 요인은 어떠했는지, 셋째, 탈진이 유발된 상황에서의 대처과정은 무엇이었는지를 자신의 언어로 기술하여 자기성찰이 이루어지도록 하는 것이다. 넷째, 직접경험에 관한 진술을 통하여 탈진과정에 필요한 해결책을 마련하기 위한 피드백을 제공받을 수 있었다.

가. 참여자 A

1) 참여자 A가 선교사역에 헌신하게 된 동기는 한국에 들어온 초기 선교사들에 대한 빚진 마음이 있었기 때문이었다. 자녀를 모두 출가시키고 정년퇴직한 후, 60대 초반에 전문인 사역자로 헌신하게 된 것이다. 교단에서 2년간 정식훈련을 받고 동남아시아로 파견되어 지도자 역할을 맡게 되었다.

2) 사역에서 심리적으로 갈등을 느끼기 시작한 시점은 도착하자마자 바로 시작되었다. 동료 사역자와의 관계에서 자신이 지키며 살아온 원칙이 무너지면서였다. 선임지도자의 임기응변식의 논리와 거짓말 그리고 억측으로 관계하고자 하는 모습을 지켜보며 신뢰가 무너지고 상처 받기 시작했다. 더욱이 선임 선교사 아내로부터 받게 되는 상처는

더욱 고통스러운 문제였다. 머리로는 이해는 되지만 정서적으로 받아들이기 힘든 자기만의 방식 태도들 때문에 힘이 들었다.

3) 선교지를 떠나고자 하는 문제에 대해 많은 고민이 있었다. 조직적인 문제로 불거지는 갈등상황을 접하게 되면서 대부분의 선교사들이 교단 탈퇴를 하고 다른 교단으로 옮겨가거나 선교지를 이동하는 대처방법을 취하였다. 하지만 선교현장을 지켜야만 한다는 의무감과 책임감으로 인해 그 자리를 지키기 위한 고심을 하였고, 상담 전공자인 사모를 통하여 날마다 지지받으며 그 순간들을 버티어낼 수 있었다. 선임 선교사와의 갈등문제를 해결해 보고자 기도하였고, 환경을 이겨내고자 관계회복을 위한 노력도 지속해 보았다. 하지만 번번이 의사소통은 선임 선교사의 일방적인 태도로 인해 수포로 돌아가 버리게 되었다.

4년 동안 선교지에서 현지인 지도자들을 교육시키고 그들의 미래에 발전이 이루어지는 것을 보면서 고통 가운데 보람을 얻었다. 그러나 선교사역을 정리한 곳에 다시 선교사로 돌아가는 것에는 여전히 회의적인 마음이 든다고 답변을 한다. 좋지 않았던 기억을 떠올리지 않으려 하고 또 가급적 좋은 이야기만 하려고 노력했지만, 그때 상황을 떠올리면 분노가 다시 표출되는 것을 보니 아직 심리적으로 회복되지 않았음을 느끼게 된다고 진술한다.

그때 선교지에서 경험했던 일들은 본인의 현재적 상황에 많은 대안들에 관해 생각할 계기가 되었다. 무엇보다 선교단체만은 거짓말하지 말아야 하고 정의로운 모습을 갖춰야 한다. 그리고 선교지에는 재정적으로 건전하게 끌고 갈 수 있는 구조가 마련되어야 한다. 선교지에는 원칙을 충실히 지키며 정책을 수정하는 상황이 이루어질 수 있도록 대화창구가 마련되어야 한다. 또한 일방적인 매도에 의한 희생자가 속출되지 않도록 선교단체 본부와 현장 간에 중립적이고 중재적인 태도를 고수해야 한다는 생각이다.

4) 선교정책은 선교 2세기로 접어들어서는 시기에 있어 정책의 업그레이드(upgrade)가 되어야만 한다. 그러한 계기를 통하여 대화의 창구가 마련되어야 하고, 선교사들이 건강한 마음으로 선교할 수 있도록 하는 대안이 될 것이라고 생각한다. 선교지에서 귀국한 이후 위기적 선교에 대처하는 전략을 갖춘 선교단체를 만드는 준비를 진행 중이다. 선교지에서의 경험을 통하여 전문인 사역자들을 중심으로 하는 모범적 선교를 진행하고자 하는데 귀한 정보를 얻게 되었다고 진술하였다.

나. 참여자 B

1) 참여자 B는 대학생 때 직·간접적으로 선교사에 대한 소명감을 갖게 되었고, 신학대학원 때 소명을 받고 선교사로 헌신을 결심하게 되었다. 결혼 후 단기선교사로 사역을 하였고, 그러한 경험을 통하여 30대 후반에 교단에서 선교사 훈련을 정식으로 받고 동남아시아 지역에 파송되었다.

2) 현지에 도착해서 몇 가정과 팀 사역을 진행하며 2년간 언어와 기초적응의 기간을 가졌다. 그런데 자녀의 정체성과 교육문제가 가장 고민되었다. 선교지에 도착하게 되면 누구나 기본적인 우울증 같은 향수병을 경험하게 되고 크고 작은 갈등이 생기므로, 개별사역이든 팀 사역이든 소통하는 문제점과 상대방의 성격기질을 이해하고 수용하는 부분에 있어 갈등을 경험하게 된다.

현지에는 갈등을 완화할 수 있는 교육제도가 마련되어 있지 않으며,

사모가 출산을 하였을 경우에도 정서적·심리적 안정을 취할 수 있는 치유제도가 전혀 제공되지 않기에 사역자로서 소진경험을 자주 접하게 된다. 선교국이나 단체는 시대적 요구에 부응하여 소통할 수 있는 자세를 갖추어 선교지에서 겪는 어려움에 대한 대안적 선교정책을 마련해 주어야 하는데, 그렇지 않기에 매우 어려운 실정이었음을 고백한다.

3) 사역현장에서 현실적으로는 동료 선교사 간에 갈등의 골이 깊어져 겉치레의 관계만 맺고 있는 실정이었다. 동료와의 갈등이 해결되지 않은 상태에서 지속적으로 발생되는 문제적 상황들은 계속 쌓여 극복해 내기 어렵게 만들었다.

선교사는 물질이 풍요롭지 않음으로 고통을 겪게 되지는 않는다. 하지만 현지에서 의료보험 혜택을 받지 못하거나 수술할 상황이건만 치료 받는다는 것이 모두 선교사에게 직접부담이 되기에 가족이 아플 경우 난감한 문제로 대두된다. 또한 가족이 사망해도 대책이 없기에 상실의 아픔과 고난을 끌어안고 심리적 갈등 상황 가운데 선교사역을 해야 하는 실정도 고통스러운 과제이기도 하다.

무엇보다 매일 다가오는 고난은 선교사 사모들이 기질상의 문제와 관계문제의 불균형으로 말미암게 되는 소통상의 교류가 더욱 동료들과의 관계를 어렵게 만들어 심인성 질환으로 고생들을 하게 된다. 그럼에도 불구하고 선교현장에는 사모들이 치료받을 통로가 없어 스트레스 극복이 매우 힘들다고 고백한다. 특히 내향성의 사모들은 관계에서 겪는 심리적 고통으로 우울증에 빠지게 되고 그런 상황에서 선교사들이 사역에 전념한다는 것은 매우 지치게 만들었다고 한다.

그러나 다른 방법이 없으므로 회피하면서 사역에 집중을 하지만, 소명과 사명이 흔들리게 되고 심리적 갈등을 끊임없이 겪게 되었다.

허심탄회한 분위기를 만들어 풀어보려고도 노력해보았으나 관계에서 오해되는 일이 자주 발생되다 보니 다시 껄끄러운 상황이나 겉치레적인 형태로 돌아가게 되고 말았다. 무엇보다 가정이 안정되어야 선교사역이 펼쳐지는데, 금식과 기도로 안 되는 것이 실제적으로 정신적인 부분의 일들이었다.

4) 조직적인 인식개선이 선교단체에 필요하다고 생각한다. 단순한 돌봄이 아닌 세분화된 지속적 돌봄 정책 마련이 선교지에 시급한 실정이라 볼 수 있다. 한편으로 파송 전 훈련원에서 심리적인 밑 작업을 해주는 정책이 선교에 필요한 대안이라고 보았다. 안식년은 사모들이나 아이들에게 상담이 이루어지는 기회를 마련하여 정서적 건강을 회복하도록 심리적 지원을 해주는 정책을 최우선적으로 지원하는 기간이 되어야 한다. 그것이 선교사들 간의 관계갈등을 막고 선교에 전념할 수 있는 방법이 될 것이라고 진술하였다.

다. 참여자 C

1) 참여자 C가 선교사가 된 동기는 대학교 때 비전을 통해서였고, 신학대학원 시절 선교사 훈련원을 거쳐 30대 초반에 선교현장으로 떠나게 되었다.

2) 선교지에 도착해서 6개월쯤 되자 선임 사역자들 간의 완력다툼에 끼게 되어 상당한 심리적 부담을 느끼게 되었다. 적응하는 문제가 발생되면서 사역진행에 있어 어려움으로 다가왔다. 개인적 취향의 다름에도 후임자가 자신을 따르지 않는다고 생각되면 선임자는 후임자의 흠을 잡기도 하였고, 경제적인 부담과 정신적 부담을 겪게 만들었다. 결국

가치관의 충돌로 스트레스를 받으며 일 년쯤 되자 더 이상 버티기가 힘들어지며 답답하고 속수무책인 상황에 처하게 되었다. 그러던 와중에 불행 중 다행으로 사모의 스트레스가 심화되어 선교지 이동을 요청하였는데, 바로 이동 여건이 이루어져 그곳을 떠나게 되었기에 위기적 어려움을 피할 수 있었다.

3) 선교지에서 경험한 선교사들의 특성은 모험심과 독립심이 강하고, 나이와 사역지에 따라 주관적인 생각의 차이가 드러났다. 만나는 대상이 바뀌어도 여전히 선교사들은 개성들이 강한 성격의 기질을 갖고 있었다. 특히 맨 처음 개척선교사인 일 세대 선교사들의 주도적 성격은 더욱 강렬하였고, 사역패턴이 맞지 않을 경우 신체적·정신적 피로가 극에 달하게 만들었다.

개방적으로 해결하고자 하는 마음이 있어야 부부 사이도 건강해지는데, 어떤 선교사들은 그렇지 못한 모습을 나타내어 본능적 행동의 공격성으로 비극적 상황을 맞이하는 모습도 목격하게 되었다. 무엇보다 초임이나 전임이나 권한에 있어 구별을 두지 않는 선교지의 상황은 서로 간의 가치관 대립이 한계상황에 다다르게 되면 격돌상황을 발생시키게 된다.

그러나 문제는 소환이나 징계에 따르는 절차가 없으며 관계를 해결하고자 하는 시스템이 마련되어 있지 않아 외부적 개입이 전무한 실정인 점이다. 곪아터진 관계는 실마리를 제공해주지 않으면 문제가 무엇인지 구체적으로 인지하지 못하게 되고 만다. 상담을 하고자 하면 대부분 문제가 있다고 생각하기에 그것 또한 어려운 실정이다.

4) 순회적인 선교사 제도를 통하여 관찰, 멘토링, 집단상담 등 갈등문제를 풀어줄 수 있는 돌봄에 관한 선교정책안 마련이 필요하다고 느낀다.

그리고 선교사의 인격적인 요소에 대한 점검에 대해 선교국의 인식전환이 있어야만 한다. 대부분의 선교사들은 어려운 환경에서 사역하고자 간 것이기에 사소한 것들에 대한 돌봄이나 실마리 제공이 있다면 보다 효율적인 선교사역이 이루어질 수 있다. 또한 전문상담가가 하루 종일 얘기만 들어주어도, 영적으로 메말라 있기에 내면의 것을 쏟아내는 것만으로도 치료가 될 것이라고 생각한다. 선교사들의 현장의 이야기에 대한 점검이 선교국에서 이루어지는 것이 선교사들을 위해 필요한 정책으로 생각한다고 언급하였다.

라. 참여자 D

1) 참여자 D는 선교에 대한 비전은 크지 않았으나 신대원에서 영어캠프 코디네이팅 작업을 하던 것이 결정적 계기가 되어, 졸업 후 교단 추천을 받아 20대 후반에 OOO지역 신학교 교수위원으로 가게 되었다.

2) 후원하는 교회는 직장선교회 일을 맡아주기를 원했고, 교단에서는 파트너 사역을 진행하기를 요청하였기에 육체적으로 탈진하기 좋을 만큼 고단한 사역을 하게 되었다. 개인적으로는 무엇보다 사역에 투입되고 싶은 욕구가 많았으나 가정으로부터 어려움이 시작되면서 사역이 원활하게 이루지 않게 되어 힘이 들었다.

선교지에 도착하자 사모가 타 문화권에 대한 두려움을 갖고 있다는 점을 알게 되었고, 갓 태어난 아기와 첫째를 데리고 문화적응을 한다는 것은 무리상황이었다. 마음껏 사역하지 못했음에도 불구하고 사모는 사역에 동원되지 않았을 때가 가장 좋았던 시간이었다고 회상한다. 어린 아이들을 데리고 주일에 200여 명의 식사를 준비하는 사역은 육체적으로는 고된 작업이었다고 생각된다.

선교소명은 단지 자신 한 사람만 부름을 받은 것이 아니라 가족 모두가 부름을 받은 것이기에, 도착해서부터 예배를 드리며 어려움의 시간을 이겨나갔다. 사모는 언어적응에 대한 어려움이 있었고 소통이 원활하지 않아 현지인 선교사와 대화가 연결되지 않았다. 그로 인한 오해의 골이 깊어지며 관계적 불협화음이 발생되었다. 언어적 문제에 의한 관계소통의 갈등 문제는 결국 매우 심각한 문제로 이어지곤 했다.

3) 선교지 환경은 외로움에 관한 문제를 대처할 통로가 없다는 점에서 선교사들을 영적으로 탈진하게 만들었다. 그리고 아무도 지켜보는 사람이 없다는 점이 탈선의 길로 이끌기 아주 쉬운 곳이었다. 열정만 가지고 선교지에 가게 되면 빨리 넘어질 수 있는 이유가 바로 그 때문이고, 또한 말씀과 기도생활에 전념하고자 하는 마음을 지키는 것이 가장 힘들게 만드는 곳이 선교지 환경이었다.

선교에 대한 열망을 가지고 갔지만 선교지에서 경험했던 위기라고 생각되었던 부분은, 열정을 다해 성장시켜 놓은 교회를 다른 선교사에게 넘겨주고 귀국하는 일로서 내려놓기가 쉽지 않은 갈등을 가져왔다고 생각한다. 하지만 고국에 연로하신 부모님의 건강문제가 있었기에 순종하게 되었으나 심리적 위기를 경험하는 기회였다.

4) 자신은 사역을 잘 마치고 돌아왔지만, 선교지에 있는 많은 선교사 가정들을 회복시켜 주어야 하고 사랑으로 돌보아줄 수 있는 사역이 필요하다 생각한다. 또한 선교사 훈련 중에도 상대방을 이해하고 상호관계를 인식시켜 줄 수 있는 제도가 절실하게 필요한 상황이라고 언급하였다.

마. 참여자 E

1) 참여자 E는 설교 중에 비전을 갖게 된 후 선교사역에 참여할 동기를 갖게 되었고, 선교사역에 관한 준비를 10년간 단기사역을 통하여 준비하며 선교사로 파송되는 것을 꿈꾸게 되었다.

2) 선교지로 파송되어 봉착하게 된 문제는 누군가의 보증이 필요하게 되는 상황에 의해 발생되었다. 선교지는 선교사들 간의 이해관계 속에서 자기의 주장과 학벌과 학연에 의해 진행되는 선임들의 미묘한 파벌싸움으로 인해 심각한 문제가 벌어지고 있었다.

그러한 상황들은 후임들이 선교지에서 정착해야 하는 문제에 관해 물질적인 도움은 고사하고 심리적 조언조차 없는 상황 속에 갇히게 만들었다. 또한 선교사들이 선교지에서 감당해야 하는 역할은 지역의 한인 목회자의 보조역할을 위해 청빙되는 현황이라 선교사들에게는 더욱 첩첩산중의 힘겨운 적응이 되었다. 협력을 해주지 않기에 목회 개척을 하게 되니 억측이 난무한 소문이 한국에서 들려왔고, 사역자 간의 욕심 때문에 공동사역은 진행되지 않았기에 끊임없이 힘겨운 심리적 고통을 체험해야만 하였다.

특히 선교사 간의 갈등구조는 몇몇 사람에 의해 학번관계를 통하여 야기되고 있었으며, 후임을 자기의 측근에 두고자 하는 열망이 더욱 악화된 관계를 조장하게 만들었다. 결국 자신이 살기 위해서는 다른 곳으로 떠나야겠다는 생각이 들게 되었지만, 타교단의 멘토(mentor)를 통하여 도움을 받게 되어 그곳에 머무르게 되었다. 여러 번 선임 선교사와의 관계회복을 위한 대화를 시도해 보았지만, 이미 신뢰문제가 깨진 상태였기에 잘 이루어지지 않게 되었다.

3) 선교사역에서 중요한 사항은 무엇보다도 가족을 지켜야 하는 의무가 가장에게 있다고 생각한다. 그러나 권리에 관한 이해관계 때문에 자신의 아내가 이유 없이 선임 여자 선교사에게 다그침과 질책을 타인들 앞에서 받았다는 사실을 주변 사람들에게 전해 들었을 때, 편한 마음으로 협력사역을 할 수 없게 만들었고 또한 마음이 열려지지도 않았다. 선교지에서 철수가 아니라 옮겨서라도 사역을 진행하고 싶었지만, 집을 얻어야 하는 구조적 어려움이 있는 곳이었기에, 환경적 악순환은 지속적으로 심리적 압박을 가중시켰다.

선임 선교사의 개인적인 욕심에 의한 부당행위 그리고 비합리적인 임기응변의 태도는 관계에서 의미를 찾을 수 없게 만들어 견딜 수가 없었다. 하지만 나름대로 원주민 교인들과 교포 아이들에 의해 의미를 추구할 수 있는 관계가 지속되었기에 귀국한 지금까지 좋은 관계 가운데 지내며 위로를 얻는다. 문득 자기중심적으로 왜곡된 주장만을 번복하는 비합리성의 사람과의 관계갈등 때문에 모든 것을 두고 온 것을 생각하면 답답한 심경에 빠져든다.

4) 지금도 불쑥 그리운 사람들이 있는 선교지로 다시 돌아가고 싶다가도 한편으로 회의감이 생겨 망설이게 될 때는 분노가 치밀어 오르게 된다. 다시 돌아가고 싶은 선교지이지만 둘 중 하나는 성질을 죽여야만 지낼 수 있는 문제이기에, 철저하게 준비해서 떠난 사역이 실패되어 돌아왔으므로 갈 수 없을 것 같은 상황이라 답답하다.

생각해보면 마음이 지쳐 돌아오긴 했지만 팀이 할 수 있는 사역과 할 수 없는 것에 대한 정확한 분별력이 생기는 경험을 하게 되었다. 무엇보다도 경계해야 할 것은 신앙적으로 자신이 잘하고 있다고 생각하는 점이다. 그런 사람들이 자기는 신앙적으로 바로 섰다고 생각하는 아집 때문에 문제를 발생시키고 있기에 가장 무섭다는 생각이 든다.

한국으로 돌아와 아내와 취한 대책은 정신과를 방문하여 상담을 받았다. 그것은 근본적인 대책이 되지 못하였고, 집단 상담에도 참여하였으나 별반 도움을 얻지 못하였다. 선교지에서 하고 싶은 사역이 있어 생각을 하지만 이런 계획이 수용되지 않기에 상처는 더욱 커져 돌이킬 수밖에 없게 된다. 선교지에서 선교사들 간의 관계갈등에 관한 문제에 만약 외부적 개입이 필요하다면, 그것은 팀 사역이 아니라 독립사역이 될 수 있도록 하는 정책을 마련해주는 것이라 조언해주고 싶다고 하였다. 가능하다면 각자의 자질에 맞는 선교사역이 이루어지도록 해주는 것이 갈등을 최소화하는 것이라고 언급하였다.

바. 참여자 F

1) 참여자 F는 청소년기 연합수련회에서 선교사의 간증을 들으며 선교사로 서원하였다. 이후 목회하던 중 어느 정도 준비를 하여 전도훈련과 사역훈련을 쌓기 위해 선교지로 갔으나 부딪힌 현실은 깜깜절벽과도 같았다. 선교사 신분이 노출되면 안 되는 사역지라 정부의 감시와 보안에 대한 문제로 거주에 대한 불안을 느끼게 되며 비자문제 해결에 신경을 많이 쓸 수밖에 없었다. 또한 한국으로부터 선교지 교회에 대한 왜곡, 잘못된 소문들로 인해 마음이 불편해지는 어려움을 겪었다.

2) 선교기금 운영에 관한 부분에 있어 한국교회가 자기들을 무시하며 왜곡된 말을 하고 있다고 불쾌한 감정을 드러내는 현지의 선교사들을 다독이는 문제도 감정에 자주 얽히게 만드는 상황을 접하게 되었다. 하지만 모든 어려운 상황마저도 하나님 나라의 사역이라고 생각하였기

에 최대한 현지 교인들을 이해시키고 설득시키는 것에 사력을 다했다. 특히 교회건축의 책임관계와 후원 문제에 관한 명확성 그리고 역할에 관한 부분을 분류하는 것에 2년이 넘는 기간을 소요하며 기준을 세워 마찰이 없도록 하는 사역을 진행해 나갔다.

3) 선교지에서 발생되는 문제는 한국 교단의 선교국과 현지 한국인 선교사의 입장 차이가 너무도 다르다는 점이 매우 곤혹스러운 문제였다. 한국교회 원로 지도자들의 인식은 현지에서 사용하는 자금 집행에 대한 오해를 가지고 있었기에 해결하는 것이 쉽지가 않았다. 하지만 화해의 역할이 자신에게 맡겨진 일이라 생각되어 일인다역을 감당하며 중재 역할을 했음에도 여전히 풀리지 않는 문제로 남게 되었다.

그나마 사역에서 한계라고 느꼈던 적이 없었다고 생각되는 것은, 각오를 하고 선교지로 간 것이었기에 생각하기 나름이라고 여기고 있었기 때문이었다. 그럼에도 불구하고 현지에서 한국 주민과 학교사업을 함께 진행하며 경제부분에 대한 권리문제로 배반의 위기를 맞게 된 경험은 비애감을 느끼게 만들었다. 모든 재산권을 내려놓으며 '내 것이 아니다, 내 일이 아니다.'라는 생각으로 갈라서게 되었지만 그 과정은 많이 힘들고 상처가 되었다. 하나님 것이기에 어떤 경우에도 욕심 부리지 않고자 했고, 자신의 재산권은 선교지에 아무것도 없다는 결론을 내리며 상처를 딛고 일어서게 되었다.

현지에서 생활이 아주 풍부하지는 않았어도 늘 먼저 베푸는 태도를 취하고 한국 선교사들과의 관계에 있어서도 거의 선임자 역할을 맡고 있었기에 상하관계에 예우를 다하였다. 성격도 다르고 사역패턴도 다르지만 깍듯하게 섬겼던 결과 동료 간에는 별 어려움이 없었다. 설령 후배 선교사의 태도가 이상하다 하더라도 사역에 있어 지시는 삼가하고 협력하였기에 가능하였다.

4) 귀국하게 될 때 열정을 다 쏟아 부었던 사역이었기에 '더 이상 남은 에너지가 있을까?'라는 생각도 들기도 하였다. 선교사 생활이 가족들에게는 스트레스가 되었을 것이라고 생각한다. 현재적 시점에서 생각해보니 행복한 시간이었다고 생각되지만, 당시는 모두 힘들어했을 것이다. 그곳에 남고 싶었지만 안주하고자 하는 마음이 들게 될까봐, 그리고 기도의 응답도 있었기에 한국교회의 그루터기가 되고자 하는 사명감으로 돌아오게 되었다.

사. 참여자 G

1) 참여자 G는 '목회란 관계를 배우는 과정'이기에 선교경험이 필요하다는 생각에 목회사역 도중 자원하여 선교지로 갔다.

2) 선교사역이 목회 관계를 배우는 과정이라는 동기에서 출발한 것이 사역과정에서의 마찰로 교인들과의 관계에 어려움에 봉착되었다. 그것은 교인들이 교단에 자신을 고발하면서 입은 상처가 매우 커 상실감을 얻었다. 그렇게 된 이유는 복음적이고 성서적인 말씀을 통하여 교인들에게 하나님을 인식시켜 주며 성경대로 살아야 한다고 한 것이 타국의 자유로운 문화생활 가운데 성도들의 심령에 갈등을 가져다주게 되었던 것이다.

3) 타 문화권의 한국인들이 정착하며 갖게 되는 직업은 성적이고 경제적인 부분에서 자유롭지 못한 것들이라 "아무것도 알려고 하지 말라."고 부탁하기도 한다. 그러나 부담스럽다 할지라도 고쳐야 할 것은 고쳐야만 한다고 생각하기에 설교를 통하여 죄를 지적해야만

했고, 가책을 받았던 교인들의 저항은 거세게 파문을 일으켰다. 교인들에게 고발을 당하기도 하고 자동차의 브레이크 선을 끊어 놓기까지 하였지만 대적하지 않았고 사랑으로 모든 걸 덮으며 사역을 진행하였다.

사역자가 영적인 부분이 준비되지 않으면 에너지가 떨어지게 되고, 관계성을 갖추지 못했을 경우 사람하고 싸우고, 영들을 대적하지 않기 때문에 탈진에 빠진다. 그래서 심리적으로 너무 힘들면 지칠 만큼 소리 지르며 운동을 한다. 선교지는 교단 간에 갈등도 심하고, 협력해야 할 사람들이 시기질투 때문에 서로 원수가 된다. 간혹 교회에 다른 목적을 갖고 스며들어 온 사람들이 있는데, 이런 것을 간과하게 될 경우 교회는 혼란에 빠지게 된다. 마침 사모가 한 사람을 지목하고는 의구심을 갖고 제안한 부분이 본인에게는 오해를 하고 있다고 생각되어 부부간에 크게 다툰 적이 있었다. 이 일로 일 년 이상 사모와 말도 안 하고 소원한 관계로 지내기도 했다. 사모가 흔들렸고 너무 힘들어하였다. 선교지 상황에서 목회자는 일 중심적이라 둔감해져 영 분별이 안 될 수도 있다. 다행히 사모는 영적으로 예민한 사람이었기에 잘 참아 주었다.

사람에 대한 오해는 나중에 드러나서 해결이 되었다. 그러나 당시에는 이단성이 교회를 삼킬 수 있어 사모에게 소리 지르고 너무 어렵게 했던 부분이 아마 많은 상처를 주었을 것이라고 생각된다. 그래도 사모가 살아 있는 순교자처럼 있어 주며 섬김 사역을 멈추지 않았다.

4) 선교지는 원혼이 서린 곳이 많아 영적인 부분을 위해 기도로 준비되어야 한다. 때로는 아이들을 때리면서까지 성적으로 문란해지지 않도록 엄하게 인도했는데도, 지금은 아이들이 잘 자라준 것에 대해 고마움을 전한다. 하지만 사모에게 폭언이나 강압적으로 행한 것들에

대한 것은 아직도 하늘로 먼저 보낸 사모에게 미안한 마음이 들며 상처로 남았다. 목회란 죽음의 길이라고 생각한다. 많은 사모들이 선교지에서 죽음을 맞는다. 그렇지만 선교사들은 영적인 특공대로 하늘의 부름을 받았기 때문에 영성이 깊어지면 세상에서 누릴 수 있는 것과는 비교할 수 없는 행복한 삶이 소명을 감당하는 것이기에 위로를 받는다고 생각하였다.

아. 참여자 H

1) 참여자 H는 중학교 때 선교사에 대한 비전을 품었고, 그 때문에 신학대학원을 지원하게 되었다. 국내 사역은 관심이 없었고 선교사가 되고 싶어 결혼 후 바로 정식 선교사로 출발하게 되었다. 그러한 이유는 단지 하나님 앞에서 멋있어 보이고 싶었고 특별해 보이고 싶었기 때문이었다.

2) 선교지에서 사역을 시작하자마자 현실은 잠깐 선교지를 다녀갈 때와는 너무나도 확연한 차이가 있었다. 선임 선교사의 인신 공격적 행동이 나타나기 시작했고, 그의 사모 또한 상급자의 위치가 되어 매사에 관여하기 시작하니까 너무 힘들어졌다. 한 명이 모든 관계를 흩어놓아 한 가정을 파괴로 끌어가고 있었다.

3) 사모에게 탈진이 왔기에 일곱 군데 원형탈모와 각종 질병으로 한 텀(term)이 끝나갈 무렵 번 아웃이 되었다. 또한 선임들 간의 견해 차이에 끼어 온 가족이 탈출구도 없는 2년 반 가량의 고통스러운 경험을 하였다. 사모가 받는 스트레스가 또한 극에 달했을 때 우연치 않게 사역지를 옮길 기회가 생겼다. 우연히 크리스천 무리를 만나 잠시나마 사역이 평탄하게 진행되었으나, 국내에 현실과 다른 소문이 돌게 되면서

돌아오게 되었다. 억울한 소문에 휩싸이고 질책을 받게 되어도 그에 대한 항변을 할 수 없고 묵묵히 지나쳐갈 뿐이다.

4) 한 사람의 왜곡된 관점으로 이루어진 태도는 타 교단 사람들의 입을 통하여 지적이 되어도 교단의 어른들이 조언을 해주지 않게 되다 보니 후임들만 억울한 누명을 입고 악평에 의해 후원마저 끊어지게 되었다. 올바른 이해가 되었으면 좋은데 여의치 않아 돌아와서도 함구하며 지내고 있었는데, 수년이 지난 지금에서야 진의를 알아주는 분들이 가끔 소식을 전하며 위로를 해주어 숨이 트인다. 하지만 여전히 상처가 회복되지 않아 대인관계를 이루어가는 데 아직까지 어려움을 겪고 있다고 회술하였다.

자. 참여자 I

1) 참여자 I는 복음에 대한 열정과 확신에서 가장 최고의 가치를 발견하였고, 그것을 전하는 것을 최고의 사명으로 여기면서 0000에 도착해 선교사역을 시작하게 되었다.

2) 교회성장을 위해 외적으로 보이는 영적인 열매가 없음을 고민하다 보이는 열매에 집착하여 문제가 발생되었다. 선교지에서 자신의 잘못된 욕망이 선교적으로 작용되어 00교회 시스템, 000시스템 등 여러 교회성장학적인 프로그램을 약 4-5년 정도 진행하다 잘못된 배움이라는 것을 깨닫게 되었다.

3) 복음의 진정성을 주지 못한다고 느끼면서 몸과 영이 모두 번 아웃되었고, 수혈을 받아야 하는 유행성 출혈인 댕기 열로 병원신세까지 지고 말았다. 개인적으로 한계를 자각하게 되니까 갈등문제도 해결이

안 되고 의욕도 잃어버리게 되며 몸이 안 좋아져 사역을 내려놓을 수밖에 없었다. 완전 긍정적인 스타일이고 낙관적인 성격이라 앞의 것만 향해 갔는데, 이것이 주위 사람들한테는 상처가 된 것 같다는 생각이 든다.

　기쁨도 없고 효과도 없는 선교사역을 스스로 속이며 개인적인 야망에 의해 균형을 맞추지 못한 채 진행하게 되었다. 하지만 이제는 그런 시간들에 조급해하지 않고 작은 것에 충실할 수 있는 기쁨을 얻게 된 것 같다. 가족들과 부딪히는 문제는 본인이 지닌 이상이 너무 숭고하고 높은 것이기에 현실적 삶에서 받아들이기 힘든 괴리감이 되었던 것 같다는 생각이 든다.

　4) 이러한 경험을 통하여 이젠 가정의 울타리 안에서 확고한 것을 잃어버리지 않기 위해 극단화를 버리고 균형적으로 다 수용할 수 있도록 노력하고 있다. 심리 상담적인 요소를 적극 수용하여 피상적인 대화를 하지 않도록 노력했어야만 했는데, 율법적 테두리 안에서 형식으로 끝나는 일이 심했던 것 같다. 이젠 선교사들 훈련하는 사역에 도움을 줄 수 있는 일을 준비하며 마음을 정리하며 지내는 중이라고 언급하였다.

차. 참여자 J

　1) 참여자 J는 하나님의 일을 위해 헌신해야겠다고 생각되어 교단 정식 선교사로 파송되었다. 선교지에서의 상황이 생각했던 대로 전개되지 않거나 보람되는 않는 사역들로 인해 실망을 가져왔다.

　2) 처음 시작과 달리 인간적인 생각들이 개입되며 헌신했던 보람을 느낄 수 없을 때 힘이 들기 시작하였다. 소진이 찾아와 한계라는 생각에 도달하게 된 것은 선교지 도착 후 몇 개월이 지나면서 시작되었다.

3) 선교사들은 하나님과의 약속을 지키기 위해 노력하지만 개인들이 약속을 지키지 않는 것이나 불법적인 일이 진행되고 있을 때 삶 전체에 영향을 가져오게 된다. 무엇보다도 사모에게 먼저 외부에 대한 단절감이 찾아왔다. 후원금에 대한 문제는 투명하지 않고 정직하지 않아 같은 공동체에서 신뢰성에 대한 어려움을 느꼈던 것 같다. 그러한 상황들로 인해 사모에게 대인기피 현상과 우울감이 찾아왔고 항상 답답하고 숨이 막힐 것 같은 심리적·정신적 문제가 발생되었다. 거의 2년간 방안에 갇혀 외부로 나오지 않는 죽음과도 같은 삶을 살고 있었다.

올바른 조언을 했다는 이유로 조직 내에서 왕 따를 당하고 후배들보다 더 대우를 받지 못하는 상황이 전개되며 사모를 너무 힘들게 만들었다. 중책을 맡기는 문제는 고사하고 점점 업무에서 밀리게 되는 현실은 단지 그들의 일에 협조하지 않고 이의를 제기하였다는 이유 때문에 당한 고통이었다. 사역자로서 가장 인정받아야 할 사모로부터 아무런 반응이 없어 힘들어지니 자연히 사역에 있어 의욕을 잃어버리게 되고 말았다.

4) 현지에서는 야당이 아니라 오로지 여당만 되어 주어야 한다. 그러한 상황으로 인하여 비판하는 자의 소리는 당연히 줄어들게 되고 자기 말만 다 옳다는 선임 지도자의 주장이 자연스러운 모습이 되었던 것이다. 한국으로 돌아온 지 일 년이 지나자 이제야 사모가 후유증을 딛고 대인과의 경계를 벗고 바깥으로 조금씩 나오게 되었다. 비록 특정인에 해당되고는 있지만, 대화를 나누는 시간을 갖는 여건이 비로소 열려지게 되어 이제야 마음을 놓게 된다고 회술하였다.

카. 참여자 K

1) 참여자 K는 한인교회에서 사역할 협력 선교사를 구하기에 자원하여 세 살짜리 어린아이를 데리고 아내와 함께 출발하게 되었다. 대학교 때 선교에 대한 꿈을 꾸고 있었는데 사역 중 서원한 것이 동기가 되었던 것이다.

2) 현지 사역은 본인이 기대했던 사역이 아니었다. 현지인의 제자교육이나 현지 목회자를 돌보는 일이 아닌 학교를 세우는 사역이었고, 2-3일의 수양회를 인도하는 사역 정도였다. 그것은 선교사가 감당해야 하는 일이 아니었기에 역할로 인해 한인사회에만 갇혀 파송자로서의 정체성을 잃어버리게 되었다. 적응하는 데 2년이 소요되었고, 살아가는 것에 2년, 사역고민으로 다시 2년을 매달리며 사명을 재확인하는 시간을 갖게 되면서 결국 담당 목회자와 부딪히게 되었다.

3) 개인에게만 해당되는 문제라면 이겨낼 수 있는데, 사모가 외부로부터 받는 스트레스 때문에 현지에서 살아내는 것 자체가 견디기 힘든 스트레스였다. 동기 선교사 일가족의 죽음을 지켜본 후 사모는 공황장애를 겪게 되었다. 선교훈련을 함께 받았음에도 불구하고 엘리베이터조차 타지 못할 뿐 아니라, 안력이 쇠하여져 좁은 곳에 있으면 견딜 수 없이 힘들어 하는 심각한 상황이 벌어지고 말았다. 그런 증상이 자주 나타나게 되며 부부간에 싸우는 횟수는 늘어났고, 그로 인해 사역에 대한 어려움이 발생되었다.

대처할 수 있는 방안은 한국으로 돌아오는 것 외에는 없었기에 결국 돌아왔다. 외부인을 만난다는 것이 불가한 상황이었기에 처가댁에서 지내며 안정감을 조금 찾게 되었고, 이제야 조금 회복되어가는 것 같다. 내 나라에서 산다는 것 자체가 안정감이 있다는 것을 깨달았고, 스트레스가 풀리니 부딪히는 일도 없어졌다. 사모는 운전도 하지 못하였는데, 이제야 다시 운전대를 잡을 수 있게 된 것 같다. 이러한 일이 발생된 것은 현지에서 지치게 되면서 사모의 말을 들어주지 않고 일방적으로 강요했던 소통방식이 건강적인 부분에서 나타나게 된 것 같다.

4) 현지에 사역자들을 위한 케어시스템이 있었다면 좋았을 것이라 생각을 하였었다. 전략적인 부분에 대한 훈련을 받았더라면 이런 어려움은 적었을 것이라는 생각이 들었다. 앞으로 사모에 대한 돌봄 훈련이나 교육이 선교지에 제공된다면 좋겠고, 상담심리를 갖춘 사역을 진행하는 계기가 열려지는 정책이 기대된다고 하였다.

F. 자료 분석 절차

본 연구는 수집된 자료를 기반으로 조사 대상자의 일반적인 특성 및 설문의 응답내용을 알아보기 위하여 각 척도의 변인에 대한 기술통계를 통하여 빈도분석을 항목별로 실시하였다. 이 분석방법은 조사 대상자의 일반적인 특성을 알아보기 위해 수집된 기초 통계자료에 대한 분포의 특성을 나타내는 백분율, 빈도 등 통계 값을 통한 기술 통계량을 파악하는 것이다. 따라서 이러한 분석을 통하여 질적 연구 대상자를 추출하였다.

질적 연구는 연구자가 지켜야 할 엄격성을 갖춘 윤리적 책임이 따르며 방법론적 정확성을 위해 그 파악에 있어 분명한 평가기준을 갖추어야만 한다. 질적 평가기준은 가치, 적용성, 일관성, 중립성을 갖추게 된다. 현상학적 이론은 자신의 판단을 중지하고 대상이 지각적으로 경험되는 모습에 주목하여 탐구하는 접근법이기 때문이다.

본 연구의 기초적 설계는 2015년부터 시작되었다. 2016년도에는 예비적인 문헌조사와 설문조사에 관한 준비과정이 진행되었고, 2017년부터 국내외 선교단체들의 협조를 받아 해외에 주재하는 선교사를 대상으로 온라인, 오프라인 조사가 실시되었다. 질적 데이터의 수집단계는 2017년 6-7월, 두 달간 진행되었다. 인터뷰 선별자는 선교사역을 더 이상 진행하지 않고 국내로 돌아와 다시 출국하지 않고 국내 목회사역으로 전향한 선교사들 12명을 결정하였다.

수집된 자료들은 체험되었던 과정에서 경험된 행동이나 느낌들 그리고 그 당시의 생각이나 의미 등을 그대로 수용하여 그 현상들에 관하여 주의 집중하였다. 동시에 대처방법에 관한 진술을 통해 현재의 자기발견을 돕도록 하였다. 또한 개인의 고유적 특성을 감안하여 진술된 체험기술을 분석하여 일상적 경험현상의 동질성과 차별성을 분리하였고, 상황적 내용이나 발견된 요인이 같은 의미로 판단되면 공통요인에 포함시켰다. 이러한 과정을 거쳐 연구에 참여한 선교사들이 현장에서 경험한 '탈진'에서 드러나는 현상들을 기술할 수 있었다.

Ⅳ. 선교사 탈진의 심리적 경험 양상

A. 기술자료 분석

1. 연구 참여자들의 기초자료 분석은 먼저 인구통계학적 분포로 실시되었다. 배경 변인인 인구통계학적 특성을 살펴보면 조사응답자 11명 모두가 기혼의 중년남성이었다. 연령분포로는 40대 54.5%, 50대 36.4%가 뒤를 이었다. 부양가족 수는 63.6%의 선교사가 3-4명의 가족을 부양하고 있었으며, 자녀 양육부분은 54.5%가 2명에 해당되었고, 자녀의 학급은 다중응답으로 대학생(54.6%)이 가장 많았다. 선교지 분포율은 대부분 동남아시아와 인도차이나로 8명(72.7%)이 해당되었다.

중도탈락 선교사 대부분은 40대 이상으로 중도포기를 결정하기에는 어려운 연령대임을 짐작할 수 있었다. 중년기는 생산성의 결실을 획득하고자 하는 발달단계로 자신의 인생에서 가치관에 따라 일에 전념하는 시기이기도 하다. 그럼에도 불구하고 사역을 접게 되었다는 것은 능력의 극대화를 이룰 수 있는 환경이 제공되지 않거나 자신의 존재에 대한 내면적 갈등으로 인하여 건강한 삶을 영위해 나갈 수 있는 안정된 환경의 부재일 가능성이 크다. 한편으로는 타 문화 속에서 자신의 가치와 신념이 어긋나며 다가오는 정서적 결과와 그로 인해 발생되는 문제에 대한 개선책이 공정하게 이루어질 가능성이 없다는 절망에서 선교사역을 중도 포기한 것으로 볼 수 있다.

2. 인구통계학적 기초통계 가운데 선교사역에 관한 사항을 살펴보면 현재 선교사역에 관한 여부에 있어 9명(81.9%)이 '하고 있지 않다'고 보고되고 있으며, 나머지 가운데 한 명의 경우 사유는 안식년이지만, 독립선교사로 차후 선교사 휴양센터를 세울 계획을 준비하는 중이었다. 다른 한 명도 독립선교사로 이전 선교경험을 바탕으로 유사한 선교사역을 할 계획을 세우고 있었다.

탈락한 선교사 대부분은 선교현장과 전혀 관계없는 일을 하고 있었고, 2명은 독립선교사로서 이전 선교기관과 연계되어 관계를 갖고 있지 않은 형태로, 돌아온 11명의 선교사는 모두 기존 선교기관과 결렬된 것으로 볼 수 있었다.

인구 통계학적 기초통계에 대한 조사결과는 다음에 나오는 표와 같다.

<표 4-1> 연구 참여자의 기초통계 분석

구분		빈도	백분율(%)
성별	남	11	100.0
결혼유무	기혼	11	100.0
연령	40대	6	54.5
	50대	4	36.4
	60대 이상	1	9.1
	합계	11	100.0
부양가족수	1-2명	3	27.3
	3-4명	6	63.6
	5-6명	1	9.1

	합계	100	100.0
자녀수	2명	6	54.5
	3명	3	27.3
	4명이상	2	18.2
	합계	11	100.0
자녀의 학급 (다중선택)	미취학	3	27.3
	초등학교	3	27.3
	중학교	1	9.1
	고등학교	2	18.2
	대학교	6	54.6
	합계	15	136.4
현재 선교사역여부	하고 있다	1	9.1
	하고 있지 않다	9	81.8
	안식년	1	9.1
	합계	11	100.0
선교지	동남아시아	6	54.5
	인도차이나	2	18.2
	아프리카	1	9.1
	아메리카	2	18.2
	합계	11	100.0
선교기간	1-5년	3	27.3
	6-10년	4	36.4
	11-15년	2	18.2
	16년-20년	2	18.2
	합계	11	100.0
사역기간	3-5년	4	36.4
	6-10년	3	27.3
	11-15년	2	18.2
	16년 이상	2	18.2
	합계	11	100.0
선교형태유형	정식 선교사	9	81.8
	협력 선교사	2	18.2
	합계	11	100.0
선교지의 출석교인수	10명 미만	1	9.1
	31명-40명	1	9.1
	41명 이상	9	81.8

	합계	11	100.0
월사례비(교단 후원금, 외부사례비, 소득포함)	1000불 미만	1	9.1
	1000-1500불 이상	4	36.4
	1500-2000불 미만	2	18.2
	2000-2500불 미만	3	27.3
	2500불 이상	1	9.1
	합계	11	100.0
사역시간 (1주 기준)	20시간 미만	3	27.3
	30-40시간	2	18.2
	40-50시간	3	27.3
	50시간 이상	3	27.3
	합계	11	100.0
여가시간 (1주 기준)	전혀 못 갖는다	3	27.3
	1-2회	6	54.5
	3-4회	1	9.1
	5-6회	1	9.1
	합계	11	100.0
정기휴가 횟수	전혀 못 갖는다	1	9.1
	연 1회	9	81.8
	연 2회	1	9.1
	합계	11	100.0

"선교사역을 위협하는 문제들은 무엇인가?"라는 질문에 대한 응답은 다음과 같다.

<표 4-2> 선교사역을 위협하는 갈등 및 대응유형

부부문제 원인 무응답 3명	정서적 문제	3	37.5
	금전적 문제	2	25.0
	기타	3	37.5
	합계	8	100.0
자녀와의 갈등정도	심함	2	18.2
	보통	3	27.3

	가끔	6	54.5
	합계	11	100.0
현지교인과의 갈등정도	매우 심함	2	18.2
	심함	3	27.3
	보통	2	18.2
	가끔	4	36.4
	합계	11	100.0
현지인들과의 갈등정도	심함	5	45.5
	보통	4	36.4
	가끔	2	18.2
	합계	11	100.0
선교단체와의 갈등정도	심함	4	36.4
	보통	5	45.5
	가끔	2	18.2
	합계	11	100.0
동료 선교사와의 갈등정도	매우 심함	4	36.4
	심함	3	27.3
	보통	3	27.3
	가끔	1	9.1
	합계	11	100.0
성경과 기도생활 등 영성생활	하루에 3시간 이상	3	27.3
	하루에 2시간 이상	3	27.3
	하루에 1시간 이상	5	45.5
	합계	11	100.0
가족과의 대화시간	하루에 2시간 이상	5	45.5
	하루에 1시간 이상	2	18.2
	하루에 30분 이상	4	36.4
	합계	11	100.0
전문상담기관 이용 여부	반드시 찾아 간다	5	45.5
	고려해 보겠다	6	54.5
	합계	11	100.0
선교 컨설턴트 기관	매우 필요	8	72.7

필요 여부	필요	3	27.3
	합계	11	100.0
선교사역 이전에 심리상담과 관련된 교육이수 여부	있다	8	72.7
	없다	3	27.3
	합계	11	100.0
교육받은 후 도움이 되었는가? (무응답 3명)	매우 도움이 되었다	3	37.5
	도움이 되었다	5	62.5
	합계	8	100.0

B. 연구 참여자들의 진술에 대한 질적 사례연구

본장은 앞(IV-A)에서 설명한 대로 총 11명의 연구 참여자들과의 심층 인터뷰의 결과로 입수된 질적 데이터를 입력하여 분석하였다. 첫째, 기본적 자료로 인적사항을, 둘째, 연구 참여자의 진술내용을 개별적 특성으로 정리했다. 셋째, 선교사들이 심리적 고통을 경험하는 과정에서 어떠한 유형의 탈진 경험인지에 대해서 그리고 심리적 경험의 틀을 정리했다. 139개의 의미 단위를 42개의 심리적 구성요소로 종개념(specific concept)을 정리하였고, 심리적 주제 안에서 동일한 성질을 가진 여덟 가지 유개념(generic concept)을 추론해내는 범주화 작업을 실시하였다.

1. 연구 참여자들의 심리적 경험과 공통속성

본 장은 탈진 경험 참여자들의 상황을 기술함에 목적을 두고 있다.

선교사역 중 심리적 고통을 경험했던 11명의 선교사들을 대상으로 탈진경험과 그 대응과정에 있었던 심리적 경험들의 형태는 어떻게 나타났는지에 관해 인터뷰를 통하여 탐색하였다. 인터뷰 가운데 드러난 139개의 의미 단위를 통하여 42개의 심리적 구성요소를 정리하였고, 그것을 통하여 결과적으로 긍·부정성의 영역 여덟 가지 대응과정 부분에서 공통요인으로서의 심리적 의미인 범주 개념을 도출해 내게 되었다.

<표 4-3> 구성적 의미를 통하여 도출된 주제와 범주

범주	주제	구성적 의미
1) 분노와 공허감	(1) 선임 선교사의 일방적인 선교 운영방식에서 오는 압박감	1) 선임 선교사의 가치와 신념 강조 및 추종을 강요함 2) 자신들의 일방적인 요구만 주장함 3) 동등한 관계로 보지 않고 자신의 방식만을 고집함
	(2) 동료 선교사와의 관계에서 오는 경쟁과 시기심	4) 팀 사역 현장에서의 오해를 풀 수 있는 소통 시간의 불충분함 5) 사역자 간에 자신들의 편이 되어주기를 원함에서 오는 갈등 6) 관계의 갈등으로 인한 업무 협동이 불가함
	(3) 초임 선교자의 배려와 지원에 대한 부족함으로 인한 실망	7) 후임에 대한 배려보다 자신들의 이익을 채우고자 하는 태도에 대한 실망 8) 처음 선교지에 정착 시 정보 및 도움 제공에 대한 기대를 온전히 버리게 함
	(4) 운영방식 중	9) 헌금 사용 개념에 대한 차이로 인한 어려움

	재정 사용에 대한 인식 차이로 발생되는 문제	10) 지속적인 물질요구로 인한 갈등 11) 물질 사용에 대한 이견으로 인한 갈등 12) 선임의 가식적 태도와 포장된 어려운 모습으로 재정 축적에서 오는 실망감 13) 재정의 불투명성과 정직하지 않음에 대한 어려움
	(5) 선교관과 운영방식 간의 이견 차이로 인한 문제	14) 사역지 언어습득에 대한 선임과의 이견 차이로 인해 난감함 15) 외적 태도에서의 임기응변식 거룩한 거짓말 및 선교운영방식의 불일치로 인한 갈등 16) 선임 선교사들 간의 의견충돌 발생 시 중간입장에서의 대처에 대한 어려움 17) 인간적인 방법과 불법적 운영을 보며 사역에 보람을 느끼지 못하고 괴리감에 의한 내적 갈등 경험 18) 선임이 중요하게 생각하는 사역과 본인이 생각하는 차이로 인한 갈등
	(6) 신념의 차이에 따른 지속적인 인내에서 오는 어려움	19) 본인이 원했던 사역과 실제로 진행하게 되는 사역의 다름에 대한 어려움 20) 선임의 삶과 신앙이 일관되지 못하고 물질 우선적 태도로 일관하는 모습에 대한 씁쓸함 21) 돌아가는 선교사역에 대한 괴리감
2)자존감 손상	(7) 선임 선교사의 자기중심적인 권위주의적 태도로 인한 스트레스	22) 비합리적 방식과 율법적이고 권위적인 태도로 일관하는 인신공격성 발언에 대한 스트레스 23) 잘못에 대한 이유도 모른 채 혼이 나는 고충 24) 타인의 말을 듣지 않으려는 불일치의 의사소통 태도로 인한 어려움

(8) 선임 선교사 가족의 끊임없는 충고로 인한 스트레스	25) 선임 선교사의 아내가 하는 충고와 모욕적인 언사를 참을 수 없음 26) 타인 앞에서 아내를 혼내는 태도 27) 선임 선교사 아내의 업무개입과 끊임없이 멸시하는 태도로 인한 모멸감	
(9) 협력하는 선교사들의 태도로 인한 가족의 스트레스	28) 협력하는 선교사들과의 지속적인 갈등으로 인한 스트레스 29) 불법적인 부분들과 선교사들이 해야 할 일을 주변의 다른 사람들에게 전가시키는 태도	
(10) 현지 교인과의 갈등	30) 선교사들을 부목사 개념처럼 청빙함 31) 한국교회가 자신들을 오해하고 비하적인 태도로 무시하는 것에 무척 불쾌해함 32) 신앙관 차이에서 오는 현지 교인과의 갈등 33) 한쪽 영역에만 집중하다 보니 현지 교인과의 갈등이 생김 34) 선교사와 교인들이 가진 영적인 영역의 차이로 인한 갈등	
(11) 한국의 후원 교회와 한국 교인과의 갈등	35) 후원교회가 선교사들의 개별적인 특성과 상황에 대한 이해를 하지 못함 36) 후원교회가 원하는 사역과 현지사역과의 불일치로 인한 갈등 37) 후원약속을 지키지 않는 후원자와 전달을 해주지 않는 중간대상으로 인한 재정적인 어려움	
(12) 선교국과의 관계로 인한 어려움	38) 상부선교기관의 정치적 요소로 인한 어려움 39) 선교국의 재정사용 원칙미비에 대한 혼란스러움 40) 현지 선교사의 의견이 받아들여지지 않음.	

			41) 선교국의 행정절차에 대한 낙담 42) 선교국의 선교사 관리에 대한 미흡에서 오는 실망감 43) 선교국의 재정적 관리 및 일반적 통보 방식에 대한 불편함
		(13) 선교지 환경에서 오는 지속적인 스트레스로 인한 가족과의 갈등	44) 자녀의 정체성 혼란 및 학교진학에 대한 고민 45) 자녀들의 현지 교육 및 적응에서 오는 혼란과 진로에 대한 문제 46) 아내의 향수병으로 인한 우울증 발생 47) 불안정한 경제적 상황에서 오는 가족들의 어려움 호소 48) 아내로부터 인정을 받지 못함
		(14) 언어·문화의 이질적 환경으로 인한 사역 부적응	49) 새로운 환경에 대한 사모의 어려움 50) 사전정보 부족으로 인한 현지적응의 고충 51) 현지어 습득 및 언어 구사의 어려움으로 인한 부적응의 상황전개
3) 감정적 고갈과 무력감		(15) 탈진으로 인한 신체적 증상	52) 살이 빠지고 눈에 실핏줄이 터짐 53) 수면시간 부족으로 인한 병이 발생 54) 신체적 이상으로 인해 탈진이 찾아옴
		(16) 탈진으로 인한 심리적·정신적 증상	55) 사역의 성과가 나타나지 않아 위축감 경험 56) 관계 속 소외에서 오는 자신의 존재의 전락에 따른 좌절감
		(17) 탈진으로 인한 영적·신앙적 증상	57) 영적 유혹에 넘어지기 쉽게 됨 58) 어둠의 세력과 싸우는 것이 가장 힘들게 다가옴 59) 영적으로 부족함을 느낌과 동시에 선교를 하지 말아야겠다는 생각이 들게 됨.

4) 고립된 삶의 태도	(18) 인내의 한계로 인한 중도포기 증상의 시작	60) 갈등의 지속적인 인내로 인해 포기하고 싶은 마음이 생김 61) 관계갈등 실패감으로 선교 포기 감정 생김
	(19) 선교지의 부정적 상황에 대한 대인관계 회피적 증상	62) 관계적인 어려움을 회피하고 타교단의 사람들과 지내게 됨 63) 말수가 줄어들고 점점 말이 없어지게 됨 64) 방임적 태도와 의욕이 상실됨
	(20) 분리를 통한 사역지 이탈	65) 갈등지역에서의 분리를 통해 사역지에서 이탈하게 됨 66) 갈등의 근원지에서 분리를 위해 한국행 비행기를 타게 됨.
5) 회피적 방어기제	(21) 억압을 보상과 승화로 가족관계의 협력에 의한 스트레스 해소	67) 억압상황에서 아내와의 대화를 통하여 스트레스 승화 68) 억압에서 아내와의 상담을 통하여 보상을 통하여 극복함 69) 억압적 상황에서 자녀의 이해와 신뢰로 인한 보상 70) 억압된 상태에서 자녀가 부모에게 고마워하는 태도로 보상
	(22) 동일시와 대치로 동료의 지지에 의한 외로움 극복	71) 사역으로 인한 외로움을 같은 팀이라는 동일시로 극복 72) 아내가 임신한 어려운 상황에서 자기교단 선교사의 무관심에서 타 교단 선교사의 도움이 돌봄으로 대치되어 받음. 73) 동료가 자신의 어려움을 동일시로 이해하고 지지함
	(23) 보상과 해리로	74) 한국으로 일시 귀국하여 해리로 상담을 진행함

	한국에서의 도움으로 탈진현상 극복	75) 한국가정 섬김으로 인한 보상으로 탈진증상에서 호전되어짐 76) 따뜻한 관계 회복으로 인한 해리로 스트레스를 받지 않음
	(24) 상담과 심리치료 등 외부 도움을 통한 극복	77) 선교지에서도 전화로, 지속적인 상담을 통하여 도움을 받음 78) 처음에 자신을 도왔던 사람과 상담을 하고 승화시켜 한국에 올 때마다 정신과를 찾아감
	(25) 투사와 전이를 바탕으로 보상, 합리화, 동일시로 영적 생활의 회복과 소명, 재확신으로 인한 극복	79) 가정예배를 매일 드림과 자녀의 신앙고백으로 투사-전이-보상으로 갈등 해소 80) 투사-전이-동일시로 매일 기도생활을 통하여 극복함 81) 투사-전이-합리화 기제를 통해 하나님과의 약속을 지킴
	(26) 보상과 합리화로 선교지의 사역결실로 인한 만족감	82) 선교지에서 가르친 학생들이 우수한 한국기업으로 취직되는 사례로 보상 83) 현지인들이 진정한 예배드림을 볼 때 만족감 84) 한국교인들보다 변화가 잘됨으로 보상 85) 현지에서 사역의 결실이 크게 나타남으로 보상
	(27) 중도포기에 대한 선배 권고 수용	86) 선임 선교사의 배려적인 측면에서 중도포기 권유를 수용함
	(28) 가족의 건강 악화로 인한 중도포기	87) 사모가 인내하다가 000암(cancer)이 걸림 88) 극심한 스트레스로 사모들에게 자주 원형탈모가 발생함 89) 사모의 우울증이 심화됨

			90) 공황장애 및 비문증이 발생함
6) 중도포기의 가속화	(29) 동료 선교사의 갈등심화와 부적응으로 인한 중도포기		91) 관계갈등 심화로 인해 중도포기가 됨 92) 준비된 선교의 실패감과 위축감 극대로 인한 포기
	(30) 현 상황에서 벗어나고자 하는 도피 욕구로 인한 중도포기		93) 한국으로 돌아오는 것이 대처방식이었음
7) 삶의 의미 발견 및 자아상 성숙	(31) 탈진 경험을 통한 진정한 선교운영방식 깨달음		94) 사랑과 공의로 운영하는 것이 선교의 기초라고 깨달음 95) 갈등시 대화를 통한 해결방안 도모 96) 탈진을 극복할 수 있는 방법을 찾아나감 97) 필요했던 선교방식을 깨닫게 됨
	(32) 선교사에 대한 소명의식 강화와 정체성 확립		98) 문제를 해결하는 역할을 맡음 99) 안정과 회복이 이루어짐 100) 선임 선교사로서의 자세를 깨닫게 됨 101) 교인들이 바라보는 선교사로서의 모습대로 살아가야 함을 깨달음
	(33) 이전보다 깊고 의미 있는 거듭난 신앙생활의 영위		102) 시련을 통하여 신앙의 성숙이 이루어짐 103) 새로운 사명을 깨닫게 됨 104) 하나님의 치유와 인간관계훈련임을 깨닫게 됨 105) 작은 것에 충성할 수 있는 기쁨을 얻음
	(34) 추후 선교지 사역에서 필요한		106) 은퇴선교사 파송 비전을 가지게 됨 107) 상담의 필요성 및 상담목회 비전을 가짐

	영역의 발견	108) 선교사들을 현장연구원으로 임명하여 연구를 진행함 109) 비자문제 해결의 중요성을 강조하게 됨 110) 세계 선교지의 선교사들을 위한 위로사역이 필요함 111) 전문인선교사 양성에 대한 비전을 품게 됨 112) 분명한 일 분배와 전략적 부분의 필요성을 깨달음
	(35) 한국 귀국의 결정적 요인으로 작용함	113) 영적으로 메마르게 됨 114) 이성을 잃어버리는 느낌을 받게 됨
	(36) 현재 한국 사역에서의 밑거름 마련	115) 가족의 중요성을 깨달음과 동시에 가정예배를 반드시 드리게 됨 116) 상처가 자산이 됨 117) 교인들이 바라보는 모습대로 살아야겠다고 다짐하게 됨
	(37) 선교사 파송 전 관계성에 대한 사전예방 교육의 필요성	118) 교육 및 자격검증 필요함 119) 이해와 소통의 교육 필요함 120) 상호관계의 중요성 및 상담교육이 필요함 121) 관계성에 대한 사전 훈련이 필요함
	(38) 소통을 통한 통합적 지원의 필요성	122) 본부와 현장 간의 소통의 대화가 필요함 123) 전문상담사가 선교지에서 일대일로 필요함 124) 순회선교사적인 타이틀로 상담전문가가 현지를 방문해주는 제도가 필요함 125) 상담학 전문인들의 찾아가는 상담서비스가 필요한 시대가 되었다고 생각함 126) 선교사 자녀들의 상담 필요

8) 대안적 대응방식희구(希求)		127) 영적·심리적 지원 필요 128) 전문 상담 및 멘토의 필요성
	(39) 안식년 선교사들의 정기적 검증 시스템 확보 및 교육 진행	129) 선교사 훈련시절이나 안식년 시절에 전문적인 정서적·심리적 안정과 치유가 필요함 130) 안식년 선교사들에게 객관적으로 자신을 바라볼 수 있는 교육을 진행함
	(40) 파송단체의 선교사들에 대한 관심과 케어 필요	131) 재정지원의 제도화 희망 132) 소환, 징계 권한을 선교부에 넘겨주거나 외부적 개입이 필요함 133) 교단의 객관적 판단 및 영적 돌봄 필요
	(41) 중도포기 선교사에 대한 대책 마련 및 회복에 대한 도움	134) 단순 돌봄이 아닌 세분화된 돌봄 필요 135) 상담 접근 및 심리치료 및 선교국의 인식 전환이 필요함 136) 집중적 케어 및 한국에서 자신의 상태를 돌아볼 수 있는 시간을 가짐
	(42) 영적 부분의 회복을 통한 극복	137) 기도와 말씀 등 영적인 생활의 회복을 통하여 극복하게 됨 138) 하나님과의 관계 회복을 통한 회복이 이루어짐 139) 영적 훈련을 통해 영적 충전을 받음

2. 탈진 경험 참여자들의 심리적 현상에 대한 해석

【범주 1】개인의 개별성과 가치관 배제에서 오는 분노와 내적 공허감

<u>주제 (1): 선임 선교사의 일방적인 선교 운영방식에서 오는 압박감</u>

　선임 선교사들의 일방적인 견인 및 운영방식은 후임 선교사 개개인의 개별성을 간과하는 결과를 가져왔고, 자신의 가치관이 배제되었다는 심리적 경험은 자존감을 위축시키며 허탈감이 들게 만들었다.

　(참여자 A)

　"선임의 임기응변식 논리와 거짓말과 억측으로 관계하는 모습을 보고 신뢰가 무너지고 상처를 받기 시작했어요. 선임 선교사의 아내로부터 받은 상처는 더욱 고통스러웠고, 자기방식적인 태도 때문에 힘들었습니다."

　(참여자 C)

　"맨 처음 개척선교사들, 일 세대 선교사들이라고 하는데 일단 자기는 다 옳아요. 불모지를 개척했기에 자기를 따라야 하고, 우리는 다 모른다고 생각해요…."

　(참여자 E)

　"아내가 임신한 상태인데 도와주지 않았고, 자신들이 원하는, 이미 정해진 사역을 진행하는 방식에서 늘 자신들의 요구만 주장했어요…."

　(참여자 H)

"가자마자 선임 선교사님께서 발톱을 드러내기 시작했어요. 선교사가 되기 전에는 좋은 말로 하시다가 선교사가 되니까 잡으려고 했던 것 같아요. 그래서 아내에게 그날 밤에 전화해서 여기 오래 못 있겠다고 했어요. 저는 정식으로 훈련받고 간 선교사인데 동등하게 보지 않고 후임으로 생각하니까 안 되는 거죠…."

주제 (2): 동료 선교사와의 관계에서 오는 경쟁과 시기심

동료 선교사들과의 경쟁에 따르는 심리적 대립상태의 연속과, 선임 선교사로부터의 심리적 압박감 그리고 동료 선교사들 간에 빚어지는 갈등은 사역 진행에 있어 이중적 부담감을 초래하였다.

(참여자 B)

"팀 사역이라서 만나지 않을 수 없었고, 현장에서는 오해나 곡해도 많은데 일을 하다 보니 충분히 소통시간이 없어 나중에 풀기도 하고…."

(참여자 C)

"선교지에서 가장 큰 어려움 중 하나는 사역자 간에 갈등이거든요. 처음에 갔을 때 스트레스를 많이 받았던 것 같아요. 다른 선교사님들이 두세 명 있는 곳이었어요. 네 번째 선교사라는 분은 처음 들어가신 분과 사이가 안 좋았고, 그리고 자기의 편이 되기를 원했는데 그렇게 안 되니까 좀 서운해 하셨어요. 저는 언어공부를 하려는데 계속 놀러가자고 해서 처음에 그런 부분이 많이 어려웠던 것 같아요…."

(참여자 E)

"같은 교단 내에서도 선교사들은 OOO교단 출신이 많다 보니 미묘한 것이 있었어요. (중략) 관계는 좋지 않았죠. 그래서 서로 일을 같이 안 했어요. 동료갈등 그 한 가지 때문에 열 받는 거죠. 돌아가더라도 잘할 수 있을까? 에이, 그냥 가지 말자. 이러는 거죠."

<u>주제 (3): 초임 선교자의 배려와 지원에 대한 부족함으로 인한 실망</u>

초임 선교사의 정착을 위한 심리적 지지와 지원에 대한 선임들의 무관심한 태도는 안정적인 정착을 기대하며 도착한 정착지에서 심리적 지지선이 무너지는 경험을 하게 만들었고, 그로 인해 초래된 섭섭함과 실망감은 심리적 불안정을 가져왔다.

(참여자 C)

"짐을 부탁해서 가져오는 것부터 전해준 정보가 우리를 위한 것이 아니라 자기를 위한 정보였던 것, 말 하나부터 꼬투리를 잡는 것, 밥 한번 대접받으면 우리는 몇 번을 더 대접해야 되고, 자기 밑에서 뭔가 잘 도와주기를 바랐어요."

(참여자 E)

"선교지로 갈 때, 예를 들어서 선배들이 어느 정도 해주는 줄 알았어요. 해준다는 게 물질적인 것이 아니라 후배를 끌어주는 건데. 가서 보니 다시 부목사더군요. 그러니 어려웠지요…."

주제 (4): 운영방식 중 재정사용에 대한 인식 차이로 발생되는 문제

　　선교사 개인이 지닌 재정원칙이나 운용방식 그리고 타선교사들과의 재정사용 방법이나 인생태도의 상이함은 심리적 갈등을 초래하였고, 갈등의 축적은 심리적 소모를 가져왔다.

　　(참여자 A)

　　"선교지에서 가장 고통스러웠던 부분은 물질적인 부분이 많았어요. 내가 돈이 있는 것을 알고 있으니까 계속해서 돈을 달라고 해서 마음이 어려웠어요. 선교사는 돈을 철저히 관리하는 사람이기에 재정훈련이 필요하다는 생각이 들었어요. 또한 돈을 빌려갔으면 갚아야 하는데 그냥 선교비라고 생각하는 게 참으로 어려웠어요. 또한 개인 사비로 선교센터를 지어주자 처음에는 은퇴 후에 자유롭게 오라고 하더니 나중에는 현금을 요구했어요. 나보고 무조건 돈을 내라는 식의 방식으로 인해 갈등이 생기기 시작했어요. 또한 선교지에서 한국어를 가르치는데 당연히 학교에서 비용을 지원해야 하지만 돈이 없다고 하면 그냥 개인 사비를 사용했어요."

　　(참여자 E)

　　"선임 선교사는 돈 욕심도 많고, 자기만 생각하고 남은 다 틀리고, 틀렸다고 말하면 관계가 또 틀어지고…."

　　(참여자 H)

　　"평상시에는 좋은 차 타고 좋은 것 먹고 좋은 집에 산단 말이에요. 그런데 선교 팀이 오면 낡은 차를 타고 돈이 없는 척을 해요. 그렇지

않은데 말이에요."

(참여자 J)

"아내는 저희 교단이 아니었어요. 저를 보고 000교단으로 왔는데 교단이나 교회가 후원금에 있어서 왜 그러는지 또한 선교지에서는 후원금 사용에 대해서 왜 그러는지 모르겠다고 했어요. 재정적인 부분에 대해서 투명하지 않고 정직하지 않은 부분이 많이 있어서 매우 어려웠어요."

주제 (5): 선교관과 운영방식 간의 이견 차이로 인한 문제

선임 선교사와의 선교관과 운영방식의 시각 차이는 자신의 선교가치관과 대립 및 갈등을 가져왔고, 또한 표리부동한 선임들의 모습으로 야기되는 지속적 충돌은 심리적·정서적 고통을 초래하고, 사역헌신의 후회를 경험하게 하였다.

(참여자 B)

"살아야 하기에 소수부족의 언어보다 먼저 주 선교지의 언어부터 했어요. 그런데 선배 선교사들의 의견이 달랐죠. '누구 한 명은 주 언어에 탁월해야 한다, 어느 사람은 부족 언어를 해야 한다.'고 했죠. 나중에 저는 주 사역대상이 소수부족이기에 부족언어에 집중했고, 결국 주 선교지 언어를 먼저 해야 한다는 선교사와는 갈등이 생겼죠…."

(참여자 E)

"선교사역이 외부적으로는 거룩한 거짓말이 많았고 내부적으로는 사역이 없었어요. 예를 들어서 어떤 선교사는 '밖에서 듣기에는 자리만 지켜도 은혜다!'라고 말하는데, 사실 타 지역은 선교를 더

잘하고 있었죠…."

(참여자 H)

"저를 뽑으셨던 OOO선교국장님이 저와 같이 사역을 하게 되었어요. 이러다 보니 저는 선임이 두 분이 생기고, 두 분의 사역이 서로 다르시니까 두 분 사이의 의견충돌에 끼여서 힘들었죠. 사모도 힘들고 애기도 힘들었어요…."

(참여자 J)

"선교지에서 상황이 저희가 생각했던 대로 전개되지 않거나 보람되지 않는 사역일 때 어려웠어요. 예를 들면 기존 선교사님들의 사역을 도우면서 실망이었죠. 처음에 좋게 시작했지만 나중에는 인간적인 생각이 개입되고 불법적인 것도 보이고…. 저희가 헌신했던 보람을 느낄 수 없었을 때 힘들었습니다."

(참여자 K)

"적응하는 데 2년 정도 소요되었어요. 어떻게 살아갈까 2년 정도, 사역고민 때문에도 2년 정도요. 때문에 언어공부를 하게 되었고 사명에 대한 부분을 다시 확인하면서 교회가 어떻게 현지사역을 할 수 있을까 고민하면서 선임과 부딪쳤어요."

주제 (6): 신념의 차이에 따른 지속적인 인내에서 오는 어려움

선교사의 정체성에 관한 신앙적 윤리관에 위배된다고 느껴지는 선임의 행동을 지켜보며 초래되는 갈등과 심리적 압박감은 악화일로의 심리적 상태로 치닫게 만들어 인내심이 고갈되어 가고, 그로 인해 중도포기에 대한 심리상태가 싹트게 되었다.

(참여자 E)

"선교사들은 약간 부수적인 일들을 처리하는 데 부목사처럼 공고해서 청빙하는 개념이었던 것 같아요. (중략) 제가 생각했던 선교는 현지인과 먹고 마시고 함께 사는 사역이었는데, 제가 간 곳은 도시사역이었단 말이에요. 한인교회 중심으로 선교사역이 시작이 된 거죠…."

(참여자 H)

"교단에서 높은 사람이 오면 사모님이 난리가 나요 시장가서 제일 좋은 과일, 해산물까지 좋은 것으로만 준비하죠. 그런데 부목사들이 오면 거들떠도 안 봐요. 이런 게 상처죠. 삶과 신앙이 일관되어야 하고 선교지도 마치 유전무죄 형태가 이끌어가는 거 같았어요…."

(참여자 K)

"현지에서 어떤 부분에서 사역을 하는지 인지하고 뛰어들었어야 하는데, 현지의 사역은 우리가 기대했던 사역이 아니라 학교를 세우는 사역이 진행되었어요. 현지 교회를 도우면서 사역을 하거나 현지인을 위한 제자교육을 하였다면 사역에 좀 더 집중할 수 있었을 텐데. ㅇㅇㅇ학생들을 위한 학교를 세우는 것이었고, 현지 교사를 가르칠 수 있는 리더의 역할로 섬겨줬으면 좋았을 텐데, 서로 사역하는 방향이 달랐어요."

【범주 2】 자존감 손상 (배려와 존중감 결여로 인한 갈등)

주제 (7): 선임 선교사의 자기중심적인 권위주의적 태도로 인한 스트레스

권위적이고 자기중심적이며 비일관성의 감정적인 성향을 지닌 선임자들이 개인 신념의 잣대를 가지고 존중하지 않는 태도로 합리적이지 못한 질책을 가하게 될 때 의사소통이 차단되고 존경심이 사라지며 의욕이 상실되었다.

(참여자 E)

"하도 뒤집기를 잘하니까 계속 그런 사람이다 하면 불쌍하게 보겠는데, 상황에 따라서 자꾸 바꾸니까 이해가 안 돼요. 비합리적인 것은 못 참겠어요. 남에게는 율법적이고 권위적이면서 본인에게는 은혜적으로 하는 것이 이해가 안 돼요. 타 선교사가 재산이 있다고 욕하면서 본인도 아파트가 있거든요. (중략) 우리 아내는 갈등 속에서도 선임에게 더 잘했죠. 아프다 하면 죽도 끓여주고, 풀려고 노력했는데 그걸 왜곡하거든요. 남편이 죽을 것 같으니까 왔다고 혼내고, 그렇게 오해를 하고 매도해 버리니까 아내도 돌아와서 사람들에 대해 경계하게 되고…."

(참여자 H)

"선임이 되어 보니 후임이 오면 이해할 수 있는 게 많거든요. 그런데 몰라서 그런 거니까 알려주면 되는데, 몰라서 한 것을 계속 지적을 하는 거죠. 어떨 때는 무엇을 잘못했는지도 몰라요. 저뿐만 아니라 모든 후임 선교사들이 공통적인 어려움일 거예요. (중략) 그분 밑에서 있었던 선교사들이 힘들었던 것은 인신공격성 발언 때문이에요. 선배고 선임이고 하는 부분에 대해서는 충분히 인정하지만, 그것 외에 권위자로서 행동하지 못했을 경우에 '어떻게 저렇게 후임 선교사를 대할까.'라는 생각이 들어요. 만약 잘못된 부분을 말로 하면 인정하지만 다 모함이거든요."

(참여자 J)

"현지에서는 본인들의 왕국이 되었기에 좋은 야당이 아니라 여당만 되어야 해요. 어느 순간 자기 말은 다 옳고 자기를 비판하는 다른 사람의 말은 다 적이 되니까요."

주제 (8): 선임 선교사 가족의 끊임없는 충고로 인한 스트레스

선교사 간의 문제에 국한되지 않고 일상적인 관계에서 발생되는 문제에 관해 선교사 사모로부터 듣게 되는 책망이나, 아내가 다그침을 받게 되는 상황은 상당한 모욕감을 느끼며 심리적으로 갈등에 처하도록 몰아갔다.

(참여자 A)

"아내가 선임 선교사한테 상처를 입는 것은 참겠는데, 선임 선교사의 아내에게 상처를 받는 것은 못 참겠다고 했어요. 그 이야기는 선임 선교사보다 그 아내의 파워가 더 세다는 것이에요. 선임 선교사는 우유부단하기에 선임의 가족으로 인해 문제가 생기는 거예요."

(참여자 E)

"외국에 가니 가족을 지켜야 하는 의무가 있는데, 선임 선교사의 아내가 나의 아내를 혼을 내더라고요. 우리 선배 자녀들이 보게 되었고, 그것을 집에 가서 말해 제가 전해 듣게 되었어요…."

(참여자 H)

"선임 선교사님이 하라는 대로 하겠는데, 사모님이 관여하기 시작하니까 그게 더 힘들어졌죠. 선임 선교사 사모님이 개입하는

데 가정적이나 삶의 부분이나 대중없는 거 같아요. 눈에 거슬리면 다 참견하셨으니까….”

주제 (9): 협력하는 선교사들의 태도로 인한 가족의 스트레스

갈등상태에서 빚어지는 협력 선교사와의 관계는 유연하게 처리되지 않았고, 가족까지 개인적 일에 가담시켜 부당한 권리를 추구하는 태도에 선교사의 정체성이 흔들렸다.

(참여자 C)

"협력 선교사와의 갈등을 전혀 못 풀고 비극적으로 마치는 경우도 꽤 있었어요. 저희도 대외적으로 협력 선교사로 들어오는 분들이 있었어요. 처음에는 거부하다가 받게 되었는데, 늘 행복하게 끝나지 않았어요."

(참여자 J)

"아내는 매뉴얼이 있어야 사역을 진행하는데 그때그때 시키는 일들로 힘들어했어요. 또 불법적인 부분이 이루어지고, 다른 선교사들이 자기들의 할 일을 우리에게 시키는 일들이 이해가 안 되었어요…."

주제 (10): 현지 교인과의 갈등

선교사를 부수적인 일을 하는 고국의 부목사 개념으로 처우하는 문제와, 선교국과 선교지의 기대 차이에서 빚어지는 오해 및 성서적 윤리에 어긋나는 행동들이 설교자의 강한 내재적 신념과 부딪히며 투사에 의한 저항을 받게 되었다. 그로 인해 불거진 영적 갈등은 선교의 지속가능성을 위협받게 되었다.

(참여자 F)

"내가 할 수 있는 영역이 있고 현지교인들이 해줘야 하는 영역이 있는데, 너무 큰 차이가 있어서 리더십이 어려웠어요. (중략) 현지교인들은 한국교회가 자기들을 오해하고 무시하는 태도, 왜곡된 태도에 대해서 굉장히 불쾌해 했습니다."

(참여자 G)

"그 당시 교회의 분위기가 나를 싫어하는 입장이었어요. 교회를 이끌고 왔던 그 사람들은 생활 자체가 복음적이지 않고 성서적이지 않으니까 설교를 통하여 회개하는 게 아니라 나와 싸우려고 그랬죠. 당시 대부분 교인들은 경제사범이나 성적인 문제가 있는 사람들이었어요. 그들이 교회로 숨어들어 교회를 움직였어요. 그런 분들께 예수 믿고 성경대로 살아야 한다고 하니 죽이려고 하는 거죠. 가정사, 개인사를 말하지 말고 넘어가 달라고 하는데, 설교할 때는 강하게 가르치게 되죠. 그러니 계속 갈등이 있었고, 결국 끝까지 대적하고 변화가 안 되더군요…."

(참여자 I)

"두 번째 선교지에서는 한국교인들과의 갈등이었어요. 제가 너무 한쪽의 영역에만 집중하다 보니 제가 독단적으로 행동해 저도 힘들어했고, 그러다 보니 신앙의 좋은 본을 보여주지 못한 것 같아요. (중략) 저와 그들이 가지고 있는 영적인 영역이 다른데 제 자신이 확신도 주지 못하니, 그냥 그들의 말에 따르면 잘 하는 것이지요. 하지만 그들에게 복음의 능력의 진정성을 알려주지 못 한다고 느꼈죠."

주제 (11): 한국의 후원 교인과 한국 교인과의 갈등

선교지에 대한 개별적인 정보의 이해 없이 단지 후원에 대한 결과만을 원하는 후견인들의 조급함과, 선교지마다 상황적 맥락이 다름에도 이를 고려치 않고 추측 판단하는 성급한 후원자들의 태도로 인하여 겪게 되는 재정적 어려움들이 심리적으로 아픔을 겪게 만들었다.

(참여자 B)

"후원교회는 선교사님들의 개별적인 특성과 상황에 대한 이해가 필요하다고 생각해요. 저희 지역은 선교사들이 드러내고 교회를 세울 수 없는 상황이에요. 몰래 들어가 몰래 사역하기 때문에 보호하기 어려운 사람들을 만나서 조용히 복음을 전하는 사역이지요. 그런데 후원비를 보냈는데 가시적인 성과가 없다고 하면 안 되는 거죠…."

(참여자 D)

"저를 후원하는 교회가 OO교회였어요. 교회에서 원하는 사역과 교단에서 원하는 사역, 그리고 주중에는 신학교에서 가르치고, 토요일이면 밤새 달리는 버스를 20시간 타고 가서 주말사역을 하고 월요일에 돌아와요. 또 다시 신학교에서 가르치고 하는 일들을 계속 하다 보니 후원교회에서는 이러한 상황을 원하지 않았어요."

(참여자 F)

"선교지 교회에 대한 한국교회의 잘못되고 왜곡된 이미지와 소문 때문에 힘들었어요."

(참여자 J)

"한국교회가 재정적인 파송약정에 대한 부분을 말없이 파기했을 때 경제적 부분 때문에 사역을 할 수 없었고, 사역을 정기적으로 할 수 없으니까 사역에 대한 안정이 되지 않아 어려웠습니다. 교인들은 후원금이 가는 줄 알고 있는데 저한테는 오지 않아요. 또 연락하면 말없이 기다리면 보내겠다고 하시면서 안 보내는 분도 계시고요."

<u>주제 (12): 선교국과의 관계로 인한 어려움</u>

선교위원회 상부에서 정치적 관계에서 비롯된 일방적인 선교행정의 결정사항은 납득이 어려운 처우라 생각하였고, 재정적인 부분에서도 선교지에 대한 배려보다 행정상의 유익을 먼저 취하는 선교위원회의 행정 자세가 낙담을 초래하였다.

(참여자 A)

"교단 선교에 가장 큰 숙제이고 가장 못마땅해 했던 것이 있어요. 교회에서 후원했던 것이 서로간의 인식의 차이가 있어서 선교지 쪽에서는 선교비로 받았는데, 교회 쪽에서는 목적사업으로 생각하였어요. 선교비 사용에 대한 생각의 불일치로 인해서 '갈 때까지 가는구나.'라고 생각했고, 이로 인한 갈등으로 총회장이 몇 번씩 바뀌어도 권력승계가 이어지면서 괴롭히는 모습을 보았어요. 특정 교단만 그런 것이 아니고 모든 선교단체가 상위기관이 압력을 넣으면 하부기관은 무조건 따라야 하는 것처럼 인식이 되어서 꼭 잘되는 기관을 뺏으려고 해요 이것만큼은 막아 주어야 하고, 이런 방식은 절대 아니라고 생각했어요.

그리고 파송 선교국의 못마땅한 것을 말하면 들어줄 수 있는 사람이 없어요. 윗사람한테 잘 보여서 자기 진로를 헤쳐 나가려고, 잘못된 것임에도 없는 말을 만들어내서 그 말만 듣고 보고, 교단신문도 그쪽 말만 듣고 기사를 쓰는 거예요. 그래서는 정의롭지도 못하고, '…카더라' 는 유비통신(流蜚通信)에 손해를 보고 있다고 생각해요. 상대를 불러서 한 번도 말을 안 해주니까, 감사도 자신들의 입맛에 맞게 발표를 하는 거예요. 이렇게 하니까 우리 교단선교에 있어서는 체계도 없고 주먹구구식이고 임명권자의 눈치만 보아요…."

(참여자 B)

"10% 행정비 제도에서 8%를 떼고 2%만 돌려줘도 '아, 신경을 쓰는구나.' 할 텐데요. 한국교회도 어렵지만 선교사들도 어려운데 10% 행정비는 변동이 없는 건 문제가 있다고 생각해요. 선교위원회, 후원교회, 선교사가 다같이 짐을 지어야죠. 이런 다양한 전체흐름의 정책을 10년, 20년을 내다보고 해야지 고정적인 전통 패러다임으로는 어렵다고 생각합니다. (중략) 후원이 떨어졌다고 갑자기 연락을 받아서 당황했어요. 재정위기가 왔을 때 갑자기 통보하는 것이 아니라, 미리 공지를 해주고 선교사로 하여금 대안을 세울 수 있도록 해주는 것이 좋다고 생각해요.

대화가 수용이 안 돼요. 그 당시 선교국장은 말을 들어주시고 수고하셨다고 했지만, 받아들여지거나 시스템이 변하지는 않았어요. 한 명의 선교사의 말이 정책으로 바로 연결되지는 않는다고 생각해요. 그래도 시대를 읽고 소통을 하고 현장에 있는 선교사들의 말을 들어야 되지 않을까 생각합니다."

(참여자 D)

"선교지 사정으로 비자가 막혀서 서양의 선교사들이 들어오지 못하게 되자, 저는 언어 훈련을 제대로 받을 기회도 없이 빨리 선교지의 신학교에 들어가라는 요청 때문에 힘들었어요."

(참여자 G)

"지금 000선교위원회가 왜 문제가 있냐 하면 선교사 경험들이 없어요. 지도자 목사님들이 경험이 없으니 따로 놀아요. 정책만 만들고, 탁상행정이에요."

주제 (13): 선교지 환경에서 오는 지속적인 스트레스로 인한 가족과의 갈등

자녀 진학과 적응에 관한 문제로 인한 어려움과 현지 부적응 문제로 불안정한 심리상태에 빠진 사모의 건강 및 그로 인한 가정의 혼란스러움, 불안정한 경제상황은 더욱 더 사역에 대한 회의를 불러일으켰다.

(참여자 B)

"처음에 선교지에 들어갈 때 자녀가 4살이었습니다. 저 말고도 모든 선교사님들이 겪는 문제가 자녀문제이지요. 학교 교육 문제가 꼬리처럼 꼬리를 물게 되죠. 저희야 한 텀을 마치고 돌아왔지요. 하지만 대개는 초등학교, 중·고등학교, 특히 가장 많은 고심을 해야 하는 대학을 어떻게 할 것인가가 고민이 되죠. '현지 선교사이니 아이를 현지대학을 보낼 것인지, 한국으로 보낼 것인지, 아니면 영미권으로 보낼 것인지?'를 말이에요. 그나마 감사한 것은 선교지에 국제학교나 좋은 대학이 있었다는 것이에요. 하지만 오지에 있는 분들은 자녀문제가 클 수 있다고 할 수 있죠. 아이들의 정체성 문제도 있죠. 얼굴은 한인인데 언어는 영어나 현지어이다 보니 한국에 오면 적응을 하지 못하고요. (중략)

제가 선교 들어갈 때 저, 아내, 자녀 하나로 기동성이 좋았습니다. 그런데 저의 아내는 둘째를 000현지에서 낳았어요. 선교지로 가면 누구나 기본적인 향수병이 있어요. 우울증이요. 아내는 임신하면서 우울증, 키우면서 우울증이 생겼어요. 선교지에서 크고 작은 갈등이 있었고요."

(참여자 C)

"선교를 갈 당시 첫째는 초등학교 1학년이고, 막내도 갓 태어난 상태에서 예방주사도 하지 못하고 갔습니다."

(참여자 D)

"사모는 일에 너무 많이 동원되었어요. 선교지에서는 선교와 목회를 함께 해야 되고, 일주일에 150명의 식사를 차려야 되어서 몸으로도 녹초가 되었을 거예요. 사역에 동원되지 않았을 때가 가장 좋았다고 고백해요."

(참여자 F)

"자녀들을 6년 동안 현지 학교로 보냈어요. 현지 아이들과 교류하면서 성장했어요. 지금은 행복하였다고 말하지만 그때 당시는 힘들었을 거예요."

(참여자 G)

"탈진의 원인은 사모 때문에 와요. 관계를 잘 맺지 못하는 사모 때문에 그래요. 선교사 사모 중에도 욕심이 있는 사람이 있어요. 그런 사람은 탈진이 빨리 오죠. 사모는 돕는 배필이라고 하잖아요. 도와서 같이 가야 하는데, 여자가 그 사명을 감당하지 못하면 남자는 흔들릴 수밖에 없어요. 선교지에 가기 전에는 우리 부부는 문제가 없었어요. 그런데 마귀는 굉장히 치밀하고 전략적이에요. 목회자는 일하다 보면 상황을 잘 못 보는 경우가 있어요. 사모에게 소리치고 폭언을 일년 이상 했던 것이 많이 상처가 된 거죠. (중략) 날씨도 많이 덥고 일주일 내내 데려다가 사역을 시켜요. 사모가 15인승, 나는 25인승을 끌고 다녀요. 아이들도 키우지, 재정은 적지, 그러니까 스트레스가 온 것 같아요."

(참여자 H)

"안 좋은 소문이 돌다 보니 후원도 막 떨어져요. 그러다 보니 경제적인 어려움이 닥치게 되고, 이런 어려움이 크게 다가오죠…."

(참여자 J)

"가장 인정받아야 할 아내로부터 인정받지 못하고, 아내가 힘들어하니 저도 많이 힘들었습니다. 그 당시에 어려우니 자녀가 생기지 않더군요. 끝날 때쯤 되니 생겼고요."

(참여자 K)

"저희 집사람이 스트레스를 많이 받았어요. 현지에 사는 것 자체가 스트레스였죠. 믿음으로 사역을 했어야 하는데 그렇지 못했고, 저는 사역을 하고 싶은데 집사람은 그렇지 않았어요."

<u>주제 (14): 언어·문화의 이질적 환경으로 인한 사역 부적응</u>

새로운 환경에 따르는 적응문제는 예상했던 것과 많은 차이가 있었고 특히 여성으로

서의 기질과 육아와 언어문제에서 소통의 어려움으로 스트레스를 받게 되었으며 난관에 부딪히게 되었다.

(참여자 B)

"선교지에서 겪었던 어려움 중 고통스러운 것은 2년간의 언어와 기초적응이었어요. 일반적으로 누구나 겪는 것이죠. 낯선 문화에서 성장한 어른들이 언어를 습득해야 하고, 개인적으로 저는 동남아 나라 중 한 곳으로 선교사로 갔지만 소수부족이 주 대상자이다 보니 2개 국어를 동시에 소화해야 하는 상황이 어려웠습니다. 또한 새로운 환경에 대한 부적응으로 사모가 힘들어해요. 목회나 선교현장이나 마찬가지로 사모가 여성이라는 기질과 상황적 적응이 어려운 것 같아요."

(참여자 C)

"흔히 TV에 나오는 동물의 왕국같이 생각해요. 자료도 없고 그 당시에 현지 선교사님과 주고받는 이메일도 쉬운 게 아니었고, 적은 정보로 답사도 없이 갔어요. 날씨며 음식 정보도 하나도 없었고요. '정 음식이 안 맞으면 맥도널드 햄버거 먹으면 되겠지.'라고 생각했는데 그마저도 전혀 없고 어려웠습니다…."

(참여자 D)

"처음에 도착했을 때 제 아내는 선교에 두려움이 많이 있었고, 타문화권 적응에 관한 것으로 인해 가정에 어려움이 있었어요. 그때 마침 둘째가 태어나서 선교 파송 당시 100일 정도 된 아이를 데리고 갔는데 아내는 아이들을 키우느라 언어를 배울 기회가 없었죠."

(참여자 E)

"제가 봤을 때는 아이들이 너무 어릴 때 가는 것보다 좀 크거나 아예 없는 상태에서 가는 게 좋아요. 너무 어릴 때 가니 언어도 그렇고 적응하는 데 안 좋았던 것 같아요."

(참여자 F)

"어떻게 살아야 할지 처음에는 깜깜했죠. 왜냐하면 선교적으로 개방되어 있는 나라가 아니라 보안에 대한 문제, 정부의 감시, 생활에서는 선교사의 신분에 대해서 노출하면 안 되었거든요. 그런데 그들과 살아야 하고 비자문제를 해결하기 위해 학교가 좋겠다고 생각해서 공부도 했어요."

(참여자 I)

"언어적으로 제가 부족했어요. 언어가 중요한데 언어의 은사가 없으면서 시간을 많이 투자했는데 잘 못했죠. 그 부분이 스트레스였어요."

(참여자 K)

"언어적응도 그랬고 문화적응도 그랬고, 현지인들하고 같이 섞여서 살아야 하는데 그렇지 않았거든요. 한인사회에 있다 보니 현지 선교사가 감당해야 하는 일을 하지 못하고 한인사회에 묻혀 있었던 것 같아요. 정체성을 잃어버린 것이죠. 선교지에서 문화적응, 언어적응을 해야 하는데 그러지 못했어요. 전략적인 부분이 많이 미흡했습니다…."

【범주 3】 감정적 고갈과 무력감

주제 (15): 탈진으로 인한 신체적 증상

지속되는 정신적 소모는 심리적 압박 단계를 넘어 신체적 반응으로 나타나 안구의 질병과 장티푸스, 유행성 출혈 등 신체적 이상증세가 찾아왔다. 심리적 부담감과 육체적 이상증세가 탈진을 가속화시켰다.

(참여자 C)

"처음에 살이 6kg이 쭈욱 빠졌어요. 선배들이 며칠 왔다 가면 눈에 실핏줄이 터지고 힘들었어요. 물론 환경 탓도 있지만 스트레스도 있었던 것 같아요."

(참여자 D)

"주중에는 다른 나라에서 진행하는 수업을 12학점 정도 하러 가야 되고, 한 주도 쉬지 않고 밤 버스를 타고 다녀야 되고, 많은 부분에서 육체적인 피곤이 컸어요. 또한 비자 문제로 매일 학교에 80% 출석도 해야 하고, 매일 새벽예배, 밤기도 인도하느라 하루에 3-4시간 밖에 자지 못했어요. 나중에 제일 중요한 선교사대회를 진행할 때, 그 당시 의전위원이었는데 장티푸스로 누워 있었어요."

(참여자 H)

"한 명이 모든 관계를 흩어놓아 한 가정을 파괴로 끌어가고 있었어요. 사모에게 탈진이 왔고 번 아웃되었어요… 집사람이 많이 울기도 하고, 저도 화장실 가면 피똥을 싸기도 하고, 집사람은 머리가 계속 빠지다가

한 텀 지났을 때 번 아웃되었던 거죠."

(참여자 I)

"하나님에 대한 신뢰성이라든지 하나님의 역사를 기다리지 못했어요. 내 자신의 비전을 위해 '내 자신이 이렇게 한 것이다.'라는 생각이 드니까 제가 병들었어요. 몸과 영이 번 아웃되었고 병원신세가 되었어요…. 그래서 유행성 출혈열로 9일 정도 병원에 입원해서 수혈을 받아야만 하는 그런 상황까지 갔다가 육체적으로 번아웃이 왔어요."

주제 (16): 탈진으로 인한 심리적 · 정신적 증상

관계에 대한 실패 경험은 선교를 포기하고 싶은 감정을 촉발시켰고, 의욕마저 상실되며 위축감이 찾아와 자신의 존재 가치에 대한 좌절을 맞게 되었으며, 정신적 고갈이 가속화되었다.

(참여자 I)

"제 개인적으로 한계를 느끼니까 해결이 안 되고 다 방임하게 되고, 제 자신을 새롭게 하는 것도 어떤 면에서는 의욕을 잃어버리게 되더군요. 그러다 보니 잘 놀고 잘 먹고 이런 쪽으로 하다가 이제 안식년이 왔는데, 몸이 안 좋아졌어요. 사역을 그만두고 지금은 조용히 제 자신을 다시 한 번 생각하는 과정이죠."

(참여자 J)

"왕따를 당하면서 후배들보다 더 대우받지 못할 때 힘들었고, 중책을 맡지 못하고 밀리고, 밀리고 하면서 어려웠어요."

주제 (17): 탈진으로 인한 영적 · 신앙적 증상

아무도 보는 이가 없는 곳에서 영적인 훈련 상태를 유지하기 위해 늘 유혹과 씨름하게 만들었고, 율법에 근거한 신앙을 교인들에게 심어준다는 것은 영적 전투 상태에 있는 것이었기에 모든 것이 고갈되어 아무것도 줄 수가 없다는 자책감이 선교를 포기하게 만들었다.

(참여자 D)

"특히 OOO 같은 나라는 각 집마다 제단이 있고 사람을 부리기가 용이한 지역이라 마음을 지키기가 어려운 곳인 것 같아요. 관리해주는 사람이 아무도 없기 때문에 나의 삶이 틀어질 수도 있고, 영적인 유혹도 많이 받는 곳이기에 자기 스스로 하나님과 깊은 교제를 나누는 시간이 없다면, 열정만 가지고 간 사람은 빨리 넘어질 수도 있어요."

(참가자 G)

"가장 어려운 게 영적인 문제예요. 교회마다 어둠의 세력이 있어요. 어느 날 새벽기도 끝나고 나와 보니까 차 4대가 있었는데 나를 죽이려고 브레이크 선을 다 끊어 놓았더군요. 집사하고 싸우는 게 아니라 악령과 싸우는 거예요. 다행히 바닥에 기름이 고여 있어 확인되었지 그렇지 않았으면 아마 그날 죽었을 거예요."

(참여자 I)

"몸도 번 아웃되고 영적으로도 번 아웃 됐어요. '선교하면 안 되겠다.'라는 생각이 그때 들었고, '몸도 이럴 뿐만 아니라 영적으로도 부족한데 계속 시간만 지체되고 사람들과의 관계만 좋은 것이 하나님 앞에 죄송하다.'라는 생각이 들었어요."

【범주 4】 고립된 삶의 태도 (정서적 소외로 인한 수동적 대응)

주제 (18): 인내의 한계로 인한 중도포기 증상의 시작

정서적 고갈에 의한 일시적 방어기제의 부정적 현상은 중도포기에 대한 감정을 촉발시켰고, 대인관계 회피증상과 갈등 근원지에서 분리하고자 사역지를 이탈하는 부정적 현상을 가져오게 되었다.

(참여자 B)

"서로 같이 해봅시다. 하다가 나중에 각자 길을 가요. 나중에 다시 만나면 껄끄러운 상황이죠. '겉치레는 잘 지내냐?'고 하지만 속 깊이에는 그렇지 않지요. 소명과 사명을 가지고 갔지만 흔들리죠. '이렇게까지 하면서 있어야 하나? 주의 일이 여기만 있는 게 아닌데. 계속 이 땅에 있어야 하나?'라는 생각이 누구라도 들지요. a라는 문제도 힘든데 b, c, d라는 문제가 계속 생기게 되면 누구라도 이런 마음이 듭니다."

(참여자 E)

"서로 안보고 따로따로 사역을 하는데 일로만 하다 보니, 저 같은 경우는 저희 집에서 개척을 했어요. 신학교 사역은 저와 전혀 상관이 없었거든요. (중략) 우리 선배들을 보면 후배들이 봤을 때 존경할 만한 선배가 없는 거예요. 혼자 욕심을 내서 사역을 가져가 공동사역이 없었어요. 다른 선배들한테 전화가 오더군요. '너 큰일났어, 놀고 먹는다고 소문났어.' 이 말을 듣는데 '내가 왜 이렇게까지 해야 되나?' 생각도

들게 되더군요. 관계갈등 후에 실패감을 맛보고 가끔씩 머릿속으로 '돌아가더라도 잘할 수 있을까?' 하다가도 '에이, 그냥 가지 말자.' 이러는 것을 반복하면서 점점 포기하게 되는 거죠."

<u>주제 (19): 선교지의 부정적 상황에 대한 대인관계 회피적 증상</u>

교단 내 선교사들과 이해관계에서 불거지는 관계적 갈등이 번번이 실패로 돌아가자 회피적 태도를 취할 수밖에 없었고, 의사소통에서 발생되는 문제는 해결할 방도가 없었기에 침묵으로 일관하는 관계를 만들고 말았다.

(참여자 E)

"관계적인 어려움은 회피하게 되고, 오히려 타 교단 사람과는 마음을 터놓고 지내게 되었어요."

(참여자 H)

"일단 말꼬리를 잡으니 말수가 줄어들게 되고요. 게다가 할 말을 다 적었다가 나중에 한꺼번에 말하면, 나는 기억도 안 나는데 혼이 나니 점점 말을 안 하게 되지요.."

(참여자 I)

"제 개인적으로 한계를 느끼니까 해결이 안 되고 다 방임하게 되고, 제 자신을 새롭게 하는 것도 어떤 면에서는 의욕을 잃어버리게 되더군요

주제 (20): 분리를 통한 사역지 이탈

갈등관계의 어려움의 지속이 탈진으로 찾아오고 스트레스를 견딜 수 없는 상황에서 부정으로 분리를 통해 갈등의 소재지를 떠났고, 사역지를 이탈하게 되었다.

(참여자 C)

"초기 6개월에서 1년까지 스트레스를 받았는데, 떠나면서 해결이 될 수 있다는 생각에 빠르게 떠날 수밖에 없었습니다."

(참여자 E)

"살아야겠다, 떠나야겠다는 생각이 들었어요. 쉬는 게 필요했거든요. 한국행 비행기를 타는 순간 내 속의 모든 것이 다 내려가는 것 같았어요…."

【범주 5】일시적 완화책으로서의 회피적 방어기제(defense machanisms)

주제 (21): 억압을 보상과 승화로 가족관계의 협력에 의한 스트레스 해소

아내의 조언과 지지가 억압된 감정을 가족이라는 틀로 방향전환을 하여 내부긴장을 제거하는 승화기제였고, 또한 스스로가 행복하다고 생각하는 것으로 위로받고 성장한 자녀들의 모습과 소천한 사모의 지지는 힘든 시간을 버텨낼 수 있는 보상과도 같은 힘이 되어 주었다.

(참여자 A)

"내가 참다 참다 안 되는 것을 집사람에게 말하면, 아내의 말 한마디에

모든 게 사르르 없어지게 돼요. 그래서 당신이 필요한 것 같다고 아내에게 말해요. 아무리 어려운 문제가 있어도 집사람과 상의하면 해결이 돼요. 집사람이 없으면 해결이 안 되다가도 집사람을 만나면 해결이 돼요. 그래서 집사람은 자기가 옆에 있어야 큰일을 한다면서 수시로 점검을 해요."

(참여자 C)

"저희 아내는 전혀 표현하지 않기에 스트레스가 매우 많았던 것 같아요. 큰딸이고 본인도 선교사로 선언하고 왔으니 참았던 것 같아요…."

(참여자 F)

"우리 아이들이 '아버지가 욕심을 부려야죠.' 이런 말을 하는데, 그래도 하나님이 주시는 대로 해야죠. '행복하면 되지.'라는 생각을 가족과 공유했어요. 아버지인 나를 신뢰해요. 감추거나 그런 게 없어서 편했어요."

(참여자 G)

"현지 상황이 너무 험악하다 보니 애들을 엄하게 키웠어요. 그 당시에는 힘들었지만 나중에는 아빠가 잘 키워줘서 고맙다고 그러더라고요. 자녀와 매일 스카이프로 전화해요. 그래서 멀리 떨어져 있어도 그렇게 멀리 있다고 생각이 안 돼요. 아내가 죽기 마지막 시간에는 아내를 옆에서 섬기면서 예수님이 어떻게 사랑한 것인지, 섬김이 무엇인지를 정말 많이 배웠어요. 마지막에 아내가 당신밖에 없다고, 다 떠나도 당신은 나와 함께 있다는 말을 하더군요. 많이 위로가 많이 되었어요…."

주제 (22): 동일시와 대치로 동료의 지지에 의한 외로움 극복

가까이 있는 팀원이 심리적 고통을 알아주거나 누군가 한 사람만이라도 위기의 시간에 고통을 덜어주고 그 짐을 분단하고자 할 때 동일시와 반동 형성으로 무력감에서 일시적이나마 벗어나게 되었다.

(참여자 B)

"아내, 자녀, 향수병, 고립감…. 선교지에 있다고 해서 한국 선교사들이 자주 만날 수 있는 상황이 안 돼요. 그나마 저희는 팀으로 있었기에 덜 외로웠죠…."

(참여자 E)

"임신이 되어 타 지역에서 돌아오게 되었는데 선교사들이 신경을 안 써주더군요. 그러다가 리서치 가서 만난 타 교단 ㅇㅇㅇ 선교사님의 집에서 3개월 동안 있으면서 그리고 아이 낳는 것, 집을 얻는 보증을 자기 교인들에게 말해서 보증까지 해결해 주어서 집을 얻었죠."

(참여자 H)

"저는 두 번째 선교지역으로 가서는 다른 선교사님들하고 잘 지내고 공유했어요. '이게 정말 선교구나.'라고 생각했어요. 첫 번째 지역에서는 그분의 말이 법이니까 그냥 그렇게 지냈었죠. 그분 외에는 다른 선교사님들과는 다들 잘 지내요. 관계성에 한 명이 참 중요하네요. (중략) 정말 친한 분이 선임 선교사에게 다녀온 후 제게 말하더군요. 'ㅇㅇㅇ 목사님 말을 하더라. 그분은 치료받아야겠다.'고요. 남의 말을 심하게 한 것이죠."

주제 (23): 보상과 해리로 한국에서의 도움으로 탈진현상 극복

심리적 부담감을 갖고 있는 선교지 또는 갈등 대상자와 분리되는 일시적 귀국과 교인들과 멘토를 통하여 따뜻한 위로를 받으며 심리적 지원을 얻는 것으로 보상과 해리의 대처가 되었다.

(참여자 B)

"남자는 사역적인 부분, 사모는 부업적인 부분을 서로 관계 속에서 맞지 않는 부분이 있었어요. 그때 사모는 잠시 한국에 들어와서 친정에 있으면서 상담을 했어요…."

(참여자 H)

"제가 원래 사람을 좋아하는데도 말이 없었던 건 경계를 한 거죠. 그래도 어쨌든 관계는 계속해야 되는 거고요. 그냥 쉬면서 하나님이 좋은 사람을 붙여 주셨어요. 그전부터 알고 있던 집사님 가정이 있었는데, 선교사가 왔다고 따뜻하게 대해 주셔서 섬김을 통하여 회복이 된 거죠."

(참여자 K)

"한국교회 사모님이 심리적 부분에서 멘토 역할로 케어를 잘 해주셨어요. 사랑으로 품어주시고 사역에 대한 스트레스나 관계에 대한 스트레스를 주지 않으셨어요. 그런 시간들 때문에 많이 좋아졌죠."

주제 (24) : 상담과 심리치료 등 외부적 도움을 통한 극복

선교 전부터 내사로 상담을 통한 심리적 부분의 안정을 얻었으며, 선교지에서도 전화 상담을 통하여 승화됨으로 심리적 지지를 받았고, 일시 귀국이 이루어질 때도 내사로 전문가의 도움을 받아 위기를 견뎌냈다.

(참여자 B)

"선교지 나가기 전부터 교회에서 상담 부분이 개설되어 아내나 저나 성장이 되고 정신이 깨어지는 시간이 되었어요. 그때부터 아내는 상담 멘토가 있었고, 본인도 관심이 있어서 도움을 많이 받았어요. 저희는 캐어 받을 수 있는 부분이 상담인데, 한국에 있을 때 같은 교회에 집사님이셨는데 선교지에서도 인터넷 폰으로 상담전화가 가능했고 들어와서도 계속해서 상담이 진행되었어요."

(참여자 E)

"살아야겠다는 생각이 들었어요. 그래서 많은 대화를 했던 것은 처음에 도와줬던 분하고 많이 상담을 했던 것 같아요. 저는 중간 중간 한국에 올 때 상담센터나 정신과 의사도 찾아갔어요. 정말 내가 잘못 되었나 해서요."

주제 (25) : 투사와 전이를 바탕으로 보상, 합리화, 동일시로 영적 생활의 회복과
　　　　　　소명의 재확신으로 인한 극복

선교사로서 하나님과 교인들과의 약속을 되새기며 영적 생활인 가정예배와 성경묵

상을 통하여 갈등 내지는 분노의 감정을 투사-전이를 배경으로 보상으로, 동일시로 그리고 합리화로 해결하고 소명의 재확신을 통하여 어려운 시간을 극복해 내었다.

(참여자 D)

"훈련받을 때부터 강조된 것이, 선교사는 하나님이 선교사를 먼저 부르고 그의 가족을 동반시키는 것이 아니라, 한 가정을 부르시는 것이라고 해서 가정예배를 하루도 쉬지 않고 드렸어요. 매일 밤마다 드린 가정예배가 위기를 넘어 갈 수 있는 틀이었어요. 예배 후 자식의 어린 입에서 나오는 하나님에 대한 고백이 오히려 부부를 갈등 속에서 해결해 주었어요."

(참여자 G)

"성경을 통하여, 하나님의 음성을 통하여 해결받는 거죠. '원수를 사랑하라, 대적하지 말라.'는 말씀에 순종하는 거죠. 내가 싸울 수도 있고 얼마든지 할 수 있지만 그러면 안 되는 것이거든요. 선교지에서는 협력해야 할 사람이 원수예요. 서로 시기질투가 많고 교단 간에 갈등도 많고요. 이기는 방법은 철저하게 기도해야 하고, 기도 없이는 못해요. 기도를 통하여서 얻어낼 수 있는 해답은 사랑이죠. 미움과 분노를 품으면 해결이 안 되죠. 사랑하고 기도해서 해결이 되면 이겨나갈 수 있는데, 그게 안 되면 이겨낼 수가 없어요."

(참여자 J)

"어려움이 있었고 한국에 가야 하는 갈등도 있었어요. 하지만 한국교회에서 약속했고, 하나님과 약속했고, 사람에 의해서 당회원이든 누구든 약속을 안 지키더라도 저희는 하나님과 약속을 했기에 지키고 왔던 것 같아요…."

주제 (26): 보상과 합리화로 선교지의 사역 결실로 인한 만족감

양육한 제자가 사회적 성장을 이룰 때 보상으로 보람을 느끼게 해주었고, 믿고 따르는 교인들을 통하여 실존적 의미를 깨닫게 되었으며, 보상을 바탕으로 변화되어가는 교인과 교회의 성장을 통한 결실로 위기를 합리화로 극복해내었다.

(참여자 A)

"선교사로 왔기에 학생들을 가르쳐서 좋은 직장에 취업시키는 것이 매우 기뻤습니다. 학생들을 훈련시켜서 한국기업에 취직시키는 것만 해도 좋았는데, 해외에 파견된 한국회사에 들어가게 되면 매우 기쁘고 좋았어요…."

(참여자 E)

"갈등상황에서 의미를 찾지 않으면 견딜 수가 없어요. 현지인 의사가 0명이 있었어요. 같이 예배를 드리면 제가 현지어를 잘 쓰는 건 아니지만 그래도 사람들이 있었어요. 현지 목사와 다르다고 말도 하고 지금도 전화하고 상담도 하고 갈등을 주는 사람만 아니라면 다시 가고 싶어요."

(참여자 G)

"현지 사람들이 오면 집중적으로 6개월을 교육해서 거듭나게 해줘요. 그러면 2년 정도 훈련시켜서 제자화하는 거죠. 많은 사람이 변화되었고, 한국교인보다 변화가 더 잘되었어요."

(참여자 H)

"현지에서 몇 명의 크리스천 무리를 만났어요. 자연스럽게 제가 몇 주 동안 가면서 예배가 되고 신자가 많아졌죠. 그러다가 보니 땅을 3천 평을 사고 교회도 세우고 현지인 사역자도 세웠어요."

(참여자 J)

"현지인들과 관계 속에서 사역을 하면서 목회자이기에, 목회를 할 수 있는 부분이 많기에 보람이나 기쁨을 찾을 수 있었어요."

주제 (27): 중도포기에 대한 선배 권고수용

자신의 고통과 어려움을 공감하고 차후 한국에서의 사역을 이어가기 위해서는 중도포기가 최선임을 지지해주는 선배가 있어 수용하였기에 중도포기 결단을 내리는데 용기를 얻을 수 있었다.

(참여자 B)

"제가 선임 선교사님과 의논했어요. '두 텀을 하고 전향할 생각이 있습니다.'라고 하니, 선임 선교사님이 '나이나 상황도 쉽지 않다. 과감하게 한 텀 끝나고 전향해라.' 하신 말이 저에게는 용기와 격려가 되었죠…"

【범주 6】 중도포기의 가속화

주제 (28): 가족의 건강 악화로 인한 중도포기

　순종과 희생으로 남편의 사역을 위해 참아낸 것이 암으로 찾아오고 우울증과 대인기피증, 심리적 공황장애 그리고 안구에 나타나는 OOO병으로 사역을 더 이상 진행할 수 없게 되었다.

(참가자 B)

"사모들이 기질상의 문제와 관계문제의 불균형으로 심인성 질환으로… 심리적인 고통은 우울증에 빠지게 만들었어요."

(참가자 G)

"사모가 많이 힘들어했어요. 사모가 남편인 나 때문에 참아내서 OOO병이 걸린 거지요…."

(참여자 H)

"선배가 하라면 하는 대로 했는데 도가 지나치니까 결단을 하고 나왔죠. 누구에게도 말하지도 않고 '이게 선교사역인가 보구나.' 하고 저는 견뎌내는데 집사람은 머리 일곱 군데에 원형탈모가 왔어요. 결국 이 사람이 힘들어 하니까 안 되겠구나 해서 결정하게 되었죠. 더 이상 못 버티겠더군요."

(참여자 J)

"정신건강이 안 좋았던 것 같아요. 그래서 우울증으로까지 가지 않았나 생각해요. 대인기피증도 있고 항상 답답하고 감옥 속에 있는 것 같았습니다. 밝지 않고 심리적·정신적 문제가 있었던 것 같고요. 거의 2년은 방에 처박혀 있었는데 죽음이란 것이 찾아올 것 같더군요."

(참여자 K)

"동기 선교사가 왔는데 주민증을 받으러 싱가포르로 가다가 비행기가 추락해서 일가족이 죽었어요. 그 사건을 보고 아내는 '왜 하나님은 우리들을 지켜주시지 않는가?' 해서 심리적으로 공황장애가 왔어요. 엘리베이터를 타지 못할 정도로 그렇고, ㅇㅇㅇ병도 생기고요."

주제 (29): 동료 선교사와의 갈등심화와 부적응으로 인한 중도포기

선교지 생활에서의 어려움 가운데 협력자라고 생각하고 심리적인 지지와 안정을 얻으려던 동료 선교사와의 관계갈등에 의한 불협화음 그리고 사역의 열매가 없는 현장은, 더 이상 선교지에 머물 수 없기에 포기하게 만드는 상황을 초래하였다.

(참여자 C)

"여러 개의 한계 중에 관계에서 오는 부분은 해결하려는 사람이 없는 것 같아요. 사역패턴이 맞지 않거나 스트레스가 가장 극에 이르면 포기하게 되죠. 일단 관계갈등이 사역에서 가장 큰 요소예요."

(참여자 D)

"생활전반을 본다면 선교사들이 외로워요. 왜냐하면 교제할 대상이 매우 국한되어 있고, 한국은 영적으로든 사회적으로든 교제할 대상이 많이 있는데, 현지에서는 동료 몇몇 선교사들과 불협화음이

나면 탈출할 길이 없어요…."

(참여자 E)

"저는 다시 가게 되면 원래 사역지로 가고 싶은데 갈 수 없는 상황인 것 같아요. 둘 중 하나는 죽어야 하는데, 가게 되면 가끔씩이라도 얼굴도 봐야 하니까 싫어요. 10년을 철저하게 준비하고 갔는데 실패하고 왔으니 자신이 없어요."

(참여자 I)

"계속적으로 고민했어요. '왜 내게는 영적인 열매가 없을까. 내가 생각하고 또 내가 보여주고 있는 것은 예수 그리스도를 위하는 건데.' 그분과의 관계로 돌아가는 사람들은 없고 나와 좋은 이미지만 쌓였어요. 나는 그것을 목적으로 하지 않았는데…."

(참여자 K)

"사역에 대한 디테일이 좀 떨어지고 수양회 위주로 이루어지다 보니 제자화를 이루어가지는 못한 것 같아요. 한국의 지원을 받아서 2박3일, 일주일 수양회 위주의 사역이다 보니 개발이 더디다가 시간이 흘렀던 것이죠."

<u>주제 (30): 현 상황에서 벗어나고자 하는 도피 욕구로 인한 중도포기</u>

앞으로 이루어질 선교활동을 위한 준비가 다 되었지만 낙망감이 커지게 되자, 더 이상 지탱할 수 있는 힘이 고갈되고 선교의 중도포기를 결정내리고 선교지를 떠날 수밖에 없었다.

(참가자 E)

"지금도 그리운 사람들이 있는 선교지로 다시 돌아가고 싶어요."

(참가자 K)

"교단 선교사 시험도 본 상태였는데 결국 돌아오게 되었죠. 그냥 한국으로 돌아오는 것이 가장 좋은 대처방식이었습니다."

【범주 7】 삶의 의미 발견 및 자아상 성숙

주제 (31): 탈진 경험을 통한 진정한 선교운영 방식 깨달음

선교가 무엇인지에 대한 정립의 시간을 갖게 되었고 건강한 선교사역을 효과적으로 이루기 위해 필요한 정책과 전략 그리고 차세대를 위한 대응체제가 무엇인지를 깨닫게 되었다.

(참여자 A)

"저희가 선교단체이고 제가 00직을 맡아 하고 있거든요. 00인 최고 책임자가 바로 하지 않으면, 사랑과 공의로 하지 않으면, 선교를 하는 게 기초부터 잘못되었다고 생각해요. 그래야 우리 조직을 건전하게 끌고 가고 내가 맡고 있는 직책을 잘 이끌고 갈 수 있다고 생각해요…."

(참여자 B)

"단순한 돌봄이 아니라 세분화되고 지속적인 돌봄 정책이 시급합니

다. 파송 전 훈련원에서 심리적인 밑 작업이 필요하고, 안식년에서는 사모와 아이들에게 상담이 필요합니다."

(참여자 C)

"순회 선교사들을 통한 돌봄과 전문 상담가가 필요합니다. 메말라 있기에 내면의 것을 쏟아내는 것만으로도 치료가 될 것입니다."

(참여자 D)

"외로움에 관한 문제를 대처할 통로가 없다는 점에서 선교사들이 영적 탈진을 만듭니다. 선교사 훈련 중에 상대방을 이해하고 상호관계를 인식시켜 줄 수 있는 제도가 필요합니다."

(참여자 E)

"마음이 지쳐 선교지에서 돌아오긴 했지만, 팀 사역과 독립사역을 서로 교차하는 선교정책이 필요합니다."

(참여자 G)

"탈진이 오긴 오는데 조금 오니까 극복할 수 있어요. 어떤 분은 많이 오니까 침몰하는 거죠. 자기가 감당할 정도면 이겨내죠. 운동하고 테니스도 하면서 한두 시간 땀 흘리고 웃고 치면 스트레스가 사라져요. 너무 힘들면 하루 종일 운동을 통하여 풀어요. 그러면 사역하는 데 큰 도움이 되죠. 웃을 수 있으니까요."

(참여자 K)

"지금 와서 보면 '선교지에서 현지 교사들을 좀 더 제자를 삼았으면 얼마나 좋았을까? 현지 교회, 현지 목회자를 케어하는 일에 좀 더 적극적이었으면 어땠을까?' 하는 생각이 듭니다."

주제 (32) 선교사에 대한 소명의식 강화와 정체성 확립

욕심을 버리는 것이 보람찬 선교지 생활을 영위할 수 있게 해주고, 차후에 후배를 위한 배려가 무엇인지 깨닫게 되었으며, 가식적인 태도를 버리고 일관성 있는 인격적 삶을 살아야겠다는 도전을 얻게 되었다.

(참여자 A)

"저의 선배들이 일선에서 은퇴를 하면서 여러 직책들이 저에게로 왔어요. 그래서 욕심 안 부리고 맡을 것만 맡았는데, 하나님은 나를 통하여 수습하시고 안정되고 회복되게 하셨어요. 그래서 지금도 그런 일에 보람을 느끼고 내가 맡은 일은 흐트러진 일을 바로잡는 일이라고 생각해요. 문제가 생긴 어떠한 사람도 나와 대화를 많이 나누면 해결하고자 해요. 한국에서 상상할 수 없는 보람된 일들이 선교지에 꽉 차 있으니까. 과거 일은 다 잊었어요…."

(참여자 E)

"두 번째 팀을 나온 것은 이런 생각 때문이었어요. '탈을 쓰고 살지 말자. 선교사들을 생각하는 국내 교인들의 생각과 일치된 삶을 살아야지.'라는 생각이요."

(참여자 H)

"솔직히 말해서 소명을 잃어버린 건 아니고 좋은 경험하였다고 생각해

요. 어느 선교지에 가든지 제 후배가 올 때 어떻게 해야 할지를 알았어요. 그러면 난 그렇게 하기 위해서 어느 정도 레벨이 되어야 할지 정하게 되었어요. 그리고 하지 말아야 할 것들도 생각하게 되었어요…."

주제 (33): 이전보다 깊고 의미 있는 거듭난 신앙생활의 영위

선교지에서 겪은 모든 고난이 하나님께서 허락하신 것들이라는 것을 깨달았고, 또한 하나님의 부르심이 있는 곳에 서고자 순종하였으며, 새로운 소망이나 비전을 부어주실 때까지 조급해하지 않은 채 치유의 시간을 보내고 있다면서 영적인 부분으로 승화시키고자 하였다.

(참여자 B)

"둘째 출산, 어머니 소천, 운전사고로 천국에 갈 뻔했어요. 겪을 수 있는 것은 다 겪었지요. 그 당시에는 힘들었지만 지금 생각하면 하나님이 저를 견고하게 하신 것이라 생각해요."

(참여자 F)

"계속 여기에 있으면 안주할 것 같았고, 기도의 응답으로 한국교회를 살려야겠다는 마음을 갖게 해주셨어요. 상황상 1~2년 정도 더 있고 싶었으나 하나님의 부르심에 순종하고 한국으로 오게 되었어요."

(참여자 H)

"돌아온 후 2년이 지나자 하나님이 치유하신다고 생각이 들었어요. 인간관계 훈련이라고 생각했어요."

(참여자 I)

"새로운 소망이나 비전에 대해서 다시 한 번 하나님께서 기회를 허락해 주시기를 바라지요. 이제는 개인적인 욕망 없이 잘할 수 있겠다고 생각하죠. 개인적으로나 사역적인 면에서 어떤 불안이든 인정하고, 조급해하지 않으면서도 작은 것에 충성할 수 있는 기쁨을 얻은 것 같아요. 그것이 저에게는 아주 좋은 시간이라고 생각해요."

주제 (34): 추후 선교지 사역에서 필요한 영역의 발견

선교에 대한 새로운 전략적 기지를 마련하는 기회가 되었고, 심리 상담을 받으며 전환적 비전을 볼 수 있는 관점을 얻게 되었으며, 자료와 근거를 남길 필요성을 느끼며 보다 넓은 세계관을 갖춘 선교사역의 준비기간이라고 생각하였다.

(참여자 A)

"아내가 상담과 놀이치료를 공부하는 것도 나중에 목회하면서 그쪽으로 비전을 가지고 있기 때문입니다. 상담 기회를 통하여서 숨통을 틀 수 있는 시간이 되었어요."

(참여자 B)

"5년을 하고 나서 전체적인 평가를 볼 때 괜찮았어요. 제가 속한 선교회 회원이 8만 명 정도 돼요. 그들이 은퇴 후에 할 일이 없는데 그런 사람들을 훈련시켜서 선교사로 보내면 좋겠다는 생각을 했어요."

(참여자 C)

"현장 선교사들이 경험이나 어려움이 많은데 정리하거나 기사로 써내지 못해요. 지금 저는 현장에 있는 선교사들을 현장연구원으로 임명하고, 그분들이 정리해주면 좋다고 생각합니다."

(참여자 E)

"000이라는 나라를 가고 싶은 이유는 그 나라 주위에 선교센터를 리조트로 짓고 싶어요. 000은 비자 갱신이 가능하거든요. 선교사들이 쉬고 싶은 센터를 하고 싶어요."

(참여자 F)

"비자에 대한 문제가 확실히 해결되어야 사역도 연속성을 가지고 이어지니, 확실히 이 부분이 해결되어 한다고 생각해요. 비자로 고민하면 사역이 위축되거든요."

(참여자 G)

"저는 세계를 다니면서 선교를 하고 싶어요. 몇 나라를 다녀보니 어려운 선교사이 너무 많아요. 그런 사람들을 위해서 기도했는데, 사모가 아프니까 매이잖아요. 그래서 '이것은 내가 아직 머무를 시간이다, 내가 배울 시간이다.'라고 생각했어요. 사모가 아픔으로 인해서 더 배우는 시간이라고 생각한 것이죠. '더 큰일을 위해서 나를 준비시키는구나.' 그런 생각이 들었어요."

(참여자 H)

"하나님께서 제게 주신 달란트가 있어요. 이것을 가지고 OOO신학대학교에도 선교단을 만들고 싶어요. 라이센스를 계속 준비하고 있고요. 학교에서 인정해주면 전문인 선교사를 양성하고 싶어요."

(참여자 K)

"일 순위는 사역에 대한 정체성 문제이고, 두 번째는 전략적인 부분이었죠. 그것은 선교지에서 선교사로 헌신된 가족이 왔을 때 '그들을 제자화로 세울 수 있을까?' 하는 것이었어요. 사역자들이 사역을 잘할 수 있도록 분명한 일 분배와 전략적인 부분이 있어야 해요."

주제 (35): 한국 귀국의 결정적 요인으로 작용함

선교지에서의 영적 생활은 무미건조하고 편안함은 영적 생활을 둔감하게 만들었기에, 선교사역을 중도에 내려놓고 귀국할 수 있는 요인이 되었던 것은 보다 성숙한 영성을 위한 결단이었다는 생각으로 전환되었다.

(참여자 C)

"두 번째 사역지 같은 경우는 첫 번째 선교지보다 환경이 훨씬 편했어요. 물과 전기가 안 끊어지고 상황도 아름답고. 그런데 영적으로는 메말랐어요."

(참여자 H)

"현지 사역은 만족했지만 편안한 마음이 없었어요. 야성을 잃어버리는 느낌이 들고요. 선교사역에 큰 문제점은 시간인 것 같아요. 시간이 많이 생기면 딴 생각을 하게 되고 영성을 유지하기도 어렵고요. 선교사 삶을 직접 평가해 보면 제 역시도 마찬가지로 한국교회에서 바라보는 게 100점이라면 과대 포장되어 있는 분들이 많아요. 저도 그렇게 있는 거 같아서 다 놓고 나온 거죠."

주제 (36): 현재 한국 사역에서의 밑거름 마련

가정의 소중함을 깨닫는 계기가 되었고, 깊이 새겨진 상흔(scar)이 고통을 느끼게 만들지만 굳이 흔적을 지워야 한다고 생각하고 싶지 않으며, 지나간 시간에 어렵게 했던 사람들을 거울삼아 같은 위험에 빠지지 않고 살아가고자 하였다.

(참여자 D)

"선교사역 후 한국으로 와서 제가 철저하게 지키는 것이 패밀리 타임이에요. 지금은 하루에 두 시간은 무조건 가족들과 함께 해요. 가족들이 멀리 떨어져 있어 1년에 한 번을 모여도 가정예배를 꼭 드려요"

(참여자 E)

"저는 이 상처에 대해 치료할 생각은 없어요. 이게 부정적이면 치료해야겠지만 자산이 되었으니까요. 이것을 통하여 분노하거나 부정적이면 치료해야겠지만 그런 게 아니니까요."

(참여자 H)

"좋은 경험을 한 거죠. 그렇게 살지 말아야겠다는 생각이 들었어요. '교인들이 바라보는 내가, 내가 바라본 모습처럼 살자.' 이거죠."

【범주 8】 대안적 대응방식 희구(desire)

주제 (37): 선교사 파송 전 관계성에 대한 사전 예방교육의 필요성

  선교지에 파송되기 전 훈련원에서의 사전교육이 필요하고, 가족의 발달과정에 관한 심리교육을 통하여 건강한 상호소통의 이해가 이루어져야 하며, 대인관계에 관한 교육 또한 전제되는 선교사 교육이 필요하다는 것을 깨닫는 계기가 되었다.

  (선교사 C)

  "사전에 교육이 필요하다고 생각해요. 한번은 선교사 부부간에 문제가 있었어요. 현지인이 놀랄 정도로 칼로 위협도 있었고요. 그래서 선교를 나가기 전에 훈련원에서 교육이 필요하다고 생각해요."

  (선교사 D)

  "선교사 훈련을 도와주는 것을 계속하고 있는데, 가장 강조하는 게 가족이에요. 가정 세우기, 문화 인류학적인 소양, 상대방을 이해, 상호관계 중요, 상담학 등 이런 것들이 사전에 정말 필요한 것 같아요."

  (참여자 G)

  "목회나 선교경력은 중요하거든요. 교인들과의 관계를 통하여서 많이 배우는데 목회 경험 없이 파송을 보내면 가서 잘하지 못해요. 관계성을 배워야 되는데 그러지 못하니까 선교현장이 안 되는 거죠. 관계를 배우는 사전 과정이 필요하다고 생각해요. 관계가 깨지면 탈진이 오기 때문에요. 결국 관계성 훈련이 안 된 사람은 선교사로 나가면 안 돼요."

주제 (38): 소통을 통한 통합적 지원의 필요성

선교란 사적인 영역이 아니므로 책임적인 소통을 위한 교단의 자구책이 마련되어야 하고, 상부 책임자들의 자성적 태도가 필요한 실정이며, 정신세계의 고민을 함께 해결해 나갈 전문 상담가의 도움이 탈진을 예방해 준다고 생각되기에 심리적 케어정책은 적극 수용해야 할 지원책이라고 생각하였다.

(참여자 A)

"결국 대화를 통하여서 풀어나가야 해요. 우리 교단의 선교사가 모범이 되어야 하고, 한국기독교는 선교 2세기에 들어서는 단계이니 업그레이드가 되어야 한다고 생각해요. 좋은 말을 해도 못 받아들이고 좋은 일을 하려고 해도 파트너도 없어요. 우리 교단이 위에서부터 바뀌어야 합니다. 양심적으로 하는데 위에서 짓누르니까 몸부림치고 있어요. 교단 책임자들이 자기 역할을 해야 해요. 그렇지 못하면 임명권자가 잘못 임명한 것이죠. 힘 있는 사람의 하수인처럼 일하면서 조직을 이끌어 나가면 발전도 안 되고 선교가 퇴보될 가능성이 보여요. 원칙을 충실히 지키면서 이것이 문제가 생겼을 때 다시 수정하는 방식을 취하고, 본부와 선교지 현장과 대화가 되어야 한다고 생각해요…."

(참여자 B)

"통합적 지원을 훈련원과 안식년 시절부터 해주어야 하고, 당장은 힘들겠지만 전문 상담사가 선교지에서 일대일 상담이 필요하다고 생각해요. 금식과 기도로 안 되는 게 정신적인 부분이라고 생각하기에 지원은 지속적으로 필요해요."

(참여자 C)

"저희는 선교 나가면서 상담을 했는데 남들은 이런 부분에 관심이 없었어요. 상담을 하자고 하면 문제가 있다는 것으로 생각하니까요. 선교사들이 본인 스스로 힘들다는 생각을 하지만 '왜 힘들지? 문제가 뭐지?' 하는 물음에는 구체적으로 인지가 안 돼요. 순회 선교사도 있지만 제도화를 통하여서 관찰과 멘토링도 해주고, 집단 상담 등 풀어 줄 수 있는 것의 지원이 있어야 한다고 생각해요. 선교지의 처우 환경개선은 우리가 할 수 있는 여건이 크지 않을 거예요. 어려운 환경에서 일하려고 작정하고 갔으니까 차라리 사소한 것들을 챙겨주면 좋겠어요. 예를 들면 현장에서 즐겁게 사역하게 하는 것, 불편한 관계에 있는 분들에게 실마리를 제공하는 것, 전문 상담사들이 가서 하루 종일 이야기만 들어주어도 쏟아내고 싶은 게 많거든요."

(참여자 D)

"상담이 필요하다는 것에 굉장히 동의해요. 남녀 부부관계도 완전히 다른 문화의 사람들이 아닌가. 상호 간의 교육, 대화 방법 이런 것들은 상담학에서 다뤄줘야 될 것이고, 전문가가 자녀들 상담까지 도와준다면 좋을 것 같아요. 선교사가 아니더라도 상담학 박사들이나 전문가들이 가서 상담해주는 것이 아주 중요한 일라고 생각해요…."

(참여자 G)

"심리적으로 힘들고 고갈된 상태에서 전문인이 도움을 준다면 도움이 많이 되죠. 보통 목회자는 안 들어줘요. 그런데 제 처는 듣는 데 일등이에요. 병중에 있어도 다 들어줘요. 헌신과 희생이에요. 예수님의 마음으로 가정사를 들어주고 기도해주는 카운슬러죠. 선교현장에서 이런 것이 필요하다고 생각해요."

(참여자 H)

"선교사들을 케어하는 게 약한데 심리적·전문가적 대응전략을 받았으면 좋았을 것 같고, 꼭 필요하다고 생각해요…."

(참여자 I)

"선교사는 심리상담적인 요소를 적극 수용해야 된다는 것을 느꼈어요. 같은 동료 선교사들끼리도 피상적인 대화 외에도 이야기했어야 했는데. 저는 무조건 좋게만 해왔고, 가정에서도 그랬어요. 다 수용할 수 있으면서도 확고한 것을 잃어버리면 안 된다고 생각해요."

(참가자 K)

"현지 선교사를 위해 심리적 상담이나 전략적인 부분에 대해 공유되고 훈련을 받았다면 이런 어려움이 적지 않았을까 생각해요. 그리고 사모에 대한 케어 훈련, 돌봄 시스템, 교육이 있다면 좋겠다고 생각해요."

주제 (39): 안식년 선교사들의 정기적 검증시스템 확보 및 교육 진행

선교사의 가족들을 위한 심리적 기반이 필요하며, 안정적이고 효율적인 선교사역을 위해서 선행되어야 할 것은 무엇보다도 관계갈등에 관한 교육이 필요하다고 생각되었다.

(참여자 B)

"한국에는 사모 세미나도 있고 울고 불고라도 하는데, 선교현장에는 그런 것이 없어요. 안식년 선교사들에게 좀 정서적·심리적인 안정과

치유, 전문적인 터치가 필요하다고 생각해요. 일회성 상담이나 선교사들에게 설문지 측면에서의 질문으로 끝나는 게 아니라 전문적인 개입이 필요하다고 생각합니다. 개별사역이든 팀사역이든 업무 이전에 관계로 갈등을 겪거든요. 그런데 그런 것을 완화할 수 있는 것이 소통과 상대방을 이해할 수 있는 것이라고 생각합니다. 선교사 훈련원 시절이나 안식년 시절에 전문적으로 교육이 선행된다면 사역의 효율성이 높아진다는 것이 제 경험에서 오는 결론이고 논지입니다…."

(참여자 J)

"선교사들에게 상담이나 터치할 수 있는 부분이 있었으면 미리 본인들을 객관적으로 볼 수 있었지 않나 하는 생각이 들어요. 본인들이 옳은지 아닌지 판단할 수도 있고요. 심리적인 부분을 돌보고 교육하면 가능하다고 생각해요."

주제 (40): 파송단체의 선교사들에 대한 관심과 세심한 케어 필요

선교사에 대한 돌봄을 위해 개인의 힘으로 해결할 수 없는 재정적 지원을 위한 제도적 안전장치가 필요하며, 선교사에 대한 권한은 선교부로부터의 개입이 필요한 부분이기에 세밀한 돌봄이 마련되어야 한다고 생각하였다.

(참여자 B)

"재정적인 부분이 크다고 생각합니다. 언어를 극복하고 습득하는 것은 선교사 개인의 문제라고 생각합니다만, 후원은 제도적으로 한자리 수 정도의 지원이라도 되어야 하지 않을까 생각합니다."

(참여자 C)

"초임 선교사가 기존 현지 선교사와 부딪혀서는 안 된다고 생각해요. 소환, 징계를 하거나 하는 권한을 선교부에 넘겨주거나 외부적 개입이 필요하다고 생각해요…."

(참가자 J)

"객관적으로는 위에서 해줘야겠죠. 교단 선교위원회도 바로 서야겠다고 생각하거든요. 정치의 힘에 따라서 선교사가 휘둘리는 것이 아니라 정확하게 기준만 잘 잡아주고, 영적인 부분에 있어서 돌봄이 필요한 것 같아요."

<u>주제 (41): 중도포기 선교사에 대한 대책 마련 및 회복에 대한 도움</u>

선교사에 대한 대책마련은 세밀하게 준비될 필요가 있으며, 인격적인 부분에 대한 점검이 파송 전에 이루어져야 하고, 안식년 제도를 통하여 선교사 가족들 모두가 자기인식을 할 수 있는 시간을 제공해주는 것이 필요하다고 생각하였다.

(참여자 B)

"조직적인 인식개선이 필요하고 돌봄도 단순보다는 세분화하는 부분이 필요하다고 생각해요."

(참여자 D)

"상담접근 및 심리치료 그리고 선교국의 인식의 전환, 인격적인 요소에 대한 점검이 있어야 해요…."

(참여자 J)

"하나님이 어려움을 주시는 이유가 벌을 주는 게 아니라는 것을 깨닫는 게 중요하다고 생각해요. 충분히 집중적인 케어를 하면서 시간이나 방법이 좋게 되면 한국에 와서 보면 자신의 상태를 좀 더 볼 수 있게 되지 않을까 생각해요."

주제 (42): 영적 부분의 회복을 통한 극복

심리적 지지 측면에서 인간적 개입인 상담 및 컨설턴트 필요성과 중요성을 인지하지만, 목회자와 선교사이기에 영적 부분의 회복을 통하여 탈진을 극복하고자 하였다.

(참여자 D)

"기도와 말씀의 영적인 부분이 중요하다고 생각해요. 새벽기도 등 영적 생활이 회복이 되어야 해요."

(참여자 J)

"선교에서 하나님과의 관계나 사회적으로 인간관계가 중요하거든요. 그런 것들이 잘되는 것이 중요한 것 같아요."

V. 연구결과 및 논의

A. 일반적 연구 논의

본 장은 연구결과의 논의 부분이다. 먼저, 탈진 선교사들에게서 나타난 일반적인 것들과 선교단체의 구조적인 면에 대한 연구이다. 이를 통하여 후원교회나 선교단체가 탈진 선교사들에게 '돌봄과 소통의 구조'가 될 수 있도록 논의되어야 함을 알 수 있다.

1. 탈진의 주원인

정서적 탈진의 주원인은 관계갈등이었다. 선교사들은 무시와 배척으로 일관하는 선임 선교사의 모습에 실망하여 정체성의 상실감을 떨쳐낼 수 없었다. 그런 상황에서도 선교사들은 선교현장 운영방식에 대한 문제를 제기하기도 했지만, 그 결과는 선임 선교사나 동료 선교사들과 빚어지는 오해, 편 가르기 혹은 비협력적 사역 등으로 이어졌다. 또한 선임 선교사의 일방적인 재정 사용으로 인한 소통의 단절은 후임 선교사들에게 자존감 상실을 가져왔고, 지속적으로 감정적 소모를 초래하는 동인(動因)이 되어 왔다. 이러한 상황들로 인해 초임 선교사들은 결국 탈진이라는 장벽에 부딪히게 된 것이다.

2. 탈진이 시작된 발단

선임 선교사의 자기중심적인 권위주의와, 선임 선교사의 가족이 후임 선교사 가족에게 업무와 관계없이 압박을 가함으로써 후임 선교사와 그 가족에게 모멸감과 자존감 손상을 주어 더욱 악화된 상황을 초래하였다. 그로 인해 선교사들은 점차 자존감을 상실하게 되었고, 답답하고 괴로운 감정은 정서적으로 황폐화시킬 뿐만 아니라 일에 대한 열정도 식어지게 만들었다. 그러면 결국 대개의 후임 선교사들은 시키는 일만 하는 '수동적인 모습'으로 전환되었다.

또한 후임 선교사들이 수동적인 모습을 보이거나 자존감을 잃어버리는 또 하나의 이유는 선임 선교사의 '일방적 견해' 때문이었다. 선임 선교사의 일방적인 보고로 인해 선교사들의 의견은 선교단체나 후원교회에 받아들여지지 않거나 무시당하였다. 그래서 후임 선교사들은 상부기관으로부터 도움은커녕 정치적 어려움을 받을 수밖에 없었다.

이로 인해 후임 선교사들은 낙담한 가운데서도 사역을 진행하기는 하였지만, 결과는 매너리즘에 빠지게 되었고 사역에서 누리는 즐거움도 잃어버리게 되었다. 사역의 진보도 당연히 나타나지 못한 채 끝없는 정서적 위기와 불안 심리로 인한 에너지 침체가 탈진에 이르게 한 요소가 되었던 것이다.

3. 탈진의 주요 증후군

탈진은 일반적으로 분노와 공허감, 자존감의 손상으로 발전하게 된다. 그것은 감정적 고갈과 무력감을 유발하고, 고립과 회피로의 방어기제를 활성화한다.

선교사들의 탈진 역시 무엇보다 감정이 고갈되고 무력감으로 나타났다. 탈진으로 인한 주요 증후군은 관계 가운데 자신의 존재가치의 전락에 따른 문제들이 위축과 허탈 그리고 좌절과 소외감으로 표출되었다. 일차적 반응으로는 신체적 증상이 나타나고, 이차적으로는 소외감으로 인한 위축이나 사역의 성과가 나타나지 않아 심리적·정신적 고갈상태에 이르게 되었다. 그 결과 자신의 존재가치에 대한 상실로 인한 좌절감은 영적 무기력을 가져왔고, 점차 고립적 침체에 빠지게 만들었으며, 때로는 영적 생활이 영적 유혹으로 무너지는 경우도 있었다. 탈진의 증상들이 지속적으로 진행되어 온 것이다.

4. 탈진 상황에서의 심리적 상태

탈진에 빠졌다는 것을 느끼거나 확신하게 되면 자연스레 심리적 방어기제 (防禦機制, defense mechanism)가 작동하게 된다. 무의식적으로 자신도 모르게 스트레스를 푸는 것이다. 즉, '억압과 보상', '동일시와 대치', '보상과 해리'(dissociation), '상담과 심리치료', '투사(projection)와 전이', '보상과 합리화', '선교지 결실' 등으로 자기 만족감을 갖기도 한다. 하지만 탈진 선교사들은 자기 만족감이 오래 가지 못했다. 주변의 권면으로 인해서나 스스로의 심리적 상태로 말미암아 자기 만족감이 곧 시들해져서 중도포기의 길로 들어서는 경우가 많았기 때문이다.

5. 탈진이 가져온 결과물

사회생활에서 관계의 실패, 갈등이 계속되면 누구나 계속 인내할 수가 없다. 사역지에서의 선교사들도 마찬가지이다. 관계가 회복되지 않고 답답한 관계가 계속되고 사역의 결과가 나타나지 않으면 포기해야겠다는 감정을 불러일으키게 된다.

탈진 증세에 시달린 선교사들은 급기야 '중도포기'라는 마지막 카드를 생각할 수밖에 없었다. 받은 소명과 영적 생활로 극복하려고 인내하며 버텼지만 지속되는 고립된 삶으로 숨이 막히고 갈등 관계로 인해 무력감과 절망감이 계속되니 차라리 사역을 그만두는 것이 더 낫겠다는 고민과 갈등을 하게 된 것이다. 그래서 사역에 방임적으로 돌아서게 되었고, 심지어는 타 교단 선교사들과 접촉하기도 하는 등 악화일로의 상황이 더욱 진전되어 결국 중도포기를 결심하게 되었다. 그러므로 선교사의 탈진 증세에 대한 사전 예방적 차원과 보호적 차원의 돌봄에 관한 정책은 보다 신중하게 처리할 필요가 있을 것이다.

6. '돌봄과 소통'이 되지 않는 선교단체의 역할

선임 선교사나 동료 선교사와의 갈등은 선교단체로부터의 소외로 확산되어 나타났으며, 공개적으로 '사역 불가능한 자'라고 낙인찍히는 사례도 발생되었다. 그로 인해 선교사들이 탈진 상태에 빠져있어도 그 상황에 대해서 후원교회나 선교단체, 선교위원회로부터의 도움을 받았다는 통계는 거의 없었다. 오직 충성과 헌신만을 강조하며 고통을 감내하라고 종용받았던 것이다.

　이처럼 선교사들은 후원교회나 선교단체에게 그들의 의견을 말하는 것조차 거부당하는 어려움에 처했을 정도로 돌봄과 소통에서 소외되었다. 후원교회나 선교단체의 구조는 선교사들에게 별로 도움이 되지 못했던 것이다.

　이로써 선교사들을 위한 돌봄과 소통을 위한 상담요청이나 문제점에 관한 지원요청이 선교단체에 좀처럼 반영되지 않았다는 것을 알 수 있었다. 그러므로 선교에 관한 지속적인 안정적 지원과 선교현장에서의 공동체적인 삶이 영위될 수 있도록 선교단체는 선교사들을 제대로 알고 지원해 주어야 할 것이다. 선교사들이 고국에서 목회했던 그 열정적인 모습으로 선교사역을 마음 놓고 할 수 있도록 뒷받침을 잘해 주어야 하는 것이다.

　또한 선임 선교사는 후임 선교사에게 명령하고 지시하고 권위를 내세우며 자신의 방식을 따르라고 강요해서는 안 될 것이다. 오히려 후임선교사와 가족을 진심으로 도와주고 아껴주고 배려해 주는 섬김의 자세로 돌봐 주는 것이 탈진과 중도포기를 막는 가장 바람직하고 시급한 대처방안일 것이다.

B. 선교신학적·목회상담적 논의

　이제는 탈진한 선교사를 회복시켜 새로운 선교사역자로 자원할 수 있도록 회복시키고 성장시키는 것이 논의되어야 한다.

1. 중도포기를 통해 나타나는 선교신학적 논의

1) 건강한 선교사 가정을 위한 계획이 필요하다.

선교사 탈진에서 회복 가능한 첫 번째 장소가 가정이다. 가정은 탈진을 일시적으로 완화시켜 주거나 혹은 증폭시켜 주는 근원지이기 때문이다. 따라서 사역의 어려움은 가정을 통해 해소되고 주변의 돌봄을 통하여 실제적인 해결방안을 찾으면 쉽게 풀릴 수 있었다. 하지만 탈진 선교사들에게는 가정문제가 도리어 더 무거운 문제가 되어 온 가족이 지쳐서 극단적 선택을 결단하는 결과를 가져오게 만들었다. 자녀와의 문제, 부부 간의 문제가 겹쳐 탈진의 가속화과정에 직면하게 되었던 것이다. 따라서 선교사들에게는 가정상담의 필요성이 무엇보다도 우선 되어져야 한다.

2) 사모의 치유와 회복은 선결되어야 할 과제이다.

선교사의 사모는 남편과 자녀들로 인해 심각한 내적 갈등에 늘 직면해 있고, 주변관계에서 발생되는 감정적 문제로 인해 사면초가 상태에 빠져 있다. 게다가 한국 선교사들의 전형적인 특징인 가족 간에 대화가 별로 없기에 사모들은 선교지에서 고통을 호소할 데가 없어 막막한 상황에 처하게 되는 것이다. 그러므로 사모의 위기는 심각하게 고려해 보아야 할 사항이다. 가정에서의 대화를 살려내야 하는 것이 급선무이므로 소통을 위한 교육과 훈련을 점검하도록 하여야 하고, 선교전문 상담가의 정기적인 상담을 직접 혹은 간접으로라도 받을 수 있도록 정책적인 지원을 아끼지 않아야 한다.

3) 선교사의 관계갈등이 해결되어야 한다.

선교사의 가장 큰 위기는 관계갈등에서 비롯된다. 선교사의 관계갈등은 가족뿐만 아니라 현지인, 동료 선교사, 선임 선교사와의 갈등 그리고 후원교회나 선교단체와의 갈등 등이다.

문제해결을 위한 기본적인 장소는 가정이고 더불어 갈등을 증폭시키는 진원지 역시 가정이다. 따라서 가족과 함께하는 선교사의 휴식이 절대적으로 필요한데, 연속적으로 집중해야 하는 사역 형태는 선교사를 지치게 만들었다. 아울러 선임 선교사로 인한 부담감이나 동료 선교사 간의 사역경쟁과 사역 부담감은 내적 충돌을 가져왔다. 관계훈련이 부족한 것 또한 선교사를 관계갈등 문제에 빠지게 만들었고, 그 결과 탈진이라는 덫에 걸리게 만들었다.

이러한 선교사의 관계갈등을 구체적으로 중재에 나서지 않는 선교단체의 미온적 태도가 실상 선교사들의 중도포기의 원인을 제공해주고 있음을 시사해주고 있다.

2. 귀국한 선교사의 변화를 통한 목회상담적 논의

다음은 회복하는 과정을 통한 목회상담적 변화들이다.

1) 선교사들은 탈진경험을 통해 선교운영 방식을 깨닫게 되었다. 사랑과 공의로 운영하는 것이 선교사역의 기초임을 깨닫게 되었고, 갈등상황은 보다 유연한 대화를 통해 극복할 수 있음을 느끼게 되었다. 특히 자신의 성격을 점검해보는 계기와 동료 선교사와의 갈등을 세대차와 다름으로 이해하고자 노력하였다. 그리고 선교 현실을 있는 그대로 보려는 입장으로 전환되었으며, 각자 지닌 개성에 따른 선교방식의

차이가 복합적으로 갈등의 요인이 되었다는 것을 발견하는 계기가 되었다. 그 결과 심리상담 교육을 받거나 관계훈련을 위한 교육을 받으며 회복하게 되었다. 탈진극복을 위한 방법을 스스로 찾아 극복하는 선교방식을 터득하게 된 것이다.

2) 선교사에 대한 소명의식 강화와 정체성 확립이 문제를 해결하는 요소임을 인식하게 되었고 스스로 안정과 회복을 찾아갔다. 갈등의 핵심적 주체가 된 선임 선교사의 입장을 이해하려고 노력하고, 현지교인들에게 선교사로 살아가는 모습을 보여주겠다고 결심하였다.

3) 이전보다 더욱 깊고 거듭난 신앙의 모습을 보여주려고 노력하였다. 신앙은 시련을 통해 성숙되고 새로운 소명을 만들어 주었다. 하나님의 치유와 회복을 깨닫고 작은 일에 더욱 충성함으로 회복과 성장을 이루려고 하였다.

4) 지나간 선교 사역지를 돌아봄으로 새로운 비전과 자신이 다시 도전할 사역의 영역임을 발견하였고, 동일한 문제를 가진 동료 선교사들을 지원해주고 싶은 마음도 갖게 되었다.

5) 가족의 중요성을 깨닫게 되어 가족 간의 진정한 대화와 소통을 배우고, 고통을 받았지만 경험하였던 선교사역을 새로운 경험의 자산으로 삼아 다시 전문 선교사로서의 비전을 품게 되었다.

3. 성장과정과 결과를 위한 목회상담적 논의

1) 선교사 파송 전에 상담에 관한 사전교육이 필요하며 관계형성에 따르는 소통을 위한 훈련이 요구된다. 또한 선교전문 상담가의 정규적인 순회상담 및 돌봄 전략이 요구된다. 특히 선교사와 선교단체는 상담에

관한 인식을 새롭게 가져야 하며, 그러한 이해를 바탕으로 상담전문가 제도가 정착될 수 있도록 선교단체의 충분한 지원이 필요하다.

2) 선교 상담의 대상은 선교사 가족과 현지인들 그리고 나아가 동료 선교사들 간에 팀 상담이 필요하다. 나아가 멘토와 치유를 위한 공간을 만들어 영적·심리적 지원을 아끼지 않도록 해야 한다.

3) 선교사들의 안식년 제도를 통해 철저한 회복과 치유로서의 시간의 장을 마련해 주어야 한다. 모금과 행정 그리고 부흥성장을 위한 재교육에 너무 몰입하지 않도록 배려해 주어야 한다. 무엇보다도 객관적 관점에서 선교사 자신과 가정을 바라볼 수 있도록 해주는 교육제도가 필요하다. 그것이 가능할 때 자기성숙과 회복 그리고 성장이 나타나기 때문이다.

4) 파송단체의 돌봄과 섬김이 객관적이며 정치적이지 않도록 해야 한다. 일방적인 제재와 판단은 선교사의 삶을 절망과 질병 속에 빠지게 하고 선교의 노고가 한순간에 무너지는 위기를 초래하기 때문이다.

5) 고통과 갈등 그리고 탈진의 경험 속에서 영적인 훈련으로의 회복이 가능하고 하나님과의 관계회복을 통한 영적 재충전으로의 길이 가능해 진다. 그러므로 탈진한 선교사는 선교현장의 탈진동인을 가정을 통해 회복하는 상담과 소통 법을 배워, 새로운 선교사역의 도전을 불러일으켜야 한다. 목회상담적 차원의 선교 상담은 아직 일반적인 인식부족으로 접근이 용이하지는 못하지만 선교전문 상담가의 필요성에 관해서는 인지하고 있었다. 실제로 상담을 선교사케어에 관한 부분으로 시도한 기관들이 늘어나면서 탈진 선교사의 회복과 치유가 시작되고 있었으며, 선교사 재교육이 상담학적으로 이루어지고 있다고 정리할 수 있다.

VI. 나가는 말

　본 장은 연구결과의 요약부분이다. 인구사회학적으로 일반적 특성과 동인을 정리하였고, 이어 중도포기를 경험한 선교사의 심리적 현상과 그 대응방안에 관하여 탈진에 나타나는 보편적인 심리적 현상인 여덟 가지 공통요인을 정리하였다. 제언 부분에서는 실제적인 탈진극복을 위한 구체적인 적용점을 찾아보고, 후속연구를 위한 추가적인 방안을 제시하였다.

A. 요약

　본 연구는 일반적인 사항과 핵심적 주제인 탈진의 분석과 해석에 관해 다음과 같은 두 가지 결과를 도출해 내었다.

1. 인구사회학적으로 나타나는 일반적 특성과 동인

1) 인구사회학적 특성과 사역의 어려움

　첫째, 탈진의 배경변인(背景變因)인 인구사회학적 특성을 살펴보면 기혼 남성이었고, 가정의 자녀문제로 인한 갈등과 사역의 한계를 느꼈으며, 그럼에도 불구하고 계속된 사역의 한계가 더욱 정서적 고갈과 심리적 압박을 가중시키는 것으로 밝혀졌다.

둘째, 한 가지에만 열중하는 사역집중 유형이 탈진의 상황을 더욱 가속화시켰다. 이는 선교사들이 맡겨진 사역에 열정적으로 몰입했음을 보여주는 한 예이다. 또한 지속적인 집중은 선교사를 수동적인 존재로 만드는 결과를 가져왔다. 관계에서 발생되는 갈등 상황은 가치와 신념의 차이, 세대 차이로 인한 것들이었으며, 가치측면에서 인정받지 못해 자연히 자율성이 줄어들게 되었다. 결과적으로 매너리즘에 빠져 사역의 즐거움을 잃어버리고 사역의 열매와 진보도 보이지 않은 채 끝없는 정서적 위기로 인한 불안심리로 에너지 침체에 이르게 되었다.

셋째, 재정적 어려움은 선교사역 전반에 걸쳐 탈진을 가중시키는 요인이 되었다. 2015년 통계에도 70% 이상이 재정의 어려움을 호소했다 (문상철, 2015). 이러한 위기와 압박감은 정서적 불안을 가져와 잠재적인 내적 갈등의 원인이 되었다. 즉, 지속적인 경험으로 인한 정서적 불안감은 현지 사역자와 동료 그리고 현지교인들과의 대인관계에서 갈등을 가져오는 요인이 되었다.

넷째, 대인관계의 갈등은 선교사들에게 항상 80-90%로 존재하고 있음을 간접적으로 드러내 주었다. 개인적인 문제에 의한 부분도 있지만, 대부분은 현지인들과 문화적 차이, 선임자와 동료 선교사와의 갈등, 사역의 경쟁적인 관계로 인해 발생되는 것들이었다. 그 외에도 한국의 후원교회와 교인들, 선교단체, 환경에서 오는 소통문제로 인한 갈등은 사역의 불이익과 교회후원의 감소 그리고 사역결과의 평가절하로 비쳐지게 될까봐 수동적 관계로라도 유지하는 실정이었다. 특히 선임자와의 갈등은 대인관계의 소통에 있어 갈등의 심각함을 드러내 주었다.

다섯째, 선교사의 탈진에 선교단체나 선교위원회의 도움은 기대치를 밑돌았다. 이로 인해 선교사들의 돌봄과 소통을 위한 상담 요청이나 문제점에 관한 지원요청의 기본적인 것들이 반영되지 않는 구조가 드러났다. 예를 들면 선교사들은 의견을 '청취'하는 것조차도 거부당하는 어려움에 처해 있었다.

여섯째, 열정적인 의지를 갖고 여가 시간 없이 사역하다 보니 신체적 혹은 정서적으로 지칠 수밖에 없었다. 연 1회 휴가가 90.9%로, 이는 거의가 휴가와 재충전을 하지 못하는 가운데 일 중독적인 모습을 나타냈다. 이러한 상황은 가족과 주변이 힘들어지게 하여 정서적 불안정과 대인관계의 고통스러움을 겪게 만들었다.

2) 핵심적 주제인 탈진의 동인

첫째, 가정은 탈진을 일시적으로 완화시켜 주는 근원지가 되어 준다. 타 문화권에서의 적응과정의 어려움과 재정적 고통, 가족 간의 지지(support)를 위한 대화의 장이 종합적으로 이루어지는 곳이 가정이기 때문이다. 가정에서 부부의 소통, 자녀와의 소통은 커다란 구심적으로 작용된다.

둘째, 선교현장에서의 부부문제는 90%가 사모가 겪는 어려움으로 인한 것들이었다. 사모들은 육아와 가정일 외에도 남편과 함께 섬김의 사역을 추가로 감당해야만 하고, 아울러 가부장적 태도를 지닌 남편들의 정서 및 주변관계에서 발생되는 감정적 문제로 인한 이중적 고통에 직면해 있었다. 인터뷰 과정에서도 부부 간의 갈등문제는 그 심각성에 관하여 재고해볼 필요가 있음을 시사해 주었다. 부부문제가 가중되면 사역 및 다른 모든 영역에도 영향을 미치게 된다는 점에서 그 위기는 심각하게 고려해 보아야 할 사항이다.

셋째, 여가와 휴가가 없이 동역하는 선교사 부부는 자녀와 대화나 별다른 교제가 없는 것으로 추론되었다. 여가 없는 사역은 가족과의 정서적 결핍과 관계적 단절을 유도하고 있었다. 따라서 선교사들에게 소통과 만남의 교제가 전제되는 여가와 휴가는 꼭 필요하다고 볼 수 있다.

넷째, 현지교인들과의 갈등은 현지인들과의 갈등보다 더욱 심각한 상태였다. 전반적으로 갈등문제로 얽힌 목회사역이 현지인 사역보다 힘들고, 그들과의 친밀한 관계를 유지하는 것이 매우 어려운 현실문제였다. 때때로 현지인과 팀 사역을 하다가 갑자기 돌변하는 현지인들의 모습으로 인하여 정서적 불안과 대인관계의 불안 등 정서적 위기가 초래되었다.

다섯째, 선교단체와의 갈등문제는 현지교인과의 갈등문제를 넘어섰다. 사실상 선교사들의 중도포기의 원인 중에 선교단체도 한몫을 했던 것이다. 이러한 문제는 선교단체가 선교사의 문제와 위기를 돌보지 못했음을 간접적으로 입증해 주었다. 선교사들과 선교단체는 업무에 있어 능동적 관계라고 피력하지만 사실 수동적일 수밖에 없다. 단체와의 소통방식에 있어 선교사 입장에서는 일방적이라고 생각할 수밖에 없는 여건이 전개되기 때문이다. 선교사가 문제나 병폐를 기관에 지적하는 소통방식을 취할 경우, 약점으로 작용되어 불이익을 당하거나 심리적으로 회의와 고립감에 처하는 일이 발생되는 것이다.

여섯째, 동료 선교사 간의 갈등문제는 모든 갈등의 최고점이었다. 이것은 선교사들이 살아온 문화와 가치관의 차이, 성격 그리고 과잉성취 동기에 의한 욕구에서 비롯되었다. 강한 경쟁심에 의해 의욕적이고 주관적인 판단과 강력한 강제성의 모습들로 갈등을 불러일으킨 것이다. 또한 선임과 후임의 구조는 상명하복의 관계를 넘어 줄서기로 귀결되는 부분이 전개되고 있었다. 이러한 상황은 선교사를 심리적으로 불안과 혼란에 빠뜨렸고 정서적 고갈을 가져왔다. 그리고 대인관계의 미성숙으로 관계갈등에서 단절이라는 악순환의 고리를 만들어내는 요인이 되었다.

결론적으로 선교사의 가장 큰 위기는 사역 6년을 못 넘기고 나타났으며, 그 동인은 관계갈등으로 정리되었다. 갈등대상은 부부, 자녀, 현지인, 선교단체 그리고 동료 선교사들이었다. 또한 문제해결을 위한 기본적인 장소는 가정과 가족임에도 불구하고 오히려 가정이 갈등을 증폭시키는 진원지가 되기도 하였다. 또한 자녀문제가 심각한 요인이 되어 부부문제로 이어졌다. 문제발생의 근원에는 선교사의 휴식이 절대적으로 필요하다는 것을 시사하고 있으나, 계속되는 사역형태가 선교사를 지치게 만들었고, 동료 선교사 간의 사역경쟁과 사역부담감이 내적 혼란을 가져왔다. 관계훈련의 부족함 또한 선교사를 문제에 빠지게 만들어 결국 탈진이라는 덫에 걸려들게 만들었다.

2. 탈진에서 나타나는 여덟 가지 심리적 공통요인

첫째, 선교사들의 문제는 주로 대인관계에서 내재적 가치의 다름으로 인한 갈등문제였다. 선교사들의 일반적인 선교운영 방식에서 오는 압박감과 대인관계에서 오는 경쟁과 시기심은 현실적 불안을 야기하였다. 특히 초임 선교사에 대한 배려와 지원에 대한 실망감, 재정 운영방식에서 사용용도에 대한 인식 차이, 선교관과 운영방식에서의 다른 견해로 인해 발생되는 따돌림과 배척, 비난과 불평, 모멸감을 주는 태도는 자신의 존재가치에 대한 허탈감을 가져왔다. 무엇보다 자기중심적인 욕심을 채우고자 표리부동한 태도로 임기응변식 생활을 하는 선임 선교사의 모습을 지켜보면서 겪는 괴리감에 의한 심적 고통은 분노와 내적 공허감을 심화시켰던 것이다.

둘째, 선임 선교사의 일방적 권위주의적 태도로 말미암는 지시적 지도방식은 선교사역의 모든 영역에까지 부정적 영향력을 끼쳤다. 심지어 선임 선교사의 가족으로부터 끊임없이 이어지는 압박과 충고는 자존감을 손상시켰고, 문화적 차이에 적응하지 못하는 현실은 수동적인 태도를 가중시켰다. 특히 인신공격과 일방적인 훈계태도 및 소통이 진행되지 못하는 관계 속에서 초래되는 정체성에 대한 혼란과 분노는 삶의 괴리를 경험하게 만들었다. 결과적으로 관계단절과 그러한 경험으로부터 전개되는 수동적 관계는 정서적 고갈에 이르게 하였고 소외감정으로 직결되었다.

셋째, 동료 선교사와의 관계갈등으로 에너지가 점차 고갈되며 심리적 증상이 드러나기 시작하였다. 관계의 어려움은 자신의 존재가치 전락에 따른 좌절과 무기력이고 신체적·정신적 질병으로의 증상(실어증, 우울증, 정신분열성)과 더불어 개인영성의 측면에까지 영향을 미쳤다. 그럼에도 불구하고 선교사들은 영성으로 갈등의 문제가 해결될 것으로 여기고 기다리다가 결국 정서적 탈진으로 내몰렸다.

넷째, 선교사들이 선교지에서 심리적 갈등으로 인하여 취한 반응은 사역을 진행하는 가운데 동료 사역자, 현지인 사역자, 선교단체와의 관계단절 형태를 가져왔다. 복합적으로 연계된 결과물들은 실패했다는 자괴감이 들게 하였고 선교포기의 감정을 가져왔다. 또한 한국 선교사의 특성은 여가와 휴가도 없이 사역에 집중적으로 몰입하는 것인데 의욕이

상실되자 방임적 태도를 드러냈다. 일단 관계의 어려움에 빠지면 말수가 적어졌으며, 그 자리를 떠나고 싶은 열망으로 사역에 대한 열의가 사라지고 회피적 모습이 드러났다.

다섯째, 정서적 고갈로 말미암게 된 심리적 방어기제 사용은 일시적 탈출구를 마련하여 고통을 완화시켜 주는 방책이 되었다. 억압이나 승화로의 현상은 악화상황으로부터 도피할 수 있는 임시적 대안의 효과를 가져왔지만 근원적인 해결책은 되지 못했다. 갈등에서의 일시적 회복은 가정에서부터 시작되었다. 가족의 지지가 담긴 대화를 통해 신뢰를 얻음으로 위로와 보상심리가 충족되었다. 때로는 동료 선교사도 같은 어려움을 겪고 있다는 동일한 위로와 공감을 통해 잠시라도 문제를 잊어버릴 수 있었다.

한편, 현지에서 양육한 현지인 신자들의 변화된 삶의 모습에서 나타나는 결실을 바라보며 처해진 어려움을 일시적이나마 잊어버릴 수 있었다. 때로는 전화상담이나 고국을 방문함으로 잠시 현실의 고통을 극복할 수 있는 기회를 얻기도 하였고, 예배로 인해 소명을 재확인하며 어려움을 극복해 나갈 수 있었다. 직면하기 어려운 갈등 부분에 관하여서는 타인의 결정을 의존함으로 스스로를 위로하고 책임감으로부터 당위성을 확보하며 죄책감으로부터 벗어날 수 있었다.

여섯째, 중도포기의 가속화현상은 선교사의 아내인 사모를 통해 나타났다. 타 문화권에서 언어소통 및 문화적 몰이해 그리고 기득권을 가진 선임 사역자들의 영향 아래에서 받게 되는 심리적 고통은 가사에서 발생되는 일까지 맞물려 이중적으로 지속적인 고통을 겪게 되어 정서적 불화를 증폭시켰다. 또한 개인적인 배경과 문화적 이질감은 가정문제의 극대화를 이루는 동인이 되었고, 타 문화권에서 가족의 부적응과 불안감 그리고 언어 문제는 사역의 부적응을 만들어내는 원인이 되었다.

일곱째, 탈진 후 자신의 삶의 영역에서 의미를 찾아가는 과정도 매우 중요하였다. 탈진의 경험을 통하여 진정한 선교운영 방식에 대해 깨닫는 계기를 얻게 되었고, 선교사에 대한 소명의식의 강화와 정체성 확립을 통해 성숙한 진일보(進一步)를 이루게 되었다는 점은 매우 놀라운 결과였다. 또한 신앙생활을 영위하고 선교지 사역에서 필요한 영역의 발견 및 현재 한국 사역에서의 밑거름이 되고 있다는 생각을 갖고 있었다.

여덟째, 탈진 극복을 위한 구체적 방식으로는 선교사 파송 전에 관계성에 대한 예방적 교육의 필요성과 소통을 통한 통합적 지원의 필요성이 대두된다. 안식년 선교사들과 그의 가족까지 정기적 검증시스템 및 자신을 인식할 수 있는 교육과 이에 대한 파송단체의 돌봄 전략에 대한 정책이 마련되어야 함이 제기되었다. 또한 중도포기 선교사의 회복과 대책 마련을 위하여 단순 돌봄이 아닌 상담 접근 및 심리치료의 필요성에 관한 인식도 언급되었다. 선교전문 상담가와 순회선교사들이 지속적으로 선교현장에서 심리적 고충을 들어주고, 문제들을 풀어주는 특단의 조치과정의 필요성도 제기되었다.

그 과정을 단계별로 표현하면 다음과 같다.

> 부부 문제 - 자녀갈등 - 현지인 갈등 + 동료 선교사 갈등(실망과 공허감 + 관계 단절 + 정서적 고갈) - 선교단체 소통부재 - 소외감 - 일시적 방어기제로서의 가정을 통한 일시적 해소 - 중도포기 가속화현상 - 탈진 - 중도탈락 야기

탈진의 요인은 대인관계의 갈등으로 시작되며, 일반적 조언과 왜곡된

영성이해로 해결될 수 없는 문제임에도 불구하고, 통전적이지 못한 영성적 방향에서 자구책을 마련하는 것이 선교현장에서의 일반적 상황이다. 이에 선교사의 탈진에 관한 해결을 위한 지혜로운 접근을 위해 '사회심리학적 이해'와 '상담심리학적 접근 방법의 도구'를 사용하는 통전적 접근이 필요하다. 그리고 선교사를 돌보고 섬기는 사역이란 재정적 지원의 의미보다는 조직과 관계망을 통해 자기인식을 갖게 하기 위한 심리교육의 지원이라고 보는 것이 더 의미가 적절할 것이다.

그러므로 기존 선교사 재교육과 신입 선교사를 위한 현지방문의 상담심리적 예방교육에 관한 필요성이 미래선교 정책으로 요청된다. 아울러 탈진을 인식할 수 있고 대응할 수 있는 심리적 척도개발도 요구된다. 특별한 경우 개별적으로 선교사 집중교육이 필요하기도 하며, 경우에 따라서는 지역사회의 의사, 상담가, 목회자가 네트워크를 이룬 팀 사역도 필요할 것이다.

B. 제언

본 연구에서 가장 큰 의미는 탈진극복을 위한 대응에 관한 구체적 방식을 도출하는 것이었다. 그러므로 분석을 통하여 도출된 범주에 근거하여 구체적인 적용 방안의 의의와 시사점을 먼저 제시하고, 후속연구에 대한 제언을 하고자 한다.

1. 연구 적용 방안을 위한 제언

본 연구의 의의와 적용 방안들에 관하여 12가지 측면에서 보완하고 개선할 시사점들을 제시하고자 한다.

첫째, 본 연구를 통해 파송 전 관계성에 대한 사전 예방차원의 맞춤교육이 필요하다. 이것은 개별적이고 집중적인 선교사 돌봄 체제이다. 파송 전 훈련시절에 자격검증과 더불어 관계성에 대한 사전교육을 받게 되면, 현지적응에 유연한 자세로의 대처가 가능하고 중도 탈락률을 감소시킬 수 있기 때문이다.

둘째, 사전교육이란 선교사에게 관계적 이해와 친밀한 상호관계를 구성하기 위한 상담교육이며, 타인이해와 의사소통 훈련교육을 뜻한다. 선교사들의 탈진요인은 관계갈등 및 대인관계에서 비롯되는 것이 대부분임을 확인할 수 있었다. 이러한 맥락에서 인간발달 관점에 대한 이해 및 대인관계와 소통에 대한 교육내용이 파송 전에 전제되어야 한다. 그 외에도 선교사들의 탈진유형 및 특징, 대처방안 등에 관한 안내정보가 교육부분에 포함되어져 실제적 교육내용으로 진행되어야 한다. 즉, 탈진 예방 및 나아가 중도포기 방지에 긍정적 영향력을 미칠 수 있도록 하는 정책이 필요한 것이다.

셋째, 본 연구의 대상들이 한국 선교사들이어서 한국문화의 형태와 인식적인 관점을 보여주고 있다. 개인적인 배경과 문화적인 차이로 한국 선교사들이 겪는 정서적 어려움과 사회문화적 관계의 고통을 확인할 수 있었다. 이러한 문제들로 선교사들이 자아정체성이 흔들려 위기로 내몰리지 않도록 해야 한다.

넷째, 선교지에는 반드시 상담심리학적 부분의 통합적 지원이 필요하다. 지금까지 선교지의 문제에 관한 해결책은 영성 회복에 중점을 두었지만, 지나친 개인 영성에 치중한 나머지 사회적인 부분이나 정서적·심리적 측면이 무시되는 경향이 있었다. 그러므로 본부와 현장 간의 소통의 대화와 더불어 선교전문 상담가가 멘토링를 통한 돌봄 정책과 선교지 현장을 찾아가는 돌봄의 전략을 세울 필요가 있다.

다섯째, 선교사 상담은 신뢰를 얻을 수 있는 선교전문 상담가가 해야 한다. 관계를 통해 탈진을 경험한 사람들은 다시 관계를 통해 새로운 경험을 함으로써 위로를 받고 회복되는 것을 볼 수 있었다. 따라서 오랜 선교의 경험과 인격적 자질 그리고 심리상담의 지식과 스킬을 함유한 목회상담가로부터의 돌봄이 진행될 수 있도록 하는 것이 더욱 좋을 것이다.

여섯째, 선교사들의 정기적 검증 시스템 확보 및 교육 진행이 필요하다. 현재 선교사들은 파송 이후 재교육이나 재검증의 절차가 거의 없다. 안식년을 통해 모든 선교사들을 점검 대상으로 한 정기적 검증시스템이 확보되어야 한다. 재교육 과정에서 자신감을 회복하여 수동적인 관계에서 능동적으로, 주관적인 개념에서 벗어나 포괄적인 인식이 가능해지도록 하여야 한다.

일곱째, 선교단체나 선교위원회가 선교사들에 대해 개별적인 세심한 돌봄을 인식해야 할 필요가 있다. 선교사들은 선교지에서 발생하는 문제들에 대해 선교단체의 균형 잡힌 개입의 필요성을 바라거나 영적 돌봄을 원한다. 그런데 반대로 선교사를 문제를 일으킨 주체로 내몰거나, 압박과 강요로 오히려 불안감을 조성하는 대상으로 낙인찍는 사례도 발생되고 있다. 따라서 선교사들에 대한 개별적 돌봄 정책에 관해 고려해 보아야 한다.

여덟째, 선임 선교사들에 관한 특별한 목회훈련 교육이 필요하다. 선교사들의 관계갈등의 주원인은 선임 선교사와의 사이에서 야기되는 갈등이 가장 큰 문제였다. 수평적 관계를 무시하고 지시하는 강압적인 태도와 학벌, 학번, 그리고 어느 교회 출신인가를 통해 줄 세우기를 하는 파벌무리가 형성되고 있었다. 따라서 선교지의 특성에 따라 선임 선교사의 사역 경험에 관한 내용들을 매뉴얼로 만들어 후임 선교사에게 전달해 줄 필요가 있다.

아홉째, 한국 선교사들은 일 중심적 사역을 한다. 모든 사역을 성과위주로 사역의 열매를 찾으며, 자신을 돌보지 않고 일에 치중하다 보니 규정에 의한 휴식이나 여가시간 등을 잘 지키지 않는 것으로 밝혀졌다. 그러므로 사역과 휴식을 구별하고, 적절한 균형을 갖춘 사역이 될 수 있도록 해야 한다. 아울러 사역성과에만 치중하는 선교단체나 선교위원회의 업적 위주의 평가는 재고되어야 한다.

열째, 대부분의 선교사들은 정서적 고갈과 사회심리적 문제를 영적인 삶으로 회복하려고 한다. 그들은 영적이지 못한 사람들에 비해 정서적·사회적·심리적으로 안정감은 있으나, 대부분이 일시적인 효과로 드러났다. 그러므로 이러한 부분에 대한 심리상담 제공이 필요하다. 일반상담과 달리 목회상담적인 심리접근과 영적 접근이 함께 이루어지도록 해야 한다.

열한째, 선교사들은 자율적이며 건강한 소통방식을 배워야 한다. 한국의 문화적 유산은 순종이기 때문에 선교사들은 무엇보다 순종과 복종 그리고 충성을 먼저 배웠다. 그래서 선교단체나 선교 선임자의 요구와 권위에 자기도 모르게 순응하다 보니 자유스러운 의견 표출이 불가능한 구조가 형성되었다. 억제된 소통방식은 수동적이고 공격형 태도를 취하게 되어 주변 사람들과 부딪치게 되고, 가정에서는 폭행의 형태로 드러나기도 한다. 그러므로 자기 의견을 제시하고 자기주장을 전할 수 있는 훈련을 받아야 한다. 특히 선교회의 책임자는 선교사의 침묵에 대한 원인과 문제점이 무엇인지를 찾아내는 교육도 필요하다.

열두째, 관계갈등으로 인한 탈진으로 중도포기하여 돌아온 선교사들은 회복을 위해 다양한 방법으로 목회현장에서 다시 사역하고 있었다. 그들은 이구동성으로 선교지에서 활동했던 기간에 대해 후회는 없다며 기회가 되면 다시 선교지로 돌아가고 싶다고 심경을 밝히고 있다. 이는 선교활동의 비(非)포기이며 재복귀 심리를 드러내는 것이다. 더욱 놀라운 것은 탈진경험의 과정 속에서 그들은 삶의 의미에 대한 발견, 자아성숙 및 현(現) 사역에 대한 밑거름을 마련하는 계기를 얻게 되었다고 전하고 있다. 결론적으로 영적 성장, 추후 선교지 사역에 필요한 영역 발견과 탈진 극복을 위한 대응방안을 모색하는 계기를 얻게 된 경험이었다고 고백한 것이다.

따라서 중도포기를 경험한 선교사들에게 탈진경험의 부정적 요소보다 긍정적 부분을 발견할 수 있도록 도와준다면 선교지로 재파송되거나 목회사역 복귀 시 내적 가치가 확립된 충성된 사역자로 설 수 있게 될 것이다. 이러한 점에서 탈진경험 후 중도포기를 선택한 선교사들을 위한 심리기제 및 탈진극복 대응방안에 관해 지속적인 연구가 이루어진다면, 탈진 과정에서 중도포기 이전에 개입함으로써 그 비율을 낮추는 데 커다란 기여를 하게 될 것이다.

2. 후속연구를 위한 제언(suggestion)

본 연구는 양적 연구와 같이 일반화시키거나 탈진을 경험하는 모든 선교사들에게 적용하는 데는 한계가 있어 후속연구를 위해 다음과 같은 제안을 하고자 한다.

첫째, 본 연구가 중도포기 선교사들의 탈진경험과 대응방안에 초점을 맞춘 연구였다면, 앞으로 진행될 연구는 조금 더 영역의 구체성과 원인에 있어 상담심리 도구를 사용한 정교한 분석이 교단별, 국가별, 사역별 그리고 개인별로 전문화되기를 기대한다. 선교사들도 세분화된 접근방식을 통해 심리학적 검사도구들(inventories)을 사용한 보다 정교한 심층적 분석이 시도되는 것이 바람직하다고 본다.

둘째, 본 연구에 참여한 선교사들은 영성과 더불어 상담과 심리치료의 필요성에 대한 적극적 지지를 표하였다. 또한 실제 탈진의 위기가 왔을 때 상담을 통하여 어느 정도의 해결을 경험한 사례들도 있었다.[9]

(참여자 A)

"내가 참다 참다 안 되는 것을 집사람에게 말하면, 아내의 말 한마디에 모든 게 사르르 없어지게 돼요. 그래서 당신이 필요하다고 아내에게 말해요. 아무리 어려운 문제가 있어도 집사람과 상의하면 해결이 돼요. 집사람이 없으면 해결이 안 되다가도 집사람을 만나면 해결되곤 했어요."

(참여자 B)

"선교지에 나가기 전부터 교회에서 상담 강좌가 개설되어 아내나 저나 성장이 되고 정신이 깨어지는 시간이 되었어요. 그때부터 아내는 상담 멘토가 있었고, 본인도 관심이 있어서 도움을 많이 받았어요. 한국에 있을 때 같은 교회의 집사님이셨는데 선교지에서도 인터넷 폰으로 상담전화가 가능했고 들어와서도 계속해서 상담이 진행되었어요."

그러므로 실험적 연구나 유사 실험적 연구를 연속성과 지속성을 갖고 시도하면 좋을 것이다. 따라서 후속연구에서는 중도포기를 예방하는 차원에서 다양한 상담프로그램이 개발되어 선교사들에게 도움이 되는 연구가 있기를 기대한다.

셋째, 향후에는 중도포기가 일어나기 전에 상담 및 심리적 접근을 통하여 사전 및 사후 개입을 통한 비교연구 및 과정연구가 이루어지는 것도 중요하다. 또한 선교사의 질적 성장을 위한 심리학적 접근 외에 중도포기 방지 및 해결책을 연구 발견해 나가는 정책도 중요할 것이라고 생각된다.

넷째, 탈진의 예방과 대처방안의 연구는 다양한 분야의 전문성이 필요로 하는 만큼 여러 영역의 전문가들이 팀을 이루어 연구할 것을 제안한다. 탈진의 배경과 요인 그리고 예방에 관한 척도를 개발하고, 탈진 지역의 타 선교사들과 비교 분석하는 것도 바람직하다고 본다.

다섯째, 탈진 치료와 측정을 할 수는 있으나, 대부분의 선교사들은 심리상담사가 자신들을 상담한다는 것을 꺼려한다. 한국 정서와 사회심리적 이해에서 목회자가 상담을 받는다는 사실이 익숙해져 있지 않아 상담 자체를 정신병 치료와 연계시켜 부정적으로 접근하는 경향성이 상당히 높기에 이에 대한 대안이 필요하다.

여섯째, 선교 상담에는 파송교회, 선교단체 그리고 선교위원회가 필요함을 인식해야 한다. 선교사를 파송하며 관리하는 단체나 교회가 선교지의 여러 상황을 고려하여 선교사 재배치, 안식년 조기귀국, 사역 이전 등의 정책적 결정을 해주어야 하므로 협력과 정책적 지원에 관심과 사랑을 가져야 한다.

정리하면, 한국의 선교단체와 선교사 그리고 선교회 후원자들은 이러한 제안을 참고로 하여 선교사 중도탈락, 즉 탈진에 관한 연구를 좀 더 조직적·전문적·통계적으로 진행될 수 있기를 기대한다. 특히 심리상담의 대안은 가능한 빠르게 진척되고 또한 선교사 파송과 안식년 기간에도 지속적으로 돌봄 제공이 되도록 해야 한다. 2017년 선교사 상담교육[10]은 재교육차원에서 걸음마 단계이지만, 2018년 이후 선교사 돌봄 체계가 세계선교사 멤버 케어와 연계되어 활동이 더욱 극대화되기를 기대한다. 단, 한국 문화와 풍토, 한국 정서와 사회심리적 접근 이해가 전제되어야 하는 것이 필수적이라는 부분을 밝혀둔다.

참고문헌

1. 단행본

곽호완, 박창소, 이태연. 『실험심리학 용어사전』. 서울: 시그마프레스. 2008.
권석만. 『인간관계의 심리학』. 서울: 학지사. 2013.
기독교대한성결교회해외선교위원회.『선교40주년 백서』.서울: 총회본부. 2017.
_____. 『정책선교』. 서울: 선교정책연구원. 2017.
김병오. 『상처와 슬픔의 치유』. 서울: 대서. 2010.
_____. 『자존감 읽기』. 서울: 학지사. 2013.
김상인. 『창조적 자아』. 여주: 한국전인교육개발원. 2002.
김성민. 『분석심리학과 기독교 신비주의』. 서울: 학지사. 2012.
김석근. 『건강한 갱년기 행복한 중년』. 서울: 조은. 2008.
김정준. 『융 심리학과 영성교육』. 서울: 이머징북스. 2008.
김종환. 『상담사역론』. 서울: 기독교상담연구원. 2010.
김청자 외. 『상담의 이론과 실제』. 서울: 동문사. 2012.
나동광. 『선교와 상담』. 부산: 경성대학교 출판부. 2003.
나동석 외 4인. 『정신건강론』. 서울: 양서원. 2012.
대한예수교장로회 총회 해외선교회(GMS) 선교전략연구소. 『2016 GMS 선교사 백서』. (화성: GMS선교전략연구소, 2016).
문상철외 3인.『한국 선교사 멤버 케어 개선방안』. 서울: 한국선교연구원. 2015.
문희경. 『대상관계이론과 목회상담』. 서울: 대서. 2011.
박성희. 『상담학 연구방법론: 사회과학 연구방법의 새로운 지평』. 서울: 학지사. 2004.
박아청. 『에릭슨의 인간이해』. 경기: 교육과학사. 2010.
박영환. 『핵심선교학 개론』. 인천: 도서출판 바울. 2015.
박윤수. 『목회심리치료와 치유상담의 실제』. 서울: 라빠. 1996.
설기문. 『인간관계와 정신건강』. 서울: 학지사. 2010.
송병덕 외. 『인간행동과 사회환경』. 서울: 학지사. 2015.
송인섭. 『자아개념』. 서울: 학지사. 2013.

송정아 외. 『가족치료 이론과 기법』. 서울: 도서출판 하우. 2007.
신경림 외. 『질적 연구방법론』. 서울: 이화여자대학교출판부. 2004.
안승오. 『현대선교의 핵심주제 여덟 가지』. 서울: 사)기독교문서선교회. 2006.
오창호. 『사회심리와 인간소외』. 서울: 푸른 사상사. 2005.
_____. 『일반상담과 목회상담』. 서울: 장신목회상담학회. 2003.
이무석. 『자존감』. 서울: 비전과 리더십. 2011.
이부영. 『분석심리학』. 서울: 일조각. 2010.
이향숙 외. 『정신건강론』. 서울: 양서원. 2017.
이형득. 『인간관계 훈련의 실제』. 서울: 중앙적성출판사. 2003.
임경수. 『인간관계심리』. 서울: 시그마프레스. 2013.
_____. 『심리학과 신학에서 본 인간이해』. 서울: 학지사. 2009.
_____. 『인간발달이해와 기독교상담』. 서울: 학지사. 2004.
_____. 『애착이론과 역기능 발달상담』. 서울: 학지사. 2004.
임은미 외. 『인간발달과 상담』. 서울: 학지사. 2015.
임창재. 『정신건강』. 서울: 형설출판사. 2012.
위형윤. 『목회상담과 심리치료』. 서울: 아이엠. 2015.
장휘숙. 『전생애 발달심리학』. 서울: 박영사. 2013.
정옥분. 『아동발달의 이해』. 서울: 학지사. 2013.
한국심리학회. 『심리학용어사전』. 서울: 시그마프레스. 2008.

2. 번역서

American Psychoanalytic, 이재훈 역. 『정신분석용어사전』. 서울: 한국심리치료연구소, 2002.
Anyomi, Seth. "가나의 선교사탈락." 윌리엄 테일러 편저, 백인숙 외 역. 『잃어버리기에는 너무 소중한 사람들』. 서울: 죠이선교회 출판부, (1998): 163-171.
Ashwobug, David D. 『문화를 초월하는 목회상담』. 임헌만 역. 서울: 그리심, 2005.
Brierley, Peter W. "선교사 탈락 방지연구 보고서." 윌리엄 테일러 편저, 백인숙 외 역. 『잃어버리기에는 너무 소중한 사람들』. 서울: 죠이선교회 출판부,

(1998): 93-110.
Buber, Martin. 『인간의 문제: Das Problem des Menschen』. 윤석빈 역. 서울: 길, 2007.
Clair, Michael St. 『인간의 관계 경험과 하나님 경험』. 이재훈 역. 서울: 한국심리치료연구소, 1998.
Clift, W. B. 『융의 심리학과 기독교』. 이기춘·김성민 역. 서울: 대한기독교출판사, 1998.
Clinbell, Howard J. 『목회상담신론』. 박근원 역. 서울: 한국장로교출판사, 2009.
_____. 『전인건강』. 이종헌· 오성춘 역. 서울: 한국장로교출판사, 2003.
Conway, Jim. 『흔들리는 중년기:원인과 극복』. 한성열 역. 서울:학지사, 1996.
Collins, Gary R. 『폴 투르니에의 기독교 심리학』. 정동섭 역. 서울: IVP, 2003.
Crabb, Larry. 『끊어진 관계 다시 잇기』. 이주엽 역. 서울: 요단출판사, 2002.
Dipple, Bruce. "파송 전의 공식적·비공식적 훈련: 기성 파송국가의 관점." 윌리엄 테일러 편저, 백인숙 외 역. 『잃어버리기에는 너무 소중한 사람들』. 서울: 죠이선교회 출판부, (1998): 213-221.
Elmer, Duane. 『문화의 벽을 넘어라』. 김창주 역. 서울: 행복우물, 2012.
Fromm, Erich. 『정신분석과 종교』. 문학과사회연구소 역. 서울: 청하, 1991.
Gerkin, Charles V. 『살아있는 인간문서』. 안석모 역. 서울 : 한국심리치료연구소, 1998.
Greenberg, Jay R., Mitchell, Stephen R. 『정신분석적 대상관계이론』. 이재훈 역. 서울: 한국 심리치료연구소, 1999.
Greenfield, Guy. 『상처입은 목회자』. 황성철 역. 서울: 그리심, 2003.
Gustav Jung, Carl. 『무엇이 개인을 이렇게 만드는가?』. 김세영 역. 서울: 부글북스, 2013.
_____. 『인간과 문화』. 한국융연구원 C.G. 융 저작 번역위원회 역. 서울: 솔출판사, 2004.
_____. 『심리학과 종교』. 이은봉 역. 서울: 도서출판 창, 2004.
_____. 『인격은 어떻게 발달하는가』. 김세영, 정명진 역. 서울: 부글북스, 2005.
Hall, Calvin S. 『융 심리학 입문』. 김형섭 역. 서울: 문예출판사, 2004.
_____. 『프로이드 심리학 입문』. 안귀여루 역. 서울: 범우사, 1996.
Minirth, Frank., Hawkins, Don., Meier, Paul., Fiounoy, Richard. 『탈진된

마음의 치유』. 김은철 역. 서울: 규장, 1995.
Hesselgrave, David J. 『타문화상담과 선교』. 장훈태 역. 천안: 혜본, 2004.
Johnson, Paul E. 『종교심리학』. 김관석 역. 서울: 대한기독교서회, 1989.

Kane, Herbert. 『선교사의 생활과 사역』. 김한성 역. 서울: CLC, 2010.
_____. 『선교사의 생활과 사역』. 백인숙 역. 서울: 두란노서원, 1986.
Kant, Immanuel. 『이성의 한계 안에서의 종교』. 백종현 역. 서울:이카넷, 2012.
Koteskey, Ranald L. 『선교사를 위한 돌봄』. 이미생 역. 서울: 두란노서원, 2012.
Levinson, David J. 『남자가 겪는 인생의 사계절』. 김애순 역. 서울: 이화여자대학교 출판부, 2003.
Lewis, Jonathan. "선교사 탈락 방지 연구의 기획." 윌리엄 테일러 편저, 백인숙 외 역. 『잃어버리기에는 너무 소중한 사람들』. 서울: 죠이선교회 출판부, (1998): 87-92.
Limpic, Ted. "브라질 선교사: 그들은 얼마나 오래 머무는가?" 윌리엄 테일러 편저. 백인숙 외 역. 『잃어버리기에는 너무 소중한 사람들』. 서울: 죠이선교회 출판부, (1998): 145-156.
Lindquist, Brent. "선교사 선별과 오리엔테이션: 개인적인 여정." 윌리엄 테일러 편저, 백인숙 외 역. 『잃어버리기에는 너무 소중한 사람들』. 서울: 죠이선교회 출판부, (1998): 233-240.
Loder, James E. 『신학적 관점에서 본 인간 발달』. 유명복 역. 서울: CLS, 2010.
McBurney, Louis. 『사역자 상담』. 윤종석 역. 서울: 두란노, 1995.
McKaughan, Paul. "선교사 중도탈락: 문제 규명." 윌리엄 테일러 편저, 백인숙 외 역.『잃어버리기에는 너무 소중한 사람들』. 서울: 죠이선교회 출판부, (1998): 31-39.
McWilliams, Nancy. 『정신분석적 진단 성격구조의 이해』. 정남운· 이기련 역. 서울: 학지사, 2015.
Meadow, Mary Jo & Kahoe, Richard D. 『종교 심리학』(상). 최준식 역. 서울: 민족사, 1992.
_____. 『종교 심리학』(하). 최준식 역. 서울: 민족사, 1994.

Myers, David G. 『마이어스의 심리학』. 신현정 · 김비아 역. 서울: 시그마프레스, 2011.
Neuger, Christe Cozad. 『여성들을 위한 목회상담』. 정석환 역. 서울: 한들출판사, 2002.
Nietzsche, Friedrich Wilhelm & Kierkegaard, Søren Aabye. 『불안의 개념』. 세계사상대전집 9권. 대양서적 역. 서울: 대양서적, 1970.
Oates, Wayne E. 『신앙이 병들 때』. 정태기 역. 서울: 대한기독교서회, 1987.
_____. 『현대종교심리학』. 정태기 역. 서울: 대한기독교서회, 1994.
O'Donnell, Kelly (ed). 『선교사 멤버 케어: 세계적 관점과 실천』. 최형근 외 역. 서울: 기독교문서선교회, 2004.
Oswald, Roy M. 『목회자의 자기 관리』. 김종환 역. 서울: 세복, 2003.
Princess, Marnia. 『선교사와 사역자를 위한 멤버케어』. 한국해외선교회 역. 서울: 한국해외선교회, 2010.
Satir, Virginia. 『아름다운 가족』. 나경범 역. 서울: 창조문화, 2003.
Smith, Oswald J. 『하나님이 쓰는 사람』. 이기양 역. 서울: 여일사, 1999.
Sommers, Frank L. 『대상관계 이론과 정신병리학』. 이재훈 역. 서울: 한국심리치료연구소, 2004.
Steffon, Tom A, Douglas, Lois M. 『선교사의 생활과 사역: 21세기 타 문화 사역입문서』. 김만태 역. 서울: 기독교문서선교회, 2010.
Taylor, William D. "서론: 탈락이라는 빙산." 윌리엄 테일러 편저. 백인숙 외 역. 『잃어버리기에는 너무 소중한 사람들』. 서울: 죠이선교회 출판부, (1998): 19-30.
_____편저. 『잃어버리기에는 너무 소중한 사람들』. 백인숙, 김동화, 정민영, 이현모, 변진석 역. 서울: CUP, 1998.
Tournier, Paul. 『치유』. 장동섭 역. 서울: CUP, 2007.
Tucker, Ruth A. 『여선교사 열전』. 이상만 역. 서울: 엠마오, 1995.

3. 원서

Erikson, Erik H. *Youth. Change and challenge.* New York: Basis books, 1963.

_____. *The Life Cycle Completed.* New York: Norton, 1994.

Foyle. Majory. "Missionary stress and what to do about it." *Evangelical Missions Quarterly* 21, (Jan. 1985): 32-40.

Freudenberger, Herbert J. "Burn-out: Occupational hazard of the child care worker." *Child care quarterly* 6, Issue 2, (June 1977): 90-99.

_____. "The issues of Staff Burn-Out trerapeutic Communities." *Journal of psychoactive drugs.* (1986): 241-251.

_____. "The Staff Burn-Out Syndrome in Alternative Institutions." *Psychotherapy: Theory, Research and Practice.* (1975): 73-82.

_____. "Staff Burn-Out." *Journal of Social Issues* 30, no 1(1974): 159-165.

Freudenberger, Herbert J., Richelson, Geraldine. *Burn-Out: The High Cost of High Achievement.* New York: Doubleday & Company, 1980.

Hay, Rob et.al. Eds. *Worth Keeping: Global Perspectives on Best Practice in Missionary Retention.* Pasadena: Carey, 2007.

Hiebert, Paul G. *Anthropological Insights for Missionaries.* Grand Rapids. MI: Baker Books, 1992.

_____. *Anthropoligical Reflections on Missiological Issues.* Grand Rapids, MI: Baker Books, 1994.

_____. *Culture Anthropology.* Grand Rapids, MI: Baker Books, 1983.

Holstein, J. A., Gubrium J. F. Active interviewing. In D. Silverman(ed.), *Qualitative research theory, method, practice.* London: SAGE, 1997.

Kai, T., Erikson(editor). *In Search of Common Ground: Conversations with Erik H. Erikson & Huey P. Newton.* New York: W. Norton, 1973.

Maslach, Christina. "Burnout: A social psychological analysis." *The Cost of Caring.* Englewood Cliffs: NJ, 1982.

_____. "Burned-Out." *Human Behavior,* (Sep. 1978): 16-20.

Maslach, Christina., Florian, Victor. "Burnout, Job Setting, and Self-evaluation among rehabilitation counselors." *Rehabilitation Psychology,* (Jan. 1988): 85-93.

Maslach, Christina., Jackson, Susan E. "The measurement of experienced Burnout." *Journal of Occupational Behaviour* 2, (1981): 99-113.

Maslach, Christina., Jackson, Susan E., Leiter, Michael P. *Maslach Burnout Inventory*, (Jan. 1997):192-218.

Maslach, Christina., Schaufeli, Wilmar B., Leiter, Michael P. "Job Burnout." *Annu. Rev. Psychol* 52,(2001): 397-422.

McBerney, Louis. "Counseling Christian workers." *Resources for Christian counseling*. Word Books, no. 2(1986): 292.

Minirth, F., Hawkins D., Meier. P., Flournoy. R,. *How to Beat Burnout*. IL: Mood Press, 1986.

Obvert, K. "Cultural Shock: Adjustment to New Cultural Environment." *Practical Anthropology*, (1960): 177-182.

Oswald, Roy M. *Self-Care: Finding a Balance for Effective Ministry*. Washington DC: Alban Institute, 1991.

Robert, Coles., Erikson, Erik H. *The Growth of His Work*. Boston: Little, Brown. 1970.

Sang-Cheol, Moon. "Missionary attrition in Korea: Opinions of agency executives." In W. Taylor(ed.). *Too valuable to lose: Exploring the causes and cures of missionary attrition*. Pasadena, CA: William Carey library, (1997): 129-142.

Selye, H. *The Stress of Life*. New York: McGraw-Hill Book Company, 1976.

Sutherland, S. *The International Dictionary of Psychology*. New York: The Continuum Publishing Company, 1989.

Taylor., Francis. "The Issues of Staff Burnout in Therapeutic Communities." *Journal of psychoactive drugs*, (1986): 247-251.

White, William., Carroll, William L. *Theory Bulddind in Job Stress and Burnout*. Beverly Hills: SAGE, 1982.

4. 학술지

김분한 외 9명. "현상학적 연구방법의 비교고찰."「대한간호학회지」29권 6호 (1999): 1208-1220.

김원잼. "목회자의 자기이해(Ⅳ)."「기독교사상」36(9. 1992): 199-207.

박춘심. "부모의 관심이 아동의 자아개념 발달에 미치는 영향."「대한가정학회지」 14권 1호(1976): 587-605.

안석모. "분을 품는 것은 죄가 아니다."「월간목회」(10. 1992): 194-199.

이경혜. "중년여성의 자아정체감 발달에 관한 연구경향과 전망에 관한 고찰."「유아교육」제6권 제2호(1997): 435-464.

이관직. "목회자, 그들은 왜 탈진에 이르는가 : 목회자의 탈진 어떻게 할 것인가."「목회와 신학」(12. 2000): 84-95.

이희철. "목회자의 공감: 목회상담적 제언."「목회와 상담」17(2012): 149-170.

_____. "수치심, 상담의 방해물인가, 도우미인가?"「목회와 상담」15(2010): 72-96.

최재락. "교회 여성의 종교적 정신병리에 대한 고찰."「한국기독교상담학회지」13(2007): 212-234.

_____. "목회상담과 실존주의적 인간이해."「신학과 선교」33(2007): 387-407.

_____. "병리적인 종교적 태도에 관한 비판적 고찰."「신학과 선교」26(2001): 331-353.

_____. "아동기에 있어서 종교적 발달."「신학과 선교」31(2005): 345-368.

_____. "인격장애에서 나타나는 병리적인 종교경험."「한국기독교상담학회지」8(2004): 301-321.

_____. "자아상실에 대한 목회상담학적 성찰."「신학과선교」24(1999): 337-360.

_____. "회심과 자기정체성 확립."「신학과 실천」31(2012): 283-307.

한도수. "선교사의 파송과 관리."「한국세계선교 행정과 정책 자료집」. 한국세계선교회 (2004): 478-481.

한재희. "전인적 목회 돌봄을 위한 인간이해와 목회상담.「기독교 상담학회지 2」(2001): 127-153.

홍영택. "이중구속에 대한 목회상담적 연구."「신학사상」160(2013): 43-73.

5. 학위 논문

강덕진. "중년기 남성 위기와 심리적 요인과의 관계성 연구." 박사학위논문, 총신대학교 목회신학전문대학원, 2010.

공화자. "뇌졸증 발병 이후 노인들의 삶의 경험." 박사학위논문, 백석대학교 기독교전문대학원, 2016.

고진영. "발달단계별 자아개념 측정도구의 개발 및 타당화 연구." 석사학위논문, 숙명여자대학교 대학원, 2004.

구성모. "한국 선교사의 영성훈련에 관한 연구." 박사학위논문, 서울기독대학교 대학원, 2013.

권민영. "선교사 자녀의 영적 안녕감, 긍정적 사고, 부모-자녀관계가 현지 적응 유연성에 미치는 영향." 석사학위논문, 고신대학교 기독교상담대학원, 2013.

권삼승. "선교사 훈련원의 실태와 그 개선책에 대한 연구." 석사학위논문, 아세아연합신학대학교 대학원, 1995.

김경준. "분리-개별화 및 가족기능 수준이 선교사 스트레스에 미치는 영향." 석사학위논문, 총신대학교 선교대학원, 2004.

김영옥. "선교사들의 자존감과 스트레스 대처방식에 관한 연구." 석사학위논문, 총신대학교 대학원, 2004.

김태연. "전문인 선교사의 탈진에 관한 연구." 석사학위논문, 총신대학교 선교대학원, 2002.

김태희. "네러티브 정체성을 통해 본 대학생의 자아정체감." 박사학위논문, 홍익대학교 대학원, 2015.

김형준. "타 문화권 선교사 부부의 탈진과 부부 적응." 박사학위논문, 장로회신학대학교 대학원, 2009.

_____. "한국형 감수성훈련 집단상담 프로그램이 선교사들의 대인간 갈등해결방식과 문제해결능력에 미치는 영향." 석사학위논문, 고려대학교 교육대학원, 2008.

남덕진. "자아개념발달에 관한 종단적 연구." 박사학위논문, 충남대학교 대학원, 2001.

백종철. "대인관계 스트레스가 직무태도와 이직의도에 미치는 영향에 관한 연구." 박사학위논문, 위덕대학교 대학원, 2007.

서카나. "농어촌 어린이집 교사의 직무스트레스와 직무만족도 및 심리적 탈진 간의 관계." 석사학위논문, 호남대학교 대학원, 2015.

선수경, "사회복지 전담공무원의 소진에 영향을 주는 요인에 관한 연구." 박사학위논문, 강남대학교 사회복지전문대학원, 2011.

신지명. "사회적 역할에 따른 청소년기 자아표상의 발달적 분석: 내용발달과 구조발달을 중심으로." 석사학위논문, 이화여자대학교 대학원, 2008.

안덕수. "한국교회 중년남성목회자의 스트레스와 탈진에 관한 연구." 박사학위 논문, 연세대학교 연합신학대학원, 2008.

안성삼. "선교사 돌봄을 위한 탈진회복." 박사학위논문, 국제신학대학원대학교, 2013.

안승도. "선교사 자녀들의 정체성에 대한 사역 연구." 석사학위논문, 총신대학교 선교대학원, 2013.

안은경. "부모의 의사소통 유형에 따른 선교사 자녀의 자아존중감과 신앙에 관한 연구." 석사학위논문, 총신대학교 선교대학원, 2010.

윤은주. "상담자의 소진(burnout)에 대한 체험분석." 박사학위논문, 숙명여자대학교 대학원, 2007.

은 혜. "가족체계적 관점에서 본 선교사 자녀의 스트레스에 관한 연구." 석사학위논문, 서울여자대학교 사회복지 기독교대학원, 2012.

이건우. "성경적 상담의 관점에서 보는 내적 탈진(Burn-Out)의 극복." 석사학위논문, 총신대학교 대학원, 2005.

이승수. "선교훈련 프로그램의 인간관계 및 의사소통 훈련 커리큘럼 적용에 관한 연구: 6개 선교훈련 프로그램을 중심으로." 석사학위논문, 총신대학교 선교대학원, 2005.

이용우. "목회자의 탈진에 관한 연구." 석사학위논문, 총신대학교 목회신학전문대학원, 2005.

_____. "목회자의 탈진과 성격유형 및 주관적 행복감과의 상관관계 연구." 박사학위논문, 총신대학교 목회신한전문대학원, 2013.

이유경. "선교사의 스트레스와 탈진에 관한 연구." 석사학위논문, 연세대학교 대학원, 2002.

이정배. "선교사 맴버케어를 통한 효과적인 지원 방안." 박사학위논문, 총신대학교 대학원, 2014.

이현숙. "선교사의 대인관계 스트레스 회복과정 연구." 박사학위논문, 백석대학교 기독교전문대학원, 2014.

이현승. "과업갈등이 직무탈진에 미치는 영향: 관계갈등의 매개효과와 리더의 갈등관리 역량의 조절효과." 석사학위논문, 고려대학교 대학원, 2009.
장윤화. "직무 스트레스와 스트레스 대처방식이 심리적 탈진에 미치는 영향: 소방공무원을 대상으로." 석사학위논문, 광운대학교 상담복지정책대학원, 2012.
정성인. "역할 갈등으로 인한 목회자의 탈진." 석사학위논문, 총신대학교 신학대학원, 2008.
조규황. "목회자의 탈진에 영향을 미치는 생태학적 변인연구." 박사학위논문, 총신대학교 목회신학전문대학원, 2013.
최종철. "목회자 탈진의 요인 분석."석사학위논문, 총신대학교 목회신학대학원, 2002.
최혜진. "부모와의 대상관계 양상이 선교사의 대인관계에 미치는 영향." 석사학위논문, 총신대학교 선교대학원, 2010.
한성국. "중년여성선교사의 탈진경험 연구." 박사학위논문, 백석대학교 기독교전문대학원, 2015.

6. 간행물 및 기타

KWMA. "2017년 12월 한국 선교사 파송 현황." 한국세계선교협의회, 2018.
KRIM. "세계선교현황과 과제." 서울: 한국 선교연구원, 2005.

7. 인터넷 자료

탈진증후군, ICD-10 Version, 2015, 273.0 출처 위키백과. (2018. 1. 27. 접속).
항상성, 두산백과. http://www.doopedia.co.kr (2018. 1. 27.).
질적연구, 위키백과.
    https://ko.wikipedia.org/wiki/%EC%A7%88%EC%A0%
    81_%EC%97%B0%EA%B5%AC. (2018년 1월 25일 접속).
심신증, 두산백과, (2018. 3. 10. 접속).
    http://terms.naver.com/entry.nhn?docId=1119721&cid=4094
    2&categoryId=32783
티핑포인트, 네이버 백과, (2018. 2. 20. 접속).

http://terms.naver.com/entry.nhn?docId=3390591&cid=58345&categoryId=58345

편의표본, (2017. 7. 17 접속)
http://terms.naver.com/entry.nhn?docId=1625375&cid=42251&categoryId=42262

【부록 1】

연구참여 동의서

　　주안에서 문안드립니다. 하나님의 은혜와 사랑이 선교사님의 사역과 가정 위에 늘 함께 하시기를 소망합니다.

　　본인은 서울신학대학교 신학전문대학원 상담심리학 지도교수인 황헌영 교수 지도 아래 논문을 진행 중인 홍석희 목사입니다. 본 연구 주제는 현장에서 선교사들이 경험하는 탈진 및 어려움에 관한 경험에 대한 변화대응과정 연구로 귀국하신 선교사를 대상으로 선별하여 진행하고 있습니다.

　　본 연구 목적은 타 문화권에서 헌신하고 있는 선교사들이 지속적이고 반복적인 어려움에 노출되지 않고 행복하고 효과적인 선교사명을 감당할 수 있도록 돕기 위한 정책을 마련하기 위함입니다. 즉, 차세대 선교운동의 방향과 선교사의 심리지원을 위한 토대로서, 선교사 돌봄을 위한 정책 마련에 도움을 주기 위한 연구입니다.

　　본 질문에 응답하신 내용이나 인터뷰 내용은 연구목적 외에는 다른 어떤 용도로도 사용하지 않을 것입니다. 또한 통계법 제13조 2항에 의거하여 녹음된 내용과 모든 정보는 익명으로 처리되어 특정 개인이나 소속단체 및 조직에 어떠한 불이익도 돌아가지 않도록 함을 약속드립니다. 아울러 언제라도 원하지 않으실 경우에는 연구에 참여하는 것을 중단하실 수 있습니다. 바쁜 시간 내주시어 선교 발전을 위해 협조해 주심에 진심으로 감사한 마음을 전합니다.

20** 년　　월　　일
서울신학대학교 신학전문대학원 상담심리학과(박사과정)

연구자: (사인)
연구 참여자: (사인)

【부록 2】

주 안에서 문안드립니다. 하나님의 은혜와 사랑이 선교사님의 사역과 가정 위에 늘 함께 하시기를 소망합니다.

본인은 서울신학대학교 신학전문대학원 상담심리학 박사과정에서 해외선교사의 탈진과 대응변화과정에 관한 현상학적 연구를 진행 중인 홍석희 목사입니다. 타 문화권에서의 탈진의 요인을 상담심리학적 토대 위에서 탐색해보고 사회적 관계에서의 갈등에 대한 조사를 병행하여 선교능력의 극대화를 이루기 위한 기초자료를 마련하는데 연구의 목적을 두고 있습니다.

본 설문지에 기재하신 응답내용 및 분석결과는 연구목적 외에는 다른 어떤 용도로도 사용하지 않을 것을 약속드립니다. 또한 통계법 제13조 2항에 의거하여 모든 정보는 익명으로 처리되기에 특정 개인이나 소속단체 및 조직에 어떠한 불이익도 돌아가지 않도록 함을 약속드립니다. 솔직하고 성실한 응답을 통하여 선교의 미래적 대안 마련에 소중한 자료로 사용될 수 있도록 협조해 주시기를 부탁드립니다. 응답요령은 바람직한 답변이라 생각되는 것에 응답하지 마시고 질문에 즉각적으로 떠오르는 생각이나 느낌에 솔직하게 기록해 주십시오. 내용이 비슷하다고 생각되더라도 빠짐없이 응답해 주시기를 부탁드리며 진심으로 감사의 인사를 올립니다.

2017년 7월 일
서울신학대학교 신학전문대학원 상담심리학과

지도교수: 황원영 박사(Ph.D.)
연구자: 홍석희 목사(박사과정)
이 메 일: *******@gmail.net
**********@hanmail.net
연 락 처: 010-****-****

설 문 지

I. 인적 사항

※ 귀하의 개인적인 사항입니다. 해당하는 번호에 V표 해주시기 바랍니다.

1. 성별	① 남자	② 여자			
2. 결혼 유무	① 기혼	② 미혼			
3. 연령	① 30대 미만	② 30대	③ 40대	④ 50대	⑤ 60대 이상
4. 부양가족수	① 없음	② 1~2명	③ 3~4명	④ 5~6명	⑤ 7명 이상
5. 자녀수	① 없음	② 1명	③ 2명	④ 3명	⑤ 4명 이상
6. 자녀의 학교 (다중 선택)	① 미취학	② 초등학교	③ 중학교	④ 고등학교	

II. 선교 사역에 관한 사항

※ 다음 문항들은 귀하의 선교 사역에 관한 질문입니다. 잘 읽어보시고 한 문항도 빠짐없이 해당되는 곳에 V표를 해주시기 바랍니다. 만약 과거에 사역을 하셨다면 과거 사역을 기준으로 작성해 주시면 됩니다.

1.현재 선교 사역 여부	① 하고 있다	② 하고 있지 않다	③ 안식년	
2.선교지	① 동아시아/오세아니아 ④ 러시아/중앙아시아 ⑦ 중동/유럽	② 동남아시아 ⑤ 인도차이나 ⑧ 아메리카	③ 서남아시아 ⑥ 아프리카	
3.선교기간	① 1~5년 ④ 16년~20년	② 6~10년 ⑤ 20년 이상	③ 11~15년	
4.사역기간	① 3년 미만 11~15년	② 3~5년 ⑤ 16년 이상	③ 6~10년	④
5.선교형태 유형	① 정식 선교사 ③ 전문인 선교사	② 협력 선교사 ④ 기타		
6.선교지의 출석 교인수	① 10명 미만 ④ 31명~40명	② 10명~20명 ⑤ 41명 이상	③ 21명~30명	
7.사역 시간 (1주기준)	① 20시간 미만 ④ 40~50시간	② 20~30시간 ⑤ 50시간 이상	③ 30~40시간	
8.월 사례비 (교단후원금, 외부 사례비, 기타소득포함)	① 1,000$ 미만 ③ 1,500~2,000$ 미만 ⑤ 2,500$ 이상	② 1,000~1,500$ 미만 ④ 2,000~2,500$ 미만		
9.여가시간 (1주 기준)	① 전혀 못 갖는다 ④ 연 3회	② 연 1회 ⑤ 연 4회	③ 연 2회	
10.정기휴가 횟수	① 전혀 못 갖는다 ④ 연 3회	② 연 1회 ⑤ 연 4회	③ 연 2회	

※ 귀하의 선교사역을 위협하고 있는 문제들은 무엇입니까?

11. 부부문제 정도　① 매우 심함　② 심함　③ 보통　④ 가끔　⑤ 거의 없음

11-1. 부부문제의　① 정서적 문제　② 금전적 문제　③ 자녀 문제
　　　원인　　　　④ 성 문제　　　⑤ 기타 (　　　　　　)

12. 자녀와 갈등
　　정도　　　　　① 매우 심함　② 심함　③ 보통　④ 가끔　⑤ 거의 없음

13. 한국 교인과의
　　갈등 정도　　　① 매우 심함　② 심함　③ 보통　④ 가끔　⑤ 거의 없음

14. 현지인들과의
　　갈등 정도　　　① 매우 심함　② 심함　③ 보통　④ 가끔　⑤ 거의 없음

15. 선교단체와의
　　갈등 정도　　　① 매우 심함　② 심함　③ 보통　④ 가끔　⑤ 거의 없음

16. 동료 선교사와의
　　갈등 정도　　　① 매우 심함　② 심함　③ 보통　④ 가끔　⑤ 거의 없음

※ 귀하에 해당하는 난에 ∨표를 해주시기 바랍니다.

17. 성경과 기도생활 등　　① 하루에 3시간 이상　② 하루에 2시간 이상
　　영성시간을 얼마나 갖고　③ 하루에 1시간 이상　④ 하루에 30분 이상
　　있습니까?　　　　　　⑤ 시간이 없다

18. 가족(배우자, 부모, 자녀)과의　① 하루에 2시간 이상　② 하루에 1시간 이상
　　대화 시간은 얼마나 갖고　　　③ 하루에 30분 이상　④ 하루에 30분 미만
　　있습니까?　　　　　　　　　⑤ 시간이 없다

19. 귀하는 만일 선교사와 그의　① 반드시 찾아간다　② 고려해 보겠다
　　가족을 돕는 전문 상담기관이　③ 그저 그렇다　④ 별로 찾아가고 싶지 않다
　　있다면 기꺼이 찾아가 상담할　⑤ 절대 찾아가지 않는다
　　용의가 있습니까?

20. 선교도 이제는 선교사역을　　① 매우 필요하다　　② 필요하다
　　전문적으로 진단하고 처방하는　③ 그저 그렇다　④ 별로 필요하지 않다
　　선교 컨설턴트 기관이　　　　⑤ 절대로 필요하지 않다
　　필요하다고 생각하십니까?

21. 귀하는 선교사역 이전에 심리
　　상담이나 그에 관련된 교육을　① 있다(20-1로)　　② 없다(Ⅲ. 으로)
　　받은 적이 있습니까?

21-1. 선교사역 이전에 심리
　　상담이나 그에 관련된 교육을　① 매우 도움이 되었다　② 도움이 되었다
　　받은 적이 있다면 도움이　　　③ 그저 그렇다　　　　④ 도움되지 않았다
　　되었습니까?　　　　　　　　⑤ 아주 도움이 되지 않았다

III. 탈진에 관한 사항

※ 다음은 선교사님들이 생활에서, 그리고 사역현장에서 겪는(겪었던) 탈진현상의 정도를 측정하기 위하여 고안된 설문지입니다. 귀하에 해당하는 난에 V표를 해주시기 바랍니다.

1. 전혀 그렇지 않다. 2. 별로 그렇지 않다. 3. 그저 그렇다. 4. 비교적 그렇다. 5. 매우 그렇다

번호	질문 내용	1	2	3	4	5
1	가끔 일하는 낮 시간에도 피곤함을 느낀다.					
2	두통이나 목 뒷부분, 혹은 등 아랫부분의 근육의 긴장이나 뻐근한 통증을 느낀다.					
3	하루 일과가 끝나면 너무 지쳐서 가족들과 시간을 보낼 만한 에너지가 남아 있지 않다.					
4	사역에 대한 염려로 밤에 잠을 설치기도 한다.					
5	몸이 아파서 하루 정도 사역을 멈추고 쉰 적이 있다.					
6	충분히 수면을 취했음에도 여전히 피곤함을 느낀다.					
7	나도 모르게 쉽게 신경질과 짜증이 나며 화를 내는 경향이 있다.					
8	사역생활에서 무력감(helpless)이나 때로는 낙담감(hopeless)을 느끼게 된다.					
9	내가 맡은 일이 너무나 많은 종류의 일이어서 관심이 흩어지게 되며 일에 가끔 압도당하는 느낌이 든다.					
10	나는 왠지 모르게 가끔 울컥하는 우울한 마음이 든다.					
11	불안하거나 죄책감, 자책하는 마음이 들 때가 있다.					
12	기억력과 집중력이 감소되고 머릿속이 하얘지는 느낌과 아무것도 생각할 수 없는 어려움을 느낀 적도 있다.					
13	너무나 지치고 힘들어 모든 것을 포기하고 죽고					

번호	질문 내용	1	2	3	4	5
	싶다는 생각이 든다.					
14	사역으로부터 오는 압박감이 나의 가정생활과 부부관계에 영향을 주고 있다는 느낌이 든다.					
15	사람들과 만나 부딪치기보다 서재에서 혼자 조용히 시간을 보내고 싶은 적이 많다.					
16	나는 선교사로서의 강한 자아의식이 없는 것 같다.					
17	선교사에 대한 나의 소명의식이 가끔 흔들린다.					
18	하나님이 내게서 멀리 계시다는 느낌과 혼자 버려진 것 같은 느낌이 들 때도 있다.					
19	나는 개인적으로 기도하며 성경을 읽을 만한 충분한 에너지가 없다고 느껴진다.					
20	말씀을 읽으면서 하나님과 깊은 교제를 갖기 원하지만 하나님을 만날 수 없고 말씀이 그저 겉돌 뿐이다.					
21	기도를 할 때마다 허공을 치는 기분이고 답답함이 들며, 하나님이 내게 무관심하신 것 같다.					
22	다른 사역자들을 신뢰하는 것이 힘들고 다른 선교사들과 친밀한 관계를 가지고 있지 않다.					
23	나는 불가피한 경우를 제외하고는 다른 동료 선교사들과의 만남을 꺼린다.					
24	현지인들의 형편에 대한 관심을 잃었고 그들에 대해 어느 정도 거리를 두며 기계적으로 대하는 경향이 있다.					
25	현지사역에 대해 자신감과 용기를 잃었고 다른 선교지로 이동하거나 아예 선교를 그만두고 고국에 돌아가고 싶은 생각이 들 때도 있다.					
26	나는 스스로 선교사역 대하여 기대하는 것과 현지의 선교지 현실 사이의 차이 때문에 내적 갈등을 느낀다.					
27	나는 선교활동에 있어서 왠지 따분한 느낌이 들고 동기부여를 잘 느끼지 못하고 있다.					
28	나는 선교활동에서 점점 덜 효과적인(effective) 것 같다.					

번호	질문 내용	1	2	3	4	5
29	나는 지난날처럼 그렇게 나의 임무들을 잘 성취해내지 못하고 있다.					
30	나는 사역에 처음과 달리 흥미를 덜 느낀다.					
31	나는 어떤 목표를 너무 높이 세우고는 그 목표들을 달성하지 못하여 실망하는 나 자신을 자주 발견한다.					
32	나는 선교사로서의 나의 역할에 대하여 갈등을 느낀다.					
33	내가 선교를 하고 있는 것이 현지인들을 섬기기보다는 나의 생활을 하기 위하여 하는 것이 아닌가 하는 생각이 들 때도 있다.					

Ⅳ. 사회적 갈등에 관한 사항

※ 다음의 문항을 읽으신 후 귀하가 평소에 생각하시던 바와 가장 가깝게 느껴지는 번호를 기입해 주시기 바랍니다. 만약 갈등의 출처에 해당되는 사람이 없다면 해당하는 칸에 ×표를 해주시기 바랍니다.

1. 전혀 그렇지 않다. 2. 별로 그렇지 않다. 3. 그저 그렇다. 4. 비교적 그렇다. 5. 매우 그렇다

번호	내용	갈등의 출처				
		배우자	자녀	동료선교사	현지교인들	선교국
예)	나에게 요구하는 것이 많아 부담스럽다.	1	1	2	2	1
1	나에게 요구하는 것이 많아 부담스럽다					

2	내가 하는 일에 간섭하거나 반대하는 일이 많다.					
3	나를 이용한다는 느낌이 든다.					
4	나를 이해하지 못한다는 느낌이 든다.					
5	도와준다고 하였다가 약속을 어겨 나를 실망시킨다.					
6	나와 자주 불화를 일으켜 나를 화나게 한다.					
7	나의 문제에 대해 들으려 하지 않는다.					
8	내가 기대했던 것만큼 나에게 도움을 주지 않는다.					
9	나를 도와주려고 하지만 일을 더 어렵게 만든다.					
10	내가 원하지 않는 도움을 줘서 나를 불편하게 한다.					
11	현재 내 문제가 모두 내 탓이라고 비난한다.					
12	다른 사람 앞에서 나와 나의 행동을 비난하여 모욕감을 준다.					
13	내 문제에 대해 정확하지 않은 정보를 제공하여 낭패를 보게 한다.					
14	나(우리 가족)를/을 무시한다는 느낌이 든다.					
15	나는 별 볼일 없는 존재(아무것도 아니다)라는 생각이 들게 한다.					
16	나의 가정과 다른 가정을 비교해 기분 상하게 한다.					

☺ 성실히 응답해 주셔서 대단히 감사합니다. ☺

주석

Ⅰ. 들어가는 말

1) 2008년 1,716명, 2008년 1,417명, 2013년 1,003명, 2015년 528명으로 하락했다. KWMA, "2017년 12월 한국 선교사 파송 현황," 2018, 3-4. 도표 참고.
2) GMS 선교전략연구소, 『2016 GMS 선교사 백서』(화성: GMS 선교전략연구소), 2016), 18-19. 연도별 파송횟수는 연단위로 2회 정도 실시하고 있다.
3) 기독교대한성결교회 해외선교위원회, 『선교40주년 선교백서』(서울: 총회본부, 2017), 18.
4) KRIM, "2006 세계선교현황과 과제," (2005) 비교 분석함.
5) Ted Limpic, "브라질 선교사: 그들은 얼마나 오래 머무는가?," William D. Taylor 편저, 백인숙 외 4명 역, 『잃어버리기에는 너무 소중한 사람들』(서울: 죠이선교회 출판부, 1998), 149(145-156).
6) William D. Taylor, "서론: 탈락이라는 빙산," William D. Taylor 편저, 백인숙 외 역, 『잃어버리기에는 너무 소중한 사람들』(서울: 죠이선교회 출판부, 1998), 29(19-30).
7) KWMA, "2017년 12월 한국 선교사 파송 현황," 한국세계선교협의회, 2018, 2-3. 도표참고. 2012년(1,411명), 2013년(1,003명), 2014년(932명)의 선교사를 파송함으로 총 3,342명을 증원했다. 그러나 전체 파송선교사는 2012년(24,742명)이 2014년(26,677명)으로, 실제적으로 1,935명의 숫자만 증가되었기에 1,411명은 사라진 선교사 숫자다.
8) KWMA, "2017년 12월 한국 선교사 파송 현황," 한국세계선교협의회, 2018, 3. 연도별 증가현황 참고.
9) GMS 선교전략연구소, 『2016 GMS 선교사 백서』(화성: GMS 선교전략연구소), 2016, 21.
10) 문상철 공저, 『한국 선교사 멤버케어 개선 방안』(서울: 한국선교연구원, 2015), 142-143.

11) 앞의 책, 68.
12) Paul Mckaughan, "선교사 중도탈락: 문제 규명," William D. Taylor 편저, 백인숙 외 역, 『잃어버리기에는 너무 소중한 사람들』 34(31-39).
13) 이유경, "선교사의 스트레스와 탈진에 관한 연구," (석사학위논문, 연세대학교 연합신학대학원, 2002), 2, 15.; William D. Taylor, "서론: 탈락이라는 빙산," 윌리엄 테일러편저, 백인숙 외 역, 『잃어버리기에는 너무 소중한 사람들』 14(19-30).
14) Tom Steffon, Lois M. Douglas, 김만태 역, 『선교사의 생활과 사역: 21세기 타 문화 사역 입문서』(서울: 기독교문서선교회, 2010), 400-402.
15) Jonathan Lewis, "선교사 탈락 방지연구의 기획," William D. Taylor편저, 백인숙 외 역, 『잃어버리기에는 너무 소중한 사람들』 87(97-92). WEF는 World Evangelical Fellowship로 1951년 구성되었다. 이들은 1846년 복음주의연맹(Evangelical Allianz: EA)과 1943년 미국 복음주의협의회(National Association of Evangelicals: NAE), 1945년 복음주의해외선교협회(The Evangelical Foreign Missions Association: EFMA)와 연합한 구성체이다. 2001년 명칭이 'fellowship'에서 'Association'로 바뀌었다. (참고: 박영환, 『네트워크선교역사』 인천: 도서출판 바울, 2012), 380. 선교지도자들로 구성된 선교기관으로 '복음주의 선교사동맹(EMA: Evange Missionary Alliance)'에서 진보주의 선교 경향을 보이는 세계선교협의회 선교위원회가 만든 프로젝트이다.
16) William D. Taylor, "서론: 탈락이라는 빙산," William D. Taylor 편저, 백인숙 외 역, 『잃어버리기에는 너무 소중한 사람들』 29(19-30).
17) 참고 : Kelly O'Donnell 편저, 최형근 외 역『선교사 멤버 케어: 세계적 관점과 실천』(서울: 기독교문서선교회, 2004). ; Rob Hay, et.al. Eds. Worth Keeping: Global Perspectives on Best Practice in Missionary Retention (Pasadena: Carey, 2007). ; Marnaia Princess, 한국 해외선교회 역, 『멤버 케어: 선교사와 사역자를 위한』(서울: 한국해외선교회, 2010); 문상철 외, 『한국 선교사 멤버케어 개선 방안』(서울: 한국선교원, 2015).
18) 155개 선교사 멤버 케어 단체들 가운데 3개 정도가 상담심리사역 기관이었다. Kelly O'Donnell 편저, 최형근 외 4명 역, 『선교사 멤버 케어: 세계적 관점과 실천』(서울: 기독교문서선교회, 2004), 847-1058.
19) 2018년 1월 12일, 한국 세계선교협의회 구영삼 사무국장 전화 인터뷰, 10시-10시 30분. (질문) "그동안 선교사 중도탈락에 관한 연구가 있었습니까?" (답변)

"아직은 없습니다. 하려고 계획은 세웠습니다. 문상철 박사님이 연구를 하는 것 같습니다. 논문이 나오면 함께 연구했으면 좋겠습니다…" (요약정리)

20) 문상철 공저, 『한국 선교사 멤버케어 개선 방안』(서울: 한국선교연구원, 2015), 48쪽에는 38.5%로, 67-68쪽에는 선교사의 가장 큰 위기의 중복 응답으로 88.33%가 나왔다. 비교 참고: 문상철, 『한국 선교사 멤버케어 개선 방안』(서울: 한국선교연구원, 2015), 132; Peter W. Brierley, "선교사 탈락 방지연구 보고서," William D. Taylor 편저, 백인숙 외 역, 『잃어버리기에는 너무 소중한 사람들』101(93-110). 도표 6-8 참고.

21) 문상철 공저, 『한국 선교사 멤버케어 개선 방안』 (서울: 한국선교연구원, 2015), 67-68. 참고; Seth Anyomi, "가나의 선교사탈락," William D. Taylor 편저, 백인숙 외 역, 『잃어버리기에는 너무 소중한 사람들』 166-7(163-171); Peter W. Brierley, "선교사 탈락 방지 연구보고서," William D. Taylor 편저, 백인숙 외 역, 『잃어버리기에는 너무 소중한 사람들』 99-101.

22) 문상철 공저, 『한국 선교사 멤버케어 개선방안』 (서울: 한국선교연구원, 2015). 51.

23) 김형준, "타 문화권 선교사 부부의 탈진과 부부 적응," (박사학위논문, 장로회신학대학교 대학원, 2008), 21-23.

24) 김우현, "목회자의 탈진 극복에 관한 연구," (석사학위논문, 장로회신학대학교 교역대학원, 2003), 5.

25) 문상철 공저, 『한국 선교사 멤버케어 개선 방안』 (서울: 한국선교연구원, 2015), 54.

26) 김형준, "한국형 감수성훈련 집단상담 프로그램이 선교사들의 대인간 갈등해결방식과 문제해결능력에 미치는 영향," (석사학위논문, 고려대학교교육대학원, 2008), 1, 3.

27) 앞의 책, 9, 19.

28) Christina Maslach, Victor Florian, "Burnout, Job Setting, and Self-evaluation among rehabilitation counselors," Rehabilitation Psychology, vol. 33, no2(Jan. 1988), 91.

29) 앞의 책.

30) Christina Maslach, Susan E. Jackson, Michael P. Leiter, Maslach Burnout Inventory (1997) 192.

31) Herbert J. Freudenberger, Geraldine Richelson, Burn-Out: The High

Cost of High Achievement (New York: Doubleday & Company, 1980), 11-12.

32) Herbert J. Freudenberger. "The Staff Burn-Out," Journal of Social Issues, vol. 30, no 1(1974), 160, 162.

33) Seth Anyomi, "가나의 선교사 탈락," 윌리엄 테일러 편저, 백인숙 외 역, 『잃어버리기에는 너무 소중한 사람들』 166(163-171).

34) 홍영택, "이중구속에 대한 목회상담적 연구,"「신학사상」, 160집(2013), 48. 재인용.

35) 한도수, "선교사의 파송과 관리,"『한국세계선교 행정과 정책 자료집』(한국세계선교회, 2004), 481.

36) 티핑 포인트(tipping point)는 어떠한 현상이 서서히 진행되다가 작은 요인으로 한순간 폭발하는 것을 의미하는 것으로 '갑자기 뒤집히는 점'이라는 뜻이다. 네이버 백과사전, 상식으로 보는 세상의 법칙: 심리편 (2018. 2. 20 접속)

http://terms.naver.com/entry.nhn?docId=3390591&cid=58345&categoryId=58345

37) 편의표본이란 무작위 표집과 달리 표본을 뽑는 사람의 판단이나 편리함을 고려한 추출방법이다. 연구자가 관심을 갖고 연구하기 위한 모집단(母集團)에 속한 구성원 전체가 대상이 아니라 먼저 모집단의 속성을 거의 대표할 수 있는 일부구성원을 뽑아 표집(sample)인 표본추출하게 된다. 이들을 대상으로 연구를 실행한 후 도출한 결과를 근거로 다시 모집단의 속성을 추정하는 방식을 말한다. (2017. 7. 17 접속)

http://terms.naver.com/entry.nhn?docId=1625375&cid=42251&categoryId=42262

38) Tom A. Steffon, Lois M. Douglas, 김남택 역,『선교사의 생활과 사역: 21세기 타 문화 사역 입문서』(서울: 기독교문서선교회, 2010), 400-402.

39) 세계복음주의연맹 선교위원회(WEA Mission Commission; 이하 WEA MC)는 1996년 4월 영국 올네이션스 크리스천 칼리지 캠퍼스에서 "중도탈락 방지연구 프로젝트"를 시작하였다. William D. Taylor 편저, 백인숙 외 역,『잃어버리기에는 너무 소중한 사람들』(서울: 죠이선교회 출판부, 1998). 12.

40) Seth Anyomi, "가나의 선교사탈락," 166-7(163-171); Peter W. Brierley, "선교사 탈락 방지 연구보고서," William D. Taylor 편저, 백인숙 외 역, 『잃어버리기에는 너무 소중한 사람들』 99-101.

41) Christina Maslach, "Burned-Out," Human Behavior(sept, 1978), 17-20.
42) Christina Maslach , Victor Florian, "Burnout, Job Setting, and Self-evaluation among rehabilitation counselors," Rehabilitation Psychology, vol. 33, no2(Jan. 1988), 85.
43) 문상철 공저, 『한국 선교사 멤버케어 개선 방안』(서울: 한국선교연구원, 2015), 1-2.
44) 각주 19, 20참조. 한국선교연구원의 문상철 박사가 연구한 자료가 주된 자료이다.
45) Herbert J. Freudenberger, Geraldine Richelson, Burn-Out: The High Cost of High Achievement, (New York: Doubleday & Company, 1980), 10.
46) 앞의 책, 12-13.
47) 앞의 책, 11-12.
48) Herbert J. Freudenberger, "The Staff Burn-Out," Journal of Social Issues, vol. 30, no 1 (1974), 160, 162.
49) 김형준, "한국형 감수성훈련 집단상담 프로그램이 선교사들의 대인간 갈등해결방식과 문제해결능력에 미치는 영향,"(석사학위논문, 고려대학교교육대학원, 2008), 23.
50) 조규황, "목회자의 탈진에 영향을 미치는 생태학적 변인연구," (박사학위논문, 영남대학교 대학원, 2012.) 33.
51) Christina Maslach, Susan E. Jackson, "The measurement of experienced Burnout," Journal of Occupational Behaviour, vol. 2(1981), 99.
52) 앞의 책, 112.
53) Herbert J. Freudenberger & Geraldine Richelson, Burn-Out: The High Cost of High Achievement, (New York: Doubleday & Company, 1980), 12.
54) Ruth A. Tucker, 이상만 역, 『여선교사 열전』 (서울: 엠마오, 1995), 376.
55) 음덕진, "한국적 상황에서의 목회자 탈진을 극복하기 위한 자기관리," (석사학위 논문, 감리교신학대학교 신학대학원, 2002), 15.
56) William D. Taylor, "서론: 탈락이라는 빙산," 윌리엄 테일러 편저, 백인숙 외 역, 『잃어버리기에는 너무 소중한 사람들』 25(19-30).
57) 장윤화, "직무 스트레스와 스트레스 대처방식이 심리적 탈진에 미치는 영향:

소방공무원을 대상으로," (석사학위논문, 광운대학교 상담복지정책대학원, 2012), 13.
58) 고현주, "장기 선교사의 탈진 실태와 요인 분석에 관한 연구: 선교사 멤버 케어 적용," (석사학위논문, 총신대학교선교대학원, 2004), 18.
59) 최종철, "목회자 탈진의 요인 분석," (석사학위논문, 총신대학교목회신학대학원, 2002), 11, 9, 재인용.
60) 이건우, "성경적 상담의 관점에서 보는 내적 탈진(Burn-Out)의 극복," (석사학위논문, 총신대학교 상담대학원, 2006). 7.
61) 앞의 책, 47, 50-51.
62) 안덕수, "한국교회 중년 남성목회자의 스트레스와 탈진에 관한 연구," (박사학위논문, 연세대학교 연합신학대학원, 2008), 25-26.
63) 김형준, "타 문화권 선교사 부부의 탈진과 부부 적응," (박사학위논문, 장로회신학대학교 대학원, 2008), 21-23.
64) 김우현, "목회자의 탈진 극복에 관한 연구," (석사학위논문, 장로회신학대학교 교역대학원, 2003), 5.
65) 선수경, "사회복지 전담공무원의 소진에 영향을 주는 요인에 관한 연구," (박사학위논문, 강남대학교 사회복지전문대학원, 2011), 4.
66) 조규황, "목회자의 탈진에 영향을 미치는 생태학적 변인연구," (박사학위논문, 영남대학교 대학원, 2012), 13.
67) 장윤화, "직무 스트레스와 스트레스 대처방식이 심리적 탈진에 미치는 영향: 소방공무원을 대상으로," (석사학위논문, 광운대학교 상담복지정책대학원, 2012), 13-14.
68) Christina Maslach, Susan E. Jackson, "The measurement of experienced Burnout," Journal of Occupational Behaviour, vol. 2(1981), 99.
69) William Carroll , William L. White, Theory Bulddind in Job Stress and Burnout, (Beverly Hills: SAGE, 1982), 41.
70) 고현주, "장기 선교사의 탈진 실태와 요인 분석에 관한 연구: 선교사 멤버 케어 적용," (석사학위논문, 총신대학교 선교대학원, 2004), 22. 29.
71) Ruth A. Tucker, 이상만 역, 『여선교사 열전』 (서울: 엠마오, 1995), 376.
72) Holstein J. A. & Gubrium J. F, Active interviewing. In D. Silverman(ed.), Qualitative research theory, method, practice. (London: SAGE, 1997), 113-129.

심층면접형태의 종류에는 구조화면접, 비구조화면접, 반구조화 면접이 있다. 그 가운데 반구조화 면접은 정해 놓은 최소한의 질문들을 중심으로 면접을 진행하되 면접자가 자유롭게 질문하는 형태를 취하게 된다.

II. 선교사의 정서적 탈진에 관한 이론들

1) Herbert J. Freudenberger, Geraldine Richelson, Burn-Out: The High Cost of High Achievement (New York: Doubleday & Company, 1980), 11-12.
2) Christina Maslach. "Burnout: A social psychological analysis," The Cost of Caring. (Englewood Cliffs, NJ, 1982). 3.
3) Herbert J. Freudenberger, "The Staff Burn-Out Syndrome in Alternative Instutions," Psychotherapy: Theory, Research and Practice, (1975), 73.
4) 내담자가 분석가에게 자신의 과거경험 속 중요한 인물의 이미지를 분석가에게 투사하게 되는 '전이' 감정에 대한 분석가의 무의식적 반응을 '역전이'라고 한다. 이 감정은 내담자를 향한 분석가의 내적 갈등(conflict)이 반영되어 내담자를 대하는 분석가의 사고, 감정, 행동 등에 영향을 미치게 된다. 따라서 역전이 감정이 나타나면 치료 과정에서 중립성과 공감적 이해를 감소시키게 되고 분석을 방해하는 요소로 작용되고 있지만, 내담자의 무의식을 이해하는 데 있어 중요한 단서로 활용될 수 있다. 한국심리학회, 『심리학용어사전』 (서울: 시그마프레스, 2008), 4.
5) 심리적인 스트레스(욕구불만을 근거로 하여 일어나는 심리적 긴장상태로 '심신증: psychosomatic disease: 心身症'과 같은 말이다)가 하나의 계기가 되어 일어나는 신체의 질환으로. 정신신체증이라고도 하며, 정신신체의학의 대상이 되는 질환의 하나로 심리적인 원인으로 신체에서 일어나는 병적인 증상을 말한다. 조사해 보아도 검사 결과로는 이상이 없을 때가 많다. (두산백과, 2017. 03. 10 접속)
http://terms.naver.com/entry.nhn?docId=1119721&cid=40942&categoryId=32783
6) Herbert J. Freudenberger, "The Staff Burn-Out Syndrome in Alternative Institutions," Psychotherapy: Theory, Research and Practice, (1975), 73.
7) Taylor, Francis, "The Issues of Staff Burnout in Therapeutic Communities," Journal of psychoactive drugs (1986), 247 ; Herbert J. Freudenberger,

Geraldine Richelson, Burn-Out: The High Cost of High Achievements, (New York: Anchor, 1980), 97.
8) Herbert J. Freudenberger, "Staff Burn-Out," Journal of Social Issues, vol. 30, no 1(1974), 159.
9) Herbert J. Freudenberger, Geraldine Richelson, Burn-Out: The High Cost of High Achievement (New York: Doubleday & Company, 1980), 11-12.
10) 앞의 책, 12.
11) Herbert J. Freudenberger, "Staff Burn-Out," Journal of Social Issues, vol. 30, no 1 (1974), 159.
12) 앞의 책, 160.
13) 앞의 책, 161.
14) Herbert J. Freudenberger, Geraldine Richelson, Burn-Out: The High Cost of High Achievement (New York: Doubleday & Company, 1980), 13.
15) Herbert J. Freudenberger, "Staff Burn-Out," Journal of Social Issues, vol. 30, no 1 (1974), 165.
16) 앞의 책, 160.
17) 앞의 책, 161.
18) 앞의 책, 160.
19) 앞의 책, 162.
20) 앞의 책, 160.
21) Herbert J. Freudenberger, "Burn-Out: Occupational hazard of the child care worker," Child care quarterly vol.6, Issue 2(1977), 90-99.
22) Herbert J. Freudenberger, Geraldine Richelson, Burn-Out: The High Cost of High Achievement (New York: Doubleday & Company, 1980), 11.
23) Herbert J. Freudenberger, "Staff Burn-Out," Journal of Social Issues vol. 30, no 1(1974), 160.
24) Herbert J. Freudenberger, "Burn-Out: Occupational hazard of the child care worker," Child care quarterly ,vol. 6, Issue 2(1977), 90.
25) Herbert J. Freudenberger, Geraldine Richelson, Burn-Out: The High Cost of High Achievement (New York: Doubleday & Company, 1980),

13.
26) Herbert J. Freudenberger, "Staff Burn-Out," Journal of Social Issues vol 30, no 1(1974), 160.
27) 앞의 책, 161.
28) Taylor & Francis, "The Issues of Staff Burnout in Therapeutic Communities," Herbert J. Freudenberger, Journal of psychoactive drugs, 1986, 247-251, 247. (재인용 Freudenberger, 1981).
29) Herbert J. Freudenberger, "Staff Burn-Out," Journal of Social Issues, vol. 30, no 1 (1974), 162.
30) Herbert J. Freudenberger, "The Staff Burn-Out Syndrome in Alternative Institutions," Psychotherapy: Theory, Research and Practice (1975), 13.
31) Herbert J. Freudenberger, "The Staff Burn-Out," Journal of Social Issues vol. 30, no 1(1974), 162.
32) 앞의 책, 162-165.
33) "false cures" 용어는 경찰조직이나 의학 관계에 이르기까지 다양하게 사용되고 있다. '거짓치료', '가짜 치료', '잘못된 치료', '나쁜 선택' 등으로 번역되고 있으나 본 연구에서는 '진짜 치료법(real cures)'과 달리 근본적 치료가 아닌 심리적 기제로 활용되고 있다는 점을 고려하여 '그릇된 치료방법'이라는 의미가 적합하다 생각되어 false cures에 대한 번역어로 선택하였다.
34) Herbert J. Freudenberger, Geraldine Richelson, Burn-Out: The High Cost of High Achievement (New York: Doubleday & Company, 1980), 86-87.
35) 앞의 책, 98.
36) 앞의 책, 93-94.
37) 앞의 책, 123.
38) 앞의 책, 126-127.
39) 앞의 책, 135.
40) 앞의 책, 137.
41) 앞의 책, 138.
42) Christina Maslach, Susan E. Jackson, Michael P. Leiter, Maslach Burnout Iventory (1997), 195-197 ; Christine Maslach, Wilmar B. Schaufeli, Michael P. Leiter, "Job Burnout," Annu. Rev. Psychol, (2001), 401.

43) Christina Maslach, Susan E. Jackson, "The measurement of experienced Burnout," Journal of Occupational Behaviour vol. 2 (1981), 112.
44) Christina Maslach, Victor Florian, "Burnout, Job Setting, and Self-evaluation among rehabilitation counselors," Rehabilitation Psychology, vol. 33, no2(Jan. 1988), 86.
45) Christina Maslach, Susan E. Jackson, Michael P. Leiter, Maslach Burnout Iventory (1997), 192. depersonalization은 자아의식장애의 일종으로 현실감각이 상실되고 자기 소외인 자아상실의 느낌으로 이인장애, 비인격화, 몰개인화, 비현실적인 느낌, 비현실감이 동반되는 증상을 뜻한다. (정신분석용어사전 2017. 7. 28 접속)
46) Christina Maslach, Wilmar B, Schaufeli, Michael P. Leiter, "Job Burnout," Annu. Rev. Psychol (2001), 402-403 ; Christina Maslach, Victor Florian, "Burnout, Job Setting, and Self-evaluation among rehabilitation counselors," Rehabilitation Psychology, vol. 33, no2(Jan. 1988), 91 ; Christina Maslach, Susan E. Jackson, "The measurement of experienced Burnout," Journal of Occupational Behaviou vol.2 (1981), 100.
47) Christina Maslach, Susan E. Jackson, "The measurement of experienced Burnout," Journal of Occupational Behaviour vol. 2 (1981), 99-100.
48) Christina Maslach, "Burned-Out," Human Behavior (1978), 17-20.
49) Christina Maslach, Susan E. Jackson, Michael P. Leiter, Maslach Burnout Iventory (1997), 192.
50) 앞의 책, 198.
51) Maslach: 1976, 1978, 1979 ; Maslach and Jackson: 1978, 1979, 1980 ; Maslach and Pines, 1977.
52) Christina Maslach, Victor Florian, "Burnout, Job Setting, and Self-evaluation among rehabilitation counselors," Rehabilitation Psychology, vol. 33, no2(Jan. 1988), 87-89.
53) 앞의 책, 91.
54) Christina Maslach, Susan E. Jackson, Michael P. Leiter, Maslach Burnout Iventory (1997), 192; Christina Maslach, Susan E. Jackson, "The measurement of experienced Burnout," Journal of Occupational Behaviour vol. 2 (1981), 100. 재인용: Ryan 1971.
55) Christina Maslach, Victor Florian, "Burnout, Job Setting, and

Self-evaluation among rehabilitation counselors," Rehabilitation Psychology, vol. 33, no2(Jan. 1988), 88.
56) Christina Maslach, Susan E. Jackson, Michael P. Leiter, Maslach Burnout Iventory (1997), 192.
57) Christina Maslach, Susan E. Jackson, "The measurement of experienced Burnout," Journal of Occupational Behaviour vol.2 (1981), 100; Christina Maslach , Victor Florian, "Burnout, Job Setting, and Self-evaluation among rehabilitation counselors," Rehabilitation Psychology, vol. 33, no2(Jan. 1988), 87-89.
58) Christina Maslach, Susan E. Jackson, "The measurement of experienced Burnout," Journal of Occupational Behaviour vol. 2 (1981), 100.
59) Christina Maslach, Susan E. Jackson, Michael P. Leiter, Maslach Burnout Iventory (1997), 202.
60) 앞의 책, 200, 204.
61) 앞의 책, 212.
62) Christina Maslach, Susan E. Jackson, "The measurement of experienced Burnout," Journal of Occupational Behaviour vol.2 (1981), 108.
63) Christina Maslach, Victor Florian, "Burnout, Job Setting, and Self-evaluation among rehabilitation counselors," Rehabilitation Psychology, vol. 33, no2 (Jan. 1988), 92.
64) 앞의 책, 85.
65) Christina Maslach, Susan E. Jackson, "The measurement of experienced Burnout," Journal of Occupational Behaviour vol.2,(1981), 100.
66) Christina Maslach, Victor Florian, "Burnout, Job Setting, and Self-evaluation among rehabilitation counselors," Rehabilitation Psychology, vol. 33, no2(Jan. 1988), 92.
67) Christina Maslach, Victor Florian, "Burnout, Job Setting, and Self-evaluation among rehabilitation counselors," Rehabilitation Psychology, vol. 33, no2(Jan. 1988), 99.
68) Christina Maslach, Susan E. Jackson, "The measurement of experienced Burnout," Journal of Occupational Behaviour vol. 2(1981), 100.
69) Christina Maslach, Wilmar B. Schaufeli, Michael P. Leiter, "Job Burnout,"

Annual Review of Psychology, vol. 52(2001), 403.
70) 정신장애 진단 및 통계 매뉴얼로 정신건강의 모든 영역에서 수백 명의 세계적 전문가에 의해 진단, 치료 및 연구를 향상시키기 위해 정신장애를 정리하고 분류한 책이다. ICD-10 Version: 2015, 273.0, 출처 위키백과.
71) 시사상식사전, 연소증후군, N지식백과. (2018년 1월 27일 접속).
72) 한국심리학회, 『심리학용어사전』 2014, 4.
73) 안석모, "분을 품는 것은 죄가 아니다,"「월간목회」(10. 1992), 194.
74) 조규황, "목회자의 탈진에 영향을 미치는 생태학적 변인연구" (박사학위논문, 총신대학교신학전문대학원, 2013), 19.
75) 이관직, "목회자, 그들은 왜 탈진에 이르는가,"「목회와 신학」(12. 2000), 85-86.
76) 앞의 책, 86.
77) Frank Minirth, Don Hawkins, Paul Meier, Richard Fiounoy, 김은철 역, 『탈진된 마음의 치유』(서울: 규장, 1995), 24-28. 재인용.
78) 이관직, "목회자, 그들은 왜 탈진에 이르는가,"「목회와 신학」(12. 2000), 85-86. ; 이용우, "목회자의 탈진에 관한 연구" (석사학위논문, 총신대학교 목회신학전문대학원, 2005), 16, 19.
79) 이관직, "목회자, 그들은 왜 탈진에 이르는가,"「목회와 신학」(12. 2000), 90.
80) 고현주, "장기 선교사의 탈진 실태와 요인분석에 관한 연구" (석사학위논문, 총신대학교 선교대학원, 2004), 9, 13.
81) Carroll and William L. White, Theory Bulddind in Job Stress and Burnout, (Beverly Hills: SAGE, 1982), 41.
82) 윤은주, "상담자의 소진(burnout)에 대한 체험분석" (박사학위논문, 숙명여자대학교 대학원, 2007), 16-18.
83) 앞의 책, 22.
84) 이현승, "과업갈등이 직무탈진에 미치는 영향: 관계갈등의 매개효과와 리더의 갈등관리 역량의 조절효과" (석사학위 논문, 고려대학교대학원 심리학과, 2009), 9-12.
85) 이유경, "선교사의 스트레스와 탈진에 관한 연구" (석사학위논문, 연세대학교 연합신학대학원, 2012), 28.
86) 조규황, "목회자의 탈진에 영향을 미치는 생태학적 변인연구" (박사학위논문,

총신대학교신학전문대학원, 2013), 19.
87) Hiebert, Paul G. Anthropological Insights for Missionaries. (Grand Rapids, MI: Baker Books, 1985), 64.
88) 이용우, "목회자의 탈진과 성격유형 및 주관적 행복감과의 상관관계 연구," (박사학위논문, 총신대학교 목회신학전문대학원, 2013), 16.
89) Roy M. Oswald, 김종환 역,『목회자의 자기관리』(서울: 도서출판 세복, 2000), 74. 재인용.
90) Erik H. Erikson, The Life Cycle Completed (New York: Norton, 1994), 67.
91) NNDD, beta version, tracking the entire world, Copyright ©2014 Soylent Co.
92) 임은미 외 13인 공저,『인간발달과 상담』(서울: 학지사, 2015), 84. 재인용.
93) 임경수,『인간관계심리』(서울: 시그마프레스, 2013), 52.
94) Mary Jo Meadow, Richard D. Kahoe, 최준식 역,『종교심리학 상』(서울: 민족사, 1993), 112.
95) 임은미 외 13인 공저,『인간발달과 상담』(서울: 학지사, 2015), 87. 재인용.
96) 임경수,『중년 리모델링』(서울: CPU, 2003), 35.
97) 이향숙 외 6인 공저,『정신건강론』(서울: 양서원, 2017), 155-156.
98) Erik. H. Erikson, Youth: Change and challenge (Basis books, 1963), 165.
99) Carl Gustav Jung, 한국융연구원 C.G. 융저작 번역위원회 역,『인간과 문화: 융 기본 저작집 9』(서울: 솔출판사, 2004), 63.
100) Mary Jo Meadow, Richard D. Kahoe, 최준식 역,『종교심리학』상권 (서울: 민족사, 1993), 112.
101) simplypsychology. org, Erik-Erikson, Saul McLode published 2008, update 2017, 117.
102) 오창호,『사회심리와 인간소외』(서울: 푸른사상사, 2005), 66.
103) Mary Jo Meadow, Richard D. Kahoe, 최준식 역,『종교심리학 상』(서울: 민족사, 1993), 112.
104) 박아청,『에릭슨의 인간이해』(서울: 교육과학사, 2010), 184-188.
105) A. J. Hovestadt(1985)에 의하면 개인이 태어나서 성장하는 기간 동안 자신의 삶을 시작한 가족으로서, 어린 시절 대부분의 시간을 함께 보낸 가족을

말한다. 즉, 사회적.심리적.정서적으로 소속감을 가지는 가족으로서, 결혼을 통해 새로운 가족을 형성하기 이전까지의 가족을 가리킨다.

106) 이향숙 외 6인 공저, 『정신건강론』 (서울: 양서원, 2017), 12.

107) 앞의 책, 11, 30-33.

108) simplypsychology.org, Erik-Erikson, Saul McLode published 2008, up 2017, 117.

109) 나동광, 『선교와 상담』 (경성대학교 출판부, 2003), 25.

110) K, Obvert, "Cultural Shock," Practical Anthropology, vol. 7, no4(1960), 177-182.

111) Paul G. Hiebert, Anthropological Insights for Missionaries, (Baker Book House, 1992), 64-89.

112) 신지명, "사회적 역할에 따른 청소년기 자아표상의 발달적 분석: 내용발달과 구조발달을 중심으로" (석사학위논문, 이화여자대학교 대학원, 2008), 6-7.

113) Paul G. Hiebert, Anthropological Insights for Missionaries (Baker Book House, 1992), 73-75.

114) Jim Conway, 한성열 역, 『흔들리는 중년기: 원인과 극복』(서울: 학지사, 1996), 171.

115) 강덕진, "중년기 남성 위기와 심리적 요인과의 관계성 연구" (박사학위논문, 총신대학교 목회신학전문대학원, 2010), 14-17.

116) 고진영, "발달단계별 자아개념 측정도구의 개발 및 타당화 연구" (박사학위논문, 숙명여자대학교 대학원, 2004). 9; 김태희, "네거티브 정체성을 통해 본 대학생의 자아정체감" (박사학위논문, 홍익대학교대학원, 2015), 25.

117) 이희철, "목회자의 공감: 목회상담적 제언,"「목회와 상담」17(2012), 154.

118) 박아청, 『에릭슨의 인간이해』 (서울: 교육과학사, 2010), 158, 161, 184.

119) 박아청, 57.

120) 남덕진, "자아개념발달에 관한 종단적 연구" (박사학위논문, 충남대학교대학원, 2001), 7-8.

121) 앞의 책, 73-75.

122) 김태희, "네거티브 정체성을 통해 본 대학생의 자아정체감" (박사학위논문, 홍익대학교대학원, 2015), 25.

123) 고진영, "발달단계별 자아개념 측정도구의 개발 및 타당화 연구" (박사학위논문, 숙명여자대학교 대학원, 2004). 9.

124) 박아청,『에릭슨의 인간이해』(서울: 교육과학사, 2010), 179.
125) 송인섭,『자아개념』, (서울: 학지사, 2013), 180-200.
126) 임경수,『심리학과 신학에서 본 인간이해』(서울: 학지사, 2009), 15.
127) 임경수,『인간관계심리』(서울: 시그마프레스, 2013), 69.
128) 박춘심, "부모의 관심이 아동의 자아개념 발달에 미치는 영향,"「대한가정학회지」14권 1호(1976), 588.
129) 최재락, "자아상실에 대한 목회상담학적 성찰,"「신학과 선교」24(1999), 344, 348-349.
130) Paul G. Hiebert, Anthropological Insights for Missionaries (Baker Book House, 1992, 74-89.
131) 이경혜, "중년여성의 자아정체감 발달에 관한 연구경향과 전망에 관한 고찰,"「유아교육」(제6권 제2호, 1997), 143-144. 재인용.
132) 신지명, "사회적 역할에 따른 청소년기 자아표상의 발달적 분석: 내용발달과 구조발달을 중심으로" (석사학위논문, 이화여자대학교 대학원, 2008), 6-7.
133) Paul G. Hiebert, *Anthropological Insights for Missionaries*, (Baker Book House, 1992), 71-72. 참고: 도표: The Stress Produced by Changes in Life, 72.
Thomas Holmes와 M. Masusu는 스트레스 지수를 조사하여 통계를 만들었다. 생활의 변화로 인해 생기는 스트레스 지수 중 배우자의 죽음을 100, 이혼 73, 가족의 죽음 63, 부상이나 질병 53인데 반하여 첫 임기의 새내기 선교사의 첫 term(4-5년) 동안의 스트레스지수는 400이라고 한다.
134) Majory Foyle, "Missionary stress and what to do about it," *EMQ* 21 (January, 1985), 37.
135) 오창호,『사회심리와 인간소외』(서울: 푸른사상사, 2005), 172.
136) 홍영택, "이중구속에 대한 목회상담적 연구,"「신학사상」160(2013), 51.
137) 오창호,『사회심리와 인간소외』(서울: 푸른사상사, 2005), 170.
138) 이희철, "수치심, 상담의 방해물인가, 도우미인가?,"「목회와 상담」15(2010), 74-77.
139) 앞의 책, 78.
140) 오창호,『사회심리와 인간소외』(서울: 푸른사상사, 2005), 170-175.
141) 김원쟁, "목회자의 자기이해(IV),"「기독교 사상」36 제405호, (서울: 대한기독교서회, 9, 1992), 203.

142) 이인화(depersonalization)란 자아의식장애의 일종으로서 현실감각이 상실되고 자기 소외인 자아상실의 상태를 뜻한다. 이인장애, 비인격화, 몰개인화, 비현실적인 느낌, 비현실감이 동반되는 증상을 지칭하는 용어이다.
143) 구조적 제약으로 인한 무력감, 무규범으로 인한 갈등, 개인의 고유가치 거부로 인한 사회적 고립감, 스스로 고유 가치를 지키기 위한 고립감, 회의적 느낌에 의한 무의미성 내지는 도구적 존재가 소외유형이라고 분류하였다. 오창호, 『사회심리와 인간소외』(서울: 푸른사상사, 2005), 190-195. 재인용.
144) 최재락, "자아상실에 대한 목회상담학적 성찰," 「신학과 선교」 24(1999), 346.
145) 앞의 책, 340.
146) 박아청, 『에릭슨의 인간이해』 (서울: 교육과학사, 2010), 218, 222-223.
147) 최재락, "병리적인 종교적 태도에 관한 비판적 고찰: 성숙한 종교의식을 위하여,"「신학과 선교」 26(2001), 332-333. ; "자아상실에 대한 목회상담학적 성찰,"「신학과 선교」 24(1999), 350.
148) American Psychoanalytic, 이재훈 역, 『정신분석용어사전』(서울: 한국심리치료연구소, 2002). 고착(fixation)이란 만족을 얻는 방식, 대상과 관계를 맺는 방식 그리고 위험에 반응하는 방식에서 원초적 양식이 계속 유지되는 것, 즉 자아 기능이 발달의 초기 단계에서 더 높은 단계로 진행되지 않고 그 단계에서 머무르는 상태를 말한다.
149) 최재락, "자아상실에 대한 목회상담학적 성찰," 「신학과 선교」 24(1999), 359.
150) 최재락, "교회 여성의 종교적 정신병리에 대한 고찰,"「한국기독교상담학회지」 (2007), 213-214.
151) Jay R. Greenberg, Stephen R. Mitchell, 이재훈 역, 『정신분석적 대상관계이론』 (서울: 한국심리치료연구소, 1999), 150.
152) Erich Fromm, 문학과 사회연구소 역, 『정신분석과 종교』 (서울: 청하, 1980), 67-68.
153) 임경수, 『인간관계심리』, (서울: 시그마프레스, 2013), 2, 4.
154) Wayne Oates, 정태기 역, 『신앙이 병들 때』 (서울: 대한기독교출판사, 1987), 78-80.
155) 임경수, 『인간관계심리』 (서울: 시그마프레스, 2013), 10.
156) Jay R. Greenberg, Stephen R. Mitchell, 대양서적 역, 『불안의 개념』,

세계사상대전집 9권 (서울: 대양서적, 1970), 190.
157) 앞의 책, 128.
158) Tom A Steffon, Lois M Douglas, 김만태 역,『선교사의 생활과 사역: 21세기 타 문화 사역입문서』(서울: 대한기독교서회, 2010), 330-341.
159) 임경수,『인간관계심리』(서울: 시그마프레스, 2013), 15.
160) 박아청,『에릭슨의 인간이해』(서울: 교육과학사, 2010), 179.
161) Wayne Oates, 정태기 역,『신앙이 병들 때』(서울: 대한기독교 출판사, 1998), 10-13.
162) 최재락, "인격장애에서 나타나는 병리적인 종교경험,"「한국기독교상담학회지」8 (2004), 302-315.
163) 김경준, "분리-개별화 및 가족기능 수준이 선교사 스트레스에 미치는 영향" (석사학위논문, 총신대 선교학대학원, 2004), 2-3.
164) 박영환,『핵심선교학 개론』(인천: 도서출판 바울, 2015), 245.
165) 김형준, "타 문화권 선교사 부부의 탈진과 부부적응" (박사학위 논문, 장로회신학대학원 목회상담학, 2009), 21-23.
166) Stephen T. Hoke의 관계성으로 본 선교의 토착화 모형을 정리한 것임. 박영환,『핵심선교학 개론』(인천: 도서출판 바울, 2015), 245.
167) Bruce Dipple, "파송 전의 공식적.비공식적 훈련: 기성 파송국가의 관점," William D. Taylor 편저, 백인숙외 역,『잃어버리기에는 너무 소중한 사람들』(서울: 죠이선교회 출판부, 1998), 215- 217.
168) 앞의 책, 140.
169) 송병덕 외 6인,『인간행동과 사회환경』(서울: 학지사, 2015), 56-57. 재인용.
170) Brent Lindquist, "선교사 선별과 오리엔테이션: 개인적인 여정," William D. Taylor 편저, 백인숙 외 역,『잃어버리기에는 너무 소중한 사람들』(서울: 죠이선교회 출판부, 1998), 235.
171) Virginia Satir, 나경범 역,『아름다운 가족』(서울: 창조문화, 2003), 44.
172) 한성국, "중년여성선교사의 탈진경험 연구" (박사학위 논문, 백석대학교 대학원, 2015), 20.
173) Virginia Satir, 나경범 역,『아름다운 가족』(서울: 창조문화, 2003), 44.
174) 문상철 공저,『한국 선교사 멤버 케어 개선방안』(서울: 한국선교연구원, 2015), 97- 109.
175) Marin Buber, 윤석빈 역,『인간의 문제: Das Problem des Menschen』

(서울: 길, 2007)
176) 이형득, 『인간관계 훈련의 실제』 (서울: 중앙적성출판사, 2003), 59.
177) 문상철 공저, 『한국 선교사 멤버 케어 개선 방안』 (서울: 한국선교연구원, 2015), 71-74.
178) 매일 경제일보, 2008년, 2월, 13일 설문조사-통계자료 인용.
179) Larry Crabb, 이주엽 역, 『끊어진 관계 다시 잇기』 (서울: 요단출판사, 2002), 83.
180) 문상철 공저, 『한국 선교사 멤버 케어 개선 방안』 (서울: 한국선교연구원, 2015), 86.

III. 선교사들의 탈진에 대한 면담 및 분석

1) 김분한 외 9명, "현상학적 연구방법의 비교고찰,"「대한간호학회지」29권 6호, (1999), 1211.
2) 꼴라지 자료수집 방법을 기술하는 데 개인적인 속성보다는 전체적인 참여자의 공통적인 속성을 도출해 내는 데 강조점을 두었다. 특히 그는 자료출처를 적절한 자료 수집방법과 일치시키는 것에 강조를 두고 있다. 꼴라지 방법의 자료 분석과정은 ① 자료에서 느낌을 얻기 위해 대상자의 기술을 독해한다. ② 탐구하는 현상을 포함하는 문장으로부터 의미 있는 진술을 도출한다. ③ 의미있는 진술(significant statement)에서 좀 더 일반적인 형태로 재진술(general restatement)한다. ④ 의미 있는 진술과 재 진술로부터 구성된 의미를 끌어낸다. ⑤ 도출된 의미를 소주제, 주제 모음, 범주로 조직한다. ⑥ 주제를 관심 있는 현상과 관련시켜 비교하여 명확한 진술로 완전하게 확인한 후 최종적인 기술을 한다. 앞의 책, 1213, 1208-1220.
3) 앞의 책, 1211.
4) 신경림 외, 『질적 연구방법론』 (서울: 이화여자대학교출판부, 2004), 104-105.
5) 질적 연구는 수치화되지 않는 자료로 인터뷰, 관찰, 결과, 문서, 그림, 역사 기록 등에서 질적 자료를 얻기 위해 사회학, 문화인류학, 심리학 등에서 사용하는 연구방법이다. (2018년 1월 25일 위키백과 접속).
https://ko.wikipedia.org/wiki/%EC%A7%88%EC%A0%81_%EC%97%B0%EA%B5%AC.
6) 현상학적 연구방법은 대상이 지각적으로 경험되는 모습에 주목하고, 이때

지각된 대상의 속성을 자세히 관찰하며, 이로부터 지각 과정 배후의 원리에 대해 탐구하는 지각 연구의 접근법이다. 대표적 학자는 꼴라지(Colaizzi), 지오르기(Giorgi), 벤 매넌(Van Manen) 등이 있다.
곽호완, 박창소, 이태연 공저, 『실험심리학 용어사전』(서울: 시그마프레스, 2008).

7) 확률적 표집방법의 하나로 최종 표집단위를 일차적인 표집이 아니라 자연적 또는 인위적 구성의 상위집단을 먼저 표집 하는 방법을 가리킨다. 무작위의 무선 표집법이 아니라 여러 단체에 걸쳐 사용할 수도 있게 되는 단위표집법을 말한다. 예를 들자면 학구나 학교를 단위로 표집한 모든 학생을 사용하는 경우도 있고, 또는 학구 내에서 학교를 무선적으로 표집하고 다시 학교 내에서 학급을 무선적으로 표집한 다음 학급 내에서도 학생을 일부 무선적으로 표집하여 사용할 수도 있다. 군집표집의 목적은 표집의 경제성에 두지만 단순 무선 표집보다 표집오차가 더 커지는 단점을 갖게 된다. (서울대학교 교육연구소, 교육학용어사전, 2011).

8) '전사'란 면담내용의 녹음된 원 자료의 구술부분을 후속연구를 위해 글로 기록해두는 작업을 말한다.

9) 현지에서 주변 선교사들과 대화, 본국의 파송단체와 면담 혹은 일시 귀국하여 상담한 사례들이 인터뷰 과정에서도 나타났다. 범주 5: 주제 21, 22, 23, 24, 26.

10) 총회본부에서 2016년부터 단계적으로 재교육을 하고 있으며, 2018년 3월 말 5차 교육을 실시하고 있음. (참석 선교사의 보고내용 참조)

■ 서평

실제 현장 상황에 적용할 수 있는 기반이자 "안전장치" 마련을 위한 계기가 되어주는 책

김호성
여의도순복음교회 목회신학담당 부목사

갈멜산에서 850명의 바알과 아세라의 선지자들을 당당하게 혼자서 맞서서 '누가 참 하나님인가?'의 맞대결을 벌여 통쾌한 승리를 거둔 엘리야도, 이세벨의 집요한 복수의 칼날 앞에서는 여지없이 무너져 광야로 도주하여 로뎀 나무 아래 쓰러져 하나님께 죽음을 구할 지경에 이르고 말았다(왕상 19:4). 엘리야는 정서적으로 고갈된 나머지 "탈진"에 이른 것인가?

사도 바울과 선교여행을 같이하며 온갖 고난과 박해를 견뎌낸 바울의 동역자 데마(몬 1:24, 골 4:14)도 바울의 목숨이 경각에 달린 순간에, 복음전파의 길에서 벗어나 "중도탈락"하고 말았다. "데마는 이 세상을 사랑하여['아가페사스'] 나를 버리고 데살로니가로 갔고…"(딤후 4:10).

"땅 끝까지 이르러 내 증인이 되라"(행 1:8)는 명령에 따라 부푼 꿈을 안고 선교현장으로 달려 나갔다가 예기치 않았던 여러 가지 벽에 부딪혀 중도에 포기하는 선교사들이 점증하고 있는 이 시점에, 홍석희 박사의 『선교사의 탈진 현상과 재충전의 길』이 나오게 된 것은 참으로 시의적절한 일이 아닐 수 없다.

저자는 먼저 "선교사 파송 2위의 선교강국"인 한국의 선교사 파송이

2016년을 정점으로 하강 국면에 놓여 있다는 관찰로 본 연구를 시작한다 (p.25). 저자에 따르면 이러한 추세는 곧 파송하는 선교사의 수만큼 "사라지는 선교사"도 많다는 것을 시사한다는 것이다. 그는 이처럼 선교사가 사라지는 데는 여러 가지 원인이 있겠지만 가장 심각한 것이 "중도탈락"이라는 점에 주목한다. 그 중에서도 저자는 특히 "방지 가능한 탈락", 즉 "개인의 내적 문제, 대인관계 문제, 하나님과의 관계적인 부분의 갈등문제로 말미암아 일어나는 탈락"(p.21, 27)에 초점을 맞추어 이에 대한 극복 방안을 마련하고자 한다.

저자에 의하면 2015년에 이르러서야 우리나라에서 이러한 문제가 비로소 이슈화 되었다(p.21, 28). 한국 선교사들은 대개 '대인 관계에서 발생한 문제는 영적으로 해결하면 된다'고 하면서 즉시 해결하지 않고 뒤로 미루어두기 때문에 갈등이 해소되기는커녕 증폭된 나머지 급기야는 탈진 상태에 이르게 된다(pp.21-23).

이러한 정서적 탈진의 문제를 해결하고 궁극적으로 선교사의 중도탈락을 예방하기 위해서는 "탈진경험의 대응과정을 현상학적 방법"으로 접근해야 하고(p.30), 상담심리학적 연구가 뒷받침되어야 한다(p.25).

탈진의 원인을 정확하게 조사하기 위해서는 양적 연구 대신 질적 연구를 수행해야 한다고 저자는 말한다. 즉 탈진으로 인해 중도탈락한 경험자들과의 직접적인 면담을 통한 분석방식을 취해야 한다는 것이다 (p.26).

구체적으로 저자는 "정서적 탈진, 개인의 사회심리학적 배경, 선교사의 타문화적 배경이 중도포기와 관련되어 어떠한 영향을 주게 되는지 문헌고찰을 중심으로 진행"한다(p.28).

2장에서 저자는 탈진에 대한 학자들의 이론을 분석한다. 선교사의 내면 세계에 대한 이해와 선교사들이 경험하게 되는 탈진이 관계갈등과 어떤 관련이 있는지를 살핀다.

저자는 먼저 "탈진이란 용어를 심리연구에 처음 적용한 학자"인 프로이덴버거(Herbert J. Freudenberger)의 분석과 치료 방법을 소개한다(pp. 45-54). 이어 탈진측정표(MBI)를 개발한 크리스티나 마슬락(Christina Maslach)의 이론을 소개하면서, 탈진의 증후를 정서적 고갈, 비인격화, 성취감 감소로 밝혀냈다고 설명한다(p.54). 마슬락과 그의 동료 잭슨(Susan E. Jackson)은 이러한 탈진의 치료법을 제시하기보다 그들의 감정을 표출하도록 해서 스트레스가 쌓인 나머지 탈진에 이르지 못하도록 하는 것을 목표로 제시했다고 저자는 말한다. 이를 극복하기 위해 마슬락은 라이터(Michael P. Leiter)와 함께 탈진에 대한 대응전략을 제시했는데, 이를 간추리면 "탈진[측정표를 활용하여 측정하고 탈진을 예방하기 위해서는 기관의 인식을 돕기 위한 접근법과 개인의 변화를 위한 접근법 또한 필요하다"는 것을 나타내 준다(p.55).

이에 덧붙여 저자는 "번 아웃 증후군"(burnout syndrome), 또는 "탈진 증후군"에 대한 호킨스(Don Hawkins)와 오스왈드(Roy Oswald)를 비롯한 여러 연구가들의 이론을 소개한다(pp.56-60).

나아가 저자는 "선교사들이 정서적 탈진에 이르게 하는 내면적 세계를 발달심리학적 입장에서" 분석한다(pp.66-69). 이어서 저자는 선교사가 타 문화권 속으로 들어갈 때 느끼는 문화 충격으로 인한 자기인식의 혼란(pp.63-68)과 이에 따른 선교사의 소외와 자아상실의 상황(pp.68-72)과 사회적 관계망과 관계적 갈등(pp.73-78을 자세히 다룬다.

그런 다음, 저자는 선교사의 관계 갈등의 유형과 그 영향을 상세히 서술한다(pp.78-84).

3장에서는 저자가 택한 연구방법에 대한 설명이 제시된다. 저자는 중도탈락한 선교사 "개인의 경험을 이해하기 위해 면담을 통해 수집한 심층면접 자료를 꼴라지(Paul F. Colaizzi)가 제안한 현상학적 질적 연구의 분석 방법을 적용하여 경험사실에 대한 진술을 분석하고 범주화하여 기술"하고자 한다(p.85). 즉 참여자들의 경험에서 공통적으로 갖게 되는 문제의 본질과 내용이 무엇인지를 밝혀내는 것에 초점을 맞춘다(p.8).

이를 위해 자자는 7개 교단 11명의 전 선교사들을 선별하여 반 구조화식(semi-unstructured interview) 질문을 통해 개방형의 심층면담을 진행했다. 각 참여자에게 선교에 투신한 동기, 정서적 고갈 경험시 대응한 감정적 요인, 탈진 대처 과정, 필요한 해결책 등을 물은 결과를 요약(pp.96-115)한 후, 자료 분석에 들어갔다.

4장에서 저자는 3장에서 얻은 자료를 기반으로 인구통계학적 기초 통계를 작성(pp.117-120)하고 나서 선교사역을 위협하는 갈등 및 대응 유형을 분석(pp.120-122)한다. 그런 다음, 본격적으로 질적 사례연구에 들어간다. "139개의 의미 단위를 42개의 심리적 구성요소로 종개념을 정리하였고, 심리적 주제 안에서 동일한 성질을 가진 여덟 가지 유개념(generic concept)을 추론해내는 범주화 작업을 실시"한다(p.122).

저자는 먼저 꼴라지의 현상학적 질적 연구의 핵심인 심리적 경험과 공통속성을 밝혀낸다(pp.129-138). 그리고 탈진 경험 참여자들의 심리적 현상을 8개의 범주로 나누어 해석해낸다(pp.132-181).

5장에서 저자는 연구결과를 총정리하며 최종 결론을 내린 후, 후속 연구를 위한 제언을 덧붙인다.

저자는 정서적 탈진의 주원인은 관계 갈등에 있다고 본다(p.182). 선임 선교사들의 자기중심적인 권위주의와 일방적인 견해, 동료 선교사들의 편 가르기, 비협조등이 감정적 소모를 초래하여 결국 탈진으로 이르게 되었다고 분석한다(p.183). 이 같은 탈진은 결국 중도포기를 가져오게 한다. 문제는 이러한 위기에 처한 선교사를 후원교회나 선교단체, 선교위원회가 제대로 도움을 주지 못하고 있다는 데 있다고 저자는 지적한다(pp.185-186).

저자는 이러한 문제를 해결하기 위한 대안으로서 탈진하여 중도포기한 선교사들을 "회복시켜 새로운 선교사역자로 자원할 수 있도록 회복시키고 성장"시킬 방안을 제시한다(p.186). 먼저 저자는 선교신학적 차원에서 이 문제를 살펴본다. 탈진 선교사의 회복 가능한 첫 번째 장소가 가정이라고 하면서 적절한 휴식과 함께 사모를 비롯한 온 가족의 치유가 선결되어야 함을 관찰한다(p.187).

다음으로 저자는 목회상담적 관점에서 이를 해결하고자 한다. 중도포기 선교사들과의 목회상담을 통해 선교사 스스로 탈진 극복 방법을 찾아가고, 선교에 대한 소명의식을 강화하고, 선임 선교사와 현지인들의 입장을 이해하고, 하나님과의 관계도 더 깊게 할뿐더러 가족과의 진정한 대화와 소통을 중시해감으로써 성장해가는 모습을 발견하였다(pp.188-189).

저자는 이와 같은 정서적 고갈과 탈진을 미연에 방지하기 위해 "선교사 파종 전에 상담에 관한 사전교육이 필요하며 관계형성에 따르는 소통을 위한 훈련이 요구된다"는 점을 적절하게 지적한다(p.195). 뿐만 아니라 선교단체의 지속적인 제도적 지원도 필요하다는 점을 강조한다(pp.189-190).

끝으로 저자는 연구결과를 요약하면서 인구사회학적으로 나타나는 일반적 특성과 동인을 다시 한 번 밝히고(pp.191-195), 탈진에서 나타나는 여덟 가지 심리적 공통요인을 정리한다(pp.195-199). 그리고 나서 후속 연구에 대한 제언으로 긴 논의를 끝맺는다(pp.199-196). 참고문헌과 동의서, 설문서, 그리고 미주(end note)가 뒤를 잇는다.

방대한 참고자료와 함께 직접 인터뷰한 자료를 현상학적으로 분석한

『선교사의 탈진 현상과 재충전의 길』을 읽으며 많은 것을 배우며 생각하게 되었다. 이 책은 무엇보다도 다음과 같은 의의를 가진다고 할 수 있겠다.

첫째, 이 책은 불과 4년 전에 우리나라에서 유의미한 연구가 처음으로 소개된 영역을 연구 대상으로 삼았다는 점에서 새로운 분야의 개척자 역할을 하고 있다고 할 수 있다.

둘째, 그렇다고 해서 저자가 임의로 문제점을 파악하고 이를 자의적으로 해결한 것이 아니라, 탈진에 대한 전문가들의 이론을 비교 분석하여 이를 선교사의 탈진 문제에 적용했다는 점에서 단순한 임상실험 보고서가 아니라 학문적인 저작으로 손색이 없다고 하겠다.

셋째, 탈진에 관한 이론뿐만 아니라 11명의 중도탈락 선교사들을 선별하여 심층면접함으로써 실제 현장 상황에 적용할 수 있는 기반을 마련했다는 점에서 이론과 실제를 균형있게 조화시킨 저작이라고 할 수 있다.

넷째, 심층면접 결과를 현상학적으로 분석, 종합하여 유의미한 결론을 도출했다는 점에서 결론에 대한 신뢰도를 강화했다고 할 수 있다.

다섯째, 연구가 이것으로 끝나는 것이 아니라 "선교 대국"으로 불리는 한국 사회에서 보다 전문적인 연구가 뒷받침됨으로써 선교지에서 다양한 갈등을 겪는 한인 선교사들이 탈진까지 가지 않도록 미연에 방지하는 "안전장치"가 마련되는 계기가 되기를 바란다는 점에서, 한국 교회와 선교학계에 과제를 던지는 의미있는 연구 저작으로 판단된다.

끝으로, "가는 선교사들"뿐만 아니라 소위 "보내는 선교사들"도 보다 효율적인 선교를 위해 홍석희 박사의 『선교사의 탈진 현상과 재충전의 길』을 정독하시기를 적극 추천 드린다.